내 이름은 그리스도인입니다

안동의 슈바이처 정창근 장로 이야기

내 이름은 그리스도인입니다

지은이 | 유승준
초판 발행 | 2022. 12. 14
2쇄 발행 | 2022. 12. 15
등록번호 | 제 1988-000080 호
등록된 곳 | 서울특별시 용산구 서빙고로 65길 38
발행처 | 사단법인 두란노서원
영업부 | 2078-3352   FAX | 080-749-3705
출판부 | 2078-3331

책값은 뒤표지에 있습니다.
ISBN 978-89-531-4368-5 03230

독자의 의견을 기다립니다.
tpress@duranno.com www.duranno.com

두란노서원은 바울 사도가 3차 전도여행 때 에베소에서 성령 받은 제자들을 따로 세워 하나님의 말씀으로 양육하던 장소입니다. 사도행전 19장 8-20절의 정신에 따라 첫째 목회자를 돕는 사역과 평신도를 훈련시키는 사역, 둘째 세계선교(TIM)와 문서선교(단행본·잡지) 사역, 셋째 예수문화 및 경배와 찬양 사역, 그리고 가정·상담 사역 등을 감당하고 있습니다. 1980년 12월 22일에 창립된 두란노서원은 주님 오실 때까지 이 사역들을 계속할 것입니다.

안동의 슈바이처 정창근 장로 이야기

내 이름은

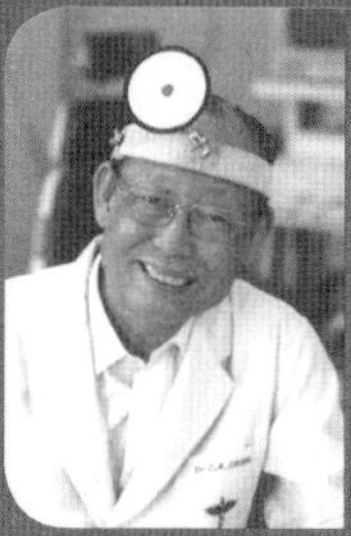

그리스도인입니다

유승준 지음

두란노

1

선비의 고장 안동의 슈바이처

2

누가 선한 사마리아인인가?

3

새벽을 깨운 사람

4

미안해요 그리고 고맙습니다

자연의 이치를 따라 산 참 의사였던 친구

이시형 박사(정신건강의학과 전문의·뇌과학자·세로토닌문화원장)

험난한 시절이었습니다. 6·25전쟁이 한창이던 1953년 경북고등학교를 졸업한 저는 경북대학교 의과대학에 입학했습니다. 부상한 병사들을 치료하거나 고통받는 인류를 구원하겠다는 거창한 꿈이 있어서가 아니었습니다. 군의관이 워낙 부족해 의대생만 되면 징병이 보류된 데다 의사가 되면 적어도 밥은 굶지 않을 것이라는 지극히 현실적인 이유 때문이었습니다. 밥 세 끼 먹는 게 그렇게 어려울 때였습니다. 친구 따라 강남 가듯 의대에 들어갔습니다.

거기서 동기생 정창근을 만났습니다. 그는 조용히 공부만 하는 모범생이었던 것으로 기억합니다. 그러면서도 YMCA라든가 교회 생활에는 대단히 열심이었습니다. 다들 형편이 어려웠기에 닥치는 대로 아르바이트를 하며 학비를 벌어야 했습니다. 강의 교재도 변변한 게 없어 매번 교수님이 주시는 자료를 등사기로 밀어 프린트한 것을 사용했습니다. 앞에 나서기 좋아하고 말을 잘했던 저는 의과대학 학생회장을 했습니다. 그래서 교우 관계가 넓은 편이었습니다.

1959년 의과대학을 졸업한 우리는 각자의 길로 뿔뿔이 흩어졌습니다. 고향인 대구에 남아 의사 생활을 하는 친구들도 있었고, 상경한 친구들도 있었으며, 외국으로 유학길에 오른 친구들도 있었습니다. 저는 공군 군의관 복무를 마치고 미국 예일대학교로 무작정 유학을 떠났습니다. 대구에 정신과 의사가 딱 한 명이던 시절, 저는 이름도 생소한 사회정신의학을 공부했습니다. 그러면서 틈틈이 뇌과학도 공부를 했습니다.

당시 안동으로 갔던 두 친구가 있었습니다. 음악을 좋아해 매일 기타를 메고 다니던 김경수 원장과 과묵한 원칙주의자였던 정창근 원장이었습니다. 두 사람은 안동성소병원에서 진료했고, 안동교회에서 신앙생활했으며, 안동성좌원에서 의료 봉사를 했습니다. YMCA와 로타리클럽에도 같이 나갔습니다. 발이 넓었던 김경수 원장을 통해 안동 소식과 정창근 원장의 근황을 듣곤 했습니다. 정창근 원장의 선행은 동창들 사이에서도 잘 알려져 있었습니다.

미국 유학을 마치고 귀국해서 대학과 병원에서 일하며 옛 친구들을 다시 만났습니다. 김경수 원장은 대구에 정착해 있었으나 정창근 원장은 안동을 고향으로 여기며 안동 사람으로 살고 있었습니다. 정창근 원장은 저와 몇 가지 점에서 닮았습니다. 스트레스를 잘 받지 않는 긍정적인 마음, 다른 사람을 위해 일하면서 보람을 느끼는 활기찬 생활, 아침 일찍 일어나는 부지런함, 맨손체조와 걷기 같은 생활 운동을 즐기는 점, 잠이 부족하면 낮에 잠깐 낮잠을 자는 습관 등입니다. 게다가 그는 한센인을 치료하고, 장애인을 돌보며, 가난한 학생들에게 장학금을 주고, 어려운 환자들을 무료 진료하는 등 지역 사회에 본이 되는 여러 가지 좋은 일을 많이 하며 살았습니다.

그토록 착하게 살며 원칙을 지키고 자연의 이치를 따라 살았던 친구의 갑작스러운 부음은 충격이자 슬픔이었습니다. 친구들이 하나둘 세상을 떠날 때마다 허전하고 마음이 아픕니다. 자신이 한 일을 자랑하지 않는 성격 탓에 정창근 원장이 얼마나 대단한 의사였는지 많이 알려지지 않았습니다. 뒤늦게나마 그의 삶을 조명한 책이 나오게 되어 얼마나 다행인지 모릅니다. 후배 의사들에게 의사로 산다는 게 어떤 것인지를 알려 주는 소중한 교본이 될 것입니다. 제가 자연 의학을 공부하면서 '슬로우(slow), 심플(simple), 스몰(small)', 즉 욕심 부리지 않고, 필요한 것만 갖고, 간단하고 여유 있게 살자고 주장하고 있는데, 친구 정창근은 정말 그렇게 살다 간 사람입니다. 그의 삶이 많은 사람에게 큰 울림을 줄 수 있으면 좋겠습니다.

참 기쁨과 평안 속의 그 소탈하고도 시원한 웃음 소리

윤세민 교수(경인여자대학교 영상방송학과·시인·평론가)

그의 웃음소리는 좀 특이하달 수가 있다. "으허허허" 하고 거리낌 없이 터져 나오는 그것은 듣는 이로 하여금 당혹감을 느끼게도 하지만, 소탈함과 구수함에 자못 감칠맛을 느끼게 한다.

사실, 그의 웃음은 웃음 그 자체다. 현대인의 액세서리인 양 교양과 품위 따위로 각색되고 버무려진 '인위적인' 웃음이 아니라, 기쁘고 즐거운 감정과 정서를 숨김없이 그대로 토해 내는 '자연 그대로의' 웃음이다. 그렇기에 자의든 타의든 인위적인 웃음에 익숙해져 있던 나는 마치 시골 소년처럼 순진무구한 그의 웃음 앞에서 오히려 당황하게 된다. 더구나 그가 지성인의 대명사 격인 의학박사요, 한 교회의 존경받는 장로임에도 불구하고 거리낌 없이 파안대소하는 데는 적이 의아스럽기까지 하다.

그러나 정작 그는 그런 주위의 평가를 아는지 모르는지, 기쁘고 즐거운 상황이면 언제 어디서나 누구 앞에서든 개의치 않고 "으허허 으허허허" 웃음을 마음껏 터뜨린다. 참 기쁨과 평안을 소유한 자로서 말이다.

1991년 늦은 여름, 안동에서 정창근 장로를 만났다. 〈빛과 소금〉 9월호 취재를 위해서였다. 당시 나는 〈빛과 소금〉 편집장으로 일하고 있었다. 1984년에 창간된 〈빛과 소금〉이 한국 기독교뿐만 아니라 한국 문화계에 파장을 일으켰다. 내용이나 편집, 디자인 면에서 대단히 혁신적이었기 때문이다. 삶에서나 신앙에서나 빛과 소금의 본을 보이는 인물에 대한 메인 심층 인터뷰를 내가 맡고 있었다. 그때 이미 '안동의 슈바이처'로 소문이 났던 정창근 장로를 인터뷰하는 것이 좋겠다는 아이디어가 편집 회의에서 나왔다. 편집인이었던 하용조 목사의 제

안으로 기억한다.

열정으로 가득 찬 정창근 장로는 신앙과 삶이 오차 없이 일치하는 거목이었다. 안동교회, 안동성좌원, 정창근이비인후과의원, 사랑의전화 상담실 그리고 자택까지 두루 다니며 인터뷰를 진행했다. 더위 끝자락이 매서워 사진 기자 이남수 선배가 고생을 많이 했다. 잡지 〈뿌리 깊은 나무〉 출신인 그는 현재 온누리교회 장로다. 그때 정창근 장로에게서 받았던 인상은 강직함과 소탈함이었다. 서둘러 올라와 쓴 앞의 기사 도입부를 그의 웃음으로 시작한 것은 이 때문이었다.

그 뒤 나는 하용조 목사의 배려 속에 석사·박사학위를 취득하고 대학으로 자리를 옮겼다. 하용조 목사는 은근히 신학과 목회를 권했지만, 그 길은 내 길이 아니었다. 대학에서 교육과 연구에 전념하다 보니 세월이 쏜살같이 흘러갔다.

어느 날 대학원 후배인 유승준 작가의 연락을 받았다. 1990년대 초반에 대학원에서 만났으니 근 30년 만이었다. 정창근 장로의 부음을 그에게서 들었다. 자신이 정창근 장로에 관한 책을 쓰는 중이라고 했다. 30여 년 전에 내가 인터뷰했던 분의 이야기를 30여 년 만에 만난 후배 작가가 글로 써서 책을 낸다는 것이었다. 더구나 출판사가 그때 내가 일했던 두란노서원이라니. 출판 책임 부장 역시 내가 아끼는 후배였다. 이 모든 과정이 주님의 예비하심과 인도하심이라면 과도한 해석일까? 그렇더라도 나는 진심으로 그렇게 믿고 싶다.

이 책이 정창근 장로의 올곧은 삶과 신앙을 은혜롭게 전하리라 믿는다. 참 기쁨과 평안을 소유한 자로서의 그 소탈하고도 시원한 웃음소리와 함께.

평생 일직선으로 살다 가신 경이로운 장로님

김승학 목사(안동교회 담임)

제가 정창근 장로님을 처음 뵌 것은 1992년 안동교회 전도사로 부임했을 때입니다. 미국 유학 기간을 포함하면 부목사와 담임목사 때까지 꼭 30년을 곁에서 지켜본 것입니다. 장로님은 전혀 변함이 없으셨습니다. 좌고우면하지 않으시고 흔들림 없이 일직선으로 사신 분입니다.

안동교회는 손님이 많이 오시는 교회입니다. 서울 등지에서 손님이 방문하시면 병원에서 환자들을 진료하느라 바쁘신 분이 대부분 모임에 참석해서 직접 대접을 하셨습니다. 많은 손님을 치르느라 교회 재정에 부담이 될 것을 염려해서 그렇게 하신 것입니다. 멋진 분이셨습니다.

장로님은 언제나 목사 편에 서서 적극적으로 협력하고 도와주셨습니다. 목사의 관점에서 보자면 굉장히 감사한 일입니다. 목사도 때로는 낙담할 때가 있는데, 장로님 같은 분이 계시면 큰 힘이 됩니다. 장로님이 안동에서 인정받고 존경받는 어른이시기에 더욱 그렇습니다.

장로님은 기도에 힘이 있었습니다. 하루에 두 번씩 새벽기도를 하신 분이었기에 남다른 영성이 있었습니다. 오랫동안 선임 장로 역할을 해 오시면서 갖게 된 거룩한 책임감 같은 것도 있었을 것입니다. 조심스럽게 기도하시지만, 기도하실 때마다 그런 것을 많이 느꼈습니다.

안동에서 가장 바쁜 분이라고 소문이 났을 정도로 하시는 일이 많았는데도, 각종 예배는 물론이고 교회에서 진행되는 여러 사역에 빠짐없이 참석하셨습니다. 시간이 되면 언제나 그 자리에 앉아 계셨습니다. 새로 등록한 교인들을 환영하는 모임이 일 년에 두 번 있는데, 그 자리에도 꼭 참석하셨습니다. 교인들이 외국이나 타지로 멀리 다녀올 경우, 출발할 때도 오시고 도착할 때도 오셨습니다. 새벽 4시 30분에 교회에 모여 떠날 때도 잘 다녀오라고 손을 흔들어 주셨고, 밤 10시에 교회에 도착할 때도 잘 다녀왔느냐며 격려해 주셨습니다. 다른 교인들에게 큰 도전이 되었을 것입니다. 그분 앞에서 바빠서 못한다고 할 수 없었으니까요.

평생을 이렇게 사셨습니다. 제가 본 장로님들 중에서도 정말 희귀한 분이셨습니다. 정창근 장로님은 병원, 교회, 안동성좌원, 안동시온재단, 이것밖에 모르시던 분입니다. 규칙적으로 반복되는 그 궤적 안에서만 사셨습니다. 그런데도 누구보다 자유롭고 평안하셨습니다. 다른 사람들이 따라갈 수가 없었습니다. 따라가고 싶어도 따라갈 수가 없었다고 표현하는 게 맞을 것입니다. 돈은 전혀 아끼지 않으셨지만, 시간만은 철저하게 아껴서 사용하신 분이었습니다.

상원로목사님이 계실 때부터 돌아가시기 전까지 명절이 되면 교역자와 직원 모두에게 선물을 돌리셨습니다. 선물의 크기나 내용이 중요한 것이 아니라, 그렇게까지 챙기시는 아름다운 마음이 중요한 것입니다. 사람을 배려하고 존중하고 나누는 데 있어 누구도 쫓아갈 수 없는 탁월함을 가지신 분이었습니다. 내가 뭘 해야 하는지, 어떤 역할을 해야 하는지, 내 삶을 어떻게 수놓아 가야 하는지를 정확히 알고 살아가신 분이었습니다. 참 좋은 장로님이셨습니다.

안동교회에 신실한 교인들이 많습니다. 훌륭한 장로님들도 많이 계십니다. 그렇지만 정창근 장로님의 빈자리가 지금도 허전하고 아쉽습니다. 무심코 교회 여기저기를 오가다 보면 어디선가 웃으면서 나타나실 것만 같습니다. 그처럼 위상이 확고하신 분, 후배들이나 교인들이 무시할 수 없는 경외감을 갖추신 분, 깊은 통찰력에서 뿜어져 나오는 단순함이 배어 있으신 분을 만나기 쉽지 않은 까닭입니다. 장로님의 삶은 일직선이었습니다. 자신이 가진 모든 것을 흘려보내 누군가 혜택을 보게 하셨습니다. 곧고 곧은 그 얼굴이 뵙고 싶고 그립습니다.

쥐는 법을 모르고 펴는 법만 알았던 의사

안동 하면 떠오르는 이미지는 역사, 전통, 선비, 유학 이런 것들이
었다. 그래서 안동을 갈 때면 으레 풍광 좋은 곳에 자리한 고택이
나 종택 혹은 도산서원, 병산서원, 하회마을, 봉정사 같은 곳을 찾
곤 했다. 안동을 조금 더 알게 된 뒤로는 임청각, 경상북도독립운
동기념관 등 독립운동 유적지나 서양 선교사 묘지와 안동교회 등
기독교 유적지를 둘러보기도 했다.

그런데 이번에는 조용히 안동의 자연을 느끼고 싶었다. 한적한
숲과 나무를 찾아가고 싶었다. 의외로 안동에 고즈넉한 곳이 많았
다. 안동댐 아래 위치한 낙강물길공원이 그랬다. 낙동강 줄기를
따라 길 양옆으로 늘어선 배롱나무와 은행나무가 푸른 하늘과 어
우러져 은빛 싱그러움을 더했다. 매미 울음소리, 물소리, 풀벌레
소리는 소란스럽다기보다 고요를 퍼뜨리는 파장 같았다. 생태 습
지인 숲속 정원에는 갖가지 나무와 풀과 꽃들이 초록의 향연을 벌
이고 있었다. 커다란 돌 징검다리를 건너며 바라다본 수련과 수초
가 그윽하고 청초했다.

낙강물길공원에서 시내 쪽으로 강을 따라 내려오면 왼편에 예쁜 다리 하나가 보인다. '월영교'(月映橋)다. 바닥과 난간을 나무로 만들어 놓은 다리로서는 우리나라에서 제일 긴 다리라고 한다. 월영교 건너편은 양쪽으로 나무를 따라 긴 숲길이 펼쳐져 있다. 천천히 걷다 보면 나비도 보이고, 잠자리도 보이고, 새소리도 들린다. 벚꽃 흐드러지게 핀 봄날 아름드리나무 아래 앉아 책을 읽으면 시간 가는 줄 모른다. 밤 풍경은 환상적이다. 보름달 뜬 날 월영교를 가만히 거닐면 모든 잡념이 사라지고 마음이 평온해지면서 깊은 신비감에 휩싸인다.

안동이 낳은, 또는 안동이 자랑하는 인물은 참으로 많다. 필자가 이 책에서 소개하려고 하는 정창근이라는 인물은 안동이 고향이 아니니 안동이 낳은 사람도 아니고, 경상북도나 안동시에서 내세우는 안동이 자랑하는 인물도 아니다. 하지만 그 누구보다 진심으로 안동을 사랑했던 사람이고, 안동 사람들을 지극히 사랑했던 사람이다. 그를 취재하고 그에 관한 이야기를 쓰는 과정에서 가장 많이 떠오른 단어는 '나무'였다. 그래선지 나무를 찾아가게 되었고, 나무가 모여 있는 숲속으로 들어가고 싶었다. 그는 나무처럼 살다 간 나무 같은 존재였다.

쉘 실버스타인(Shel Silverstein, 1930-1999)의 《아낌없이 주는 나무》는 전 세계 사람들에게 사랑받는 동화다.

한 그루의 나무가 있었다. 커다란 나무였다. 그리고 한 소년이 있었다. 나무는 소년을 아끼고 사랑했다. 소년도 나무를 좋아했다. 소년은 매일 나무와 더불어 놀았다. 소년은 나무가 떨군 나뭇잎을 가지고 놀았고, 나무를 타고 올라가 놀았으며, 나뭇가지에 매달려 그네를 타고 놀았다. 가을이면 나무에는 사과 열매가 주렁주렁 열렸다. 소년은 사과를 따 먹으며 놀았다. 나무는 하루하루가 행복했다. 소년이 나무를 사랑해서 매일 자신과 놀아 주었기 때문이다.

시간이 흘러 소년은 청년이 되었다. 청년은 이제 나무에 와서 놀지 않았다. 나무를 찾는 횟수가 점점 줄어들었다. 어느 날 나무를 찾아온 청년은 나무를 향해 돈을 달라고 했다. 나무는 사과를 따다 팔아 돈을 마련하라고 일러주었다. 청년은 사과를 전부 따 가지고 사라졌다. 한참 뒤에 중년이 된 청년은 나무를 찾아와 집이 필요하다고 했다. 나무는 가지들을 베어다 집을 지으라고 일러주었다. 중년 남자는 나뭇가지를 전부 잘라 떠나갔다. 세월이 지나 중년 남자는 노인이 되었다. 노인은 나무를 보고는 배를 한 척 만들고 싶다고 했다. 나무는 자신의 몸통을 베어 배를 만들라고 일러주었다. 노인은 나무 몸통을 베어 먼 길을 떠났다.

또 시간이 지나 노인은 거동도 쉽지 않은 할아버지가 되었다. 자기를 찾아온 노인에게 나무는 아무것도 줄 게 없었다. 밑동만 남은 초라한 신세였기 때문이다. 노인은 피곤하니 편히 쉬면 좋겠다고 했다. 나무는 자신에게 앉아 쉬라고 했다. 늙은 소년은 나무가 시키는 대로 밑동에 엉덩이를 걸치고 앉았다. 그래도 나무는 마냥 행복하기만 했다.

이 동화에서 나무는 소년에게 주고 또 주는 사랑의 화수분 같은 존재다. 반면, 소년은 나무의 모든 것을 자신을 위해 가져다 쓰는 존재다. 나무는 아낌없이 주면서도 행복했다. 자신으로 인해 소년이 행복하기 때문이었다. 소년은 나무에서 얻은 것으로 행복을 누리다가 다 소진되면 또다시 나무를 찾아왔고, 그때마다 나무는 무엇을 더 줄까 궁리했다.

소년은 행복했을까? 받기만 하고 달라고만 했던 소년은 잠깐은 행복했지만, 궁극의 행복을 누리지는 못했다. 나무는 행복했을까? 겨우 밑동만 남은 처량한 모습이 되었지만, 나무는 모든 것을 주었기에 진정으로 행복했다. 필자가 주목한 이 동화의 핵심 문장은 두 줄이다.

"And the tree was happy."

소년에게 뭔가를 줄 때마다 나무는 한없이 행복했다.

"But not really."

그러나 정말 그렇지는 않았다.

나무도 아팠다. 힘들었다. 사과를 전부 따 가고, 가지를 잘라 가고, 몸통을 베어 갈 때 고통스럽고 괴로웠다. 그 모든 상처를 감수하고 극복하게 한 힘은 소년을 향한 순수한 사랑이었다.

'안동의 슈바이처'로 불리는 의사 정창근은 평생 한센인과 장애인의 친구로 살았지만, 사람들을 만나면 "미안합니다!", "고맙습니다!"라는 말을 자주 했다. 그가 돌봤던 한센인들 중 한 명은 그를 가리켜 "이 세상에 다시는 있기가 힘든 사람"이라고 했다. 그가 보살폈던 장애인들 중 한 명은 "불쌍한 사람을 위해 좋은 일 많이 하신, 우리 사회에 꼭 필요한 분"이라고 했다.

언제나 그 자리에 든든히 뿌리내리고 서 있으면서 시원한 그늘이 되어 주기도 하고, 풍성한 열매를 맺어 주기도 하는 나무. 누가 가지를 꺾거나 도끼로 찍더라도 성내지 않고 그냥 그대로 순응하면서 변함없이 새잎과 줄기를 내어 주는 나무. 죽어서도 목재로서 집이 되고, 다리가 되고, 가구가 되어 자신을 필요로 하는 곳에서 요긴한 쓰임새가 되는 나무. 동화 속 나무처럼 아낌없이 주는 나무. 고통스럽고 괴로웠음에도 "아프다", "힘들다"는 말 한 번도 한 적 없는 나무. 의사 정창근은 그런 사람이었다. 쥐는 법을 모르고 펴는 법만 아는 의사였다.

이제부터 그에 관해 이야기하려 한다. 안타깝게도 이제 세상에 있지 않기에 가족과 지인들을 찾아 인터뷰하고 각종 자료를 탐구해 그의 객관적 모습을 재현해 보려 했으나 역부족인 부분이 많음을 토로하지 않을 수 없다. 그렇지만 그를 알아 갈수록 경이로웠고, 동시에 행복했다. 시간이 좀 더 흐르면 그는 안동이 낳은, 또는 안동이 자랑하는 인물로 여겨지게 될 것이다. 그만큼 안동을 사랑하고 안동 사람들을 사랑했던 인물은 흔치 않기 때문이다. 설령 사람들은 그를 잊는다고 해도 그가 사랑한 주님은 그를 영원히 기억하실 것이다.

어느 날 무심코 숲속을 걷는데, 상쾌한 바람이 불어왔다. 밥 딜런(Bob Dylan)의 시가 떠올랐다.

"얼마나 많은 길을 걸어야 한 사람의 인간이 될 수 있을까 / 얼마나 많은 귀를 가져야 타인들의 울음소리를 들을 수 있을까 / 얼마나 더 오래 살아야 사람들은 자유로워질까 / 친구여, 그 대답은 바람만이 알고 있지 / 바람만이 알고 있지."

바람이 불어오는 동쪽
송정숲에서 유승준

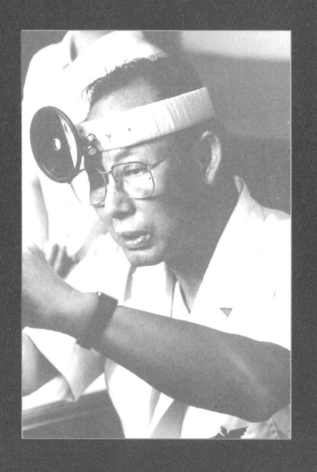

1

선비의 고장
안동의 슈바이처

일기 부빤을 이기를 제안까지옵소서.
이웃 이번들을 부드히를 손줄하고
흐거짐을 가까이 하옵소서
의사와들의 긴장을기치고. 북면한 부분은제정하게하...
...은 은혜 기쁘나 허거지어 정정서

※ 충만한 형력 사랑이 피까 하옵소서

갈눅의사랑 기도의사랑 능격의 사랑
경력 싱장이 충만 하꺼 인도하옵소서

빈손으로 돌아간
강도들

느낌이 좋지 않았다. 어디선가 부스럭거리는 소리가 들렸다. 고양이 같기도 하고 인기척 같기도 했다. 조용히 눈을 떴다. 아내는 곤히 자고 있었다. 벽을 더듬어 전등 스위치를 올리려는 순간이었다. 갑자기 방 안이 환해졌다. 누군가 불을 밝힌 것이다. 낯선 사내들이었다.

"누… 누구냐?"

"입 닥치고 조용히 있어! 소리 지르거나 움직이면 다 죽을 줄 알아!"

검은색 천으로 복면을 한 장정들이었다. 손에는 번득거리는 칼을 들고 있었다. 아내는 비명을 지르며 저항하다가 놈들에게 바로 제압당했다. 어느새 자기 방에서 자고 있던 딸아이도 끌려와 똑같은 모양새로 웅크린 채 떨고 있었다. 그들은 도망가지 못하도록 아내와 딸의 옷을 모두 벗겨 버렸다. 눈앞이 캄캄했다. 온몸이 바들바들 떨렸다. 정신을 차려야만 했다.

"현금은 얼마야?"

"전부 천오백만 원 정도 되는 거 같은데요?"

"금하고 보석은 다 챙겼어?"

"보이는 건 죄다 챙겼어. 금은방 사장 집답게 금은보석이 꽤 많아."

한밤중에 강도들이 침입한 집의 주인은 안동에서 큰 금은방을 운영하는 사장이었다. 금은방에는 많은 금과 값비싼 보석 그리고 현금이 있었지만, 워낙 보안 시설이 잘 되어 있는 데다 시내 한복판이었기 때문에 강도들은 금은방 대신 사장 집을 털기로 작정한 모양이었다.

강도는 세 명이었다. 일행은 두리번거리며 사방을 감시하거나 계속 협박하면서 집 안 구석구석을 샅샅이 뒤졌다. 원하던 현금과 보석을 대략 챙긴 그들이 안방에 한데 모였다.

"이봐! 어디 더 숨겨 둔 돈이나 보석 있으면 다 불어. 죽고 싶지 않으면 말이야."

"어, 없습니다. 이게 전부입니다. 나머지는 금은방에 있으니까요."

"생각보다 현금이 너무 적은데… 돈을 어디 딴 데 숨겨 둔 거 아냐?"

"아, 아닙니다. 몽땅 다 드린 겁니다."

"말이 안 통하는군. 돈을 더 내놓지 않으면 당신 아내와 딸을 가만두지 않을 거야."

강도 중 한 명이 집주인의 아내와 딸을 일으켜 세워 다른 방으로 데려가려고 했다.

"어쩌려고?"

"이러면 돈을 더 내놓지 않을 수 없겠지. 게다가 입막음까지 확실히 해 두면 좋잖아?"

아찔한 순간이었다. 돈과 금은보석이야 없어도 그만이지만, 아내와 딸이 강도들에게 씻을 수 없는 치욕을 당한다면 평생 그 상처를 안고 어떻게 살아갈 것인가. 상황이 급박했다.

"내 딸을 건드리면 가만히 있지 않을 거야!"

"뭐야? 이게 실성을 했나. 가만히 안 있으면 어쩔 건데?"

"잘못했습니다. 제발 그냥 돌아가 주십시오. 아내와 딸만은 건드리지 말아 주십시오."

강도들은 애원하며 매달리는 집주인을 발로 걸어차며 아내와 딸을 끌고 가려 했다.

"제 딸은 아직 미혼입니다. 부디 제 딸만이라도 손대지 말아 주십시오."

강도들은 들은 척도 하지 않은 채 아내와 딸을 끌고 갔고, 모녀는 공포에 울부짖었다.

바로 그때였다.

"잠깐만…. 이게 여기 왜 있지?"

한 강도가 제지하고 나섰다. 손에 뭔가를 들고 있었다.

"그게 뭔데 그래?"

"이건… 맞아, 안동재활원에서 발행한 책자야. 당신 정창근 이사장님을 알아?"

방바닥에 있던 작은 책자를 발견한 강도가 조금 부드러워진 어조로 집주인에게 물었다.

"정창근 이사장님을 잘 압니다. 제가 안동재활원에 후원도 하고 있습니다."

설명을 듣고 나자 강도의 눈빛이 바뀌었다. 몹시 혼란스러운 기색이었다. 그는 다른 강도들을 불러 모은 뒤 뭔가를 긴밀하게 상의하는 듯했다.

"형님 동생도 거기 있지 않습니까? 여기는 그만하고 돌아갑시다."

"정창근 이사장님을 알고 후원하는 집을 털 수는 없어. 그냥 다 놔두고 가자고."

"그게 무슨 말 같지도 않은 소리야? 얼마나 어렵게 들어온 집인데 그래?"

강도들 사이에 실랑이가 벌어졌다. 훔친 돈과 금은보석을 그냥 두고 가자는 강도와 무슨 소리냐며 어렵게 턴 집이니 가져갈 것은 가져가야 한다는 강도들 사이에 입씨름이 이어졌다.

잠시 뒤 안동재활원 책자를 발견했던 강도가 집주인에게 다가와 입을 열었다.

"죄송합니다. 사장님이 안동재활원 정창근 이사장님의 후원자인 줄 몰랐습니다. 그분을 돕는 사람의 집을 털 수는 없죠. 다 두고 가겠습니다. 우리가 훔쳐 가려고 했던 이 돈을 내일 안동재활원에 후원금으로 갖다 주십시오. 아무것도 가져가지 않았으니 신고하지 마시고요."

"네? 예, 예! 꼭 그렇게 하겠습니다. 감사합니다."

그 강도는 이렇게 말하고서 황급히 밖으로 나갔다. 다른 강도들도 그를 따라 서둘러 도망쳤다. 세 식구는 잠깐 사이에 천국과 지옥을 오간 듯 탈진 상태로 서로를 부둥켜안고 눈물을 터뜨렸다. 안방 한가운데에는 강도들이 두고 간 현금과 금은보석이 고스란히 남아 있었다.

2010년 12월 22일 새벽 3시경에 벌어진 사건을 재구성해 본 것이다. 집주인인 금은방 사장이 강도들과 약속한 대로 경찰에 신고하지 않아 수사가 이루어지지 않았다. 그러나 워낙 믿을 수 없는 일이었기에 입에서 입으로 전해지던 이 사건은 신문에 기사화되기까지 했다. 얼마 후인 2011년 1월 24일자 국민일보에 "강도도 알아본 의인"이라는 제목으로 글이 실린 것이다. 글을 쓴 사람은 안산제일교회 고훈 목사였다. 그는 여러 권의 책을 펴낸 시인이기도 하다. 우연히 이야기를 전해 들은 그는 모두가 알아야 할 이 시대의 미담이라고 여겨 신문에 글을 기고했다고 한다. 고훈 목사는 정창근 이사장을 "안동의 성자 같은 분"이라고 표현했다.

과연 이 믿기지 않는 이야기가 사실일까? 이게 정말 있을 수 있는 일일까?

"12월 22일 낮이었습니다. 원장님이 외출하려고 할 때 전화벨이 울렸어요. 안동재활원 대표전화로 걸려오는 전화는 제가 다 받는데, 나이가 지긋한 남자분이었어요. 다급하다고 할까, 굉장히 격앙된 목소리로 대표자를 바꿔 달라고 하기에 원장님을 바꿔 드렸습니다."

안동재활원에서 후원 회계 업무를 담당하고 있는 신정연 씨의 말이다. 당시 박종만 원장은 약속이 있어 외출하려다 말고 전화를 돌려 받았다.

"여보세요? 전화 바꿨습니다. 제가 안동재활원 원장입니다. 누구십니까?"

그때부터 수화기 너머에서 금은방 주인의 격한 음성이 들려오기 시작했다. 자신은 안동 시내에서 금은방을 운영하는 사람이라면서, 오늘 새벽 집에 강도가 들어 돈과 금은보석을 다 털리는 것은 물론 아내와 딸이 큰 봉변을 당할 절체절명의 위기를 맞았는데, 정창근 이사장님 덕분에 정말 극적으로 아무런 해를 입지 않게 되었다며 감사를 표하기 위해 꼭 원장님을 찾아뵙고 후원을 하겠다는 내용이었다. 통화 도중 감정이 북받쳐서 울먹이기도 했다. 박종만 원장은 당황스러웠지만 침착하게 상대방을 달래면서 전화를 받았다.

그날 신정연 씨는 옆에서 두 사람이 통화하는 장면을 끝까지 지켜보다가 금은방 주인이 박종만 원장에게 불러 주는 이름과 전화번호, 금은방 상호를 메모지에 기록해 두었다. 정말이었다. 12년 동안이나 안동재활원 보관 파일에 들어 있던 낡은 메모지에는 '12월 22일'이라는 날짜와 함께 그날의 정황이 또렷이 적혀 있었다.

크리스마스가 머지않은 한겨울 밤, 세 명이나 되는 강도들이 자신들이 원하던 돈과 금은보석을 손에 넣은 후에 집주인의 아내와 딸을 욕보이려고까지 한 상황에서 우연히 발견한 책자에 적힌 '정창근'이라는 이름 석 자를 보고 범행을 중단한 채 자신들의 잘못을 사과한 뒤 모든 것을 그대로 두고 빈손으로 되돌아갔다. 그들은 좀도둑이 아니었다. 흉기를 들고 단체로 강도 행각을 벌이는 강력범죄자들이었다.

그들의 과격한 행동을 멈추게 하고, 사과하게 하고, 돌이키게 만든 '정창근'이라는 이름이 갖는 힘 혹은 의미가 무엇인지 정말 궁금했다. 고훈 목사의 표현대로 그는 정말 강도도 알아본 의인이었을까? 안동의 성자 같은 인물이었을까?

눈먼 소녀에
무료 개안 수술

'정창근'이라는 이름이 신문에 처음 등장한 것은 1970년 12월 23일이다. 이때도 크리스마스를 얼마 남겨 놓지 않은 시점이었다. 지금은 고인이 된 조선일보 안동 주재 기자였던 김상준 기자가 "눈먼 소녀에 무료 개안 수술"이라는 제목으로 다음과 같은 기사를 쓴 것이다.

세상에 태어나면서부터 맹인인 박송자(16, 청송군 청송면 부곡동) 양이 안동시 북문동 정창근(37) 병원장의 무료 개안 수술로 빛을 보게 됐다. 해발 5백15미터의 산간벽지 속칭 논실골에 살고 있는 박 양은 일찍이 양친을 여의고 언니 순자(20) 양과 뒷산 3백 평을 개간, 잡곡을 심고 품팔이를 하면서 외롭게 살고 있다. 언니 순자 양은 매일 새벽 동생의 눈을 보게 해 달라고 뒷동산 고목나무에 10년을 하루같이 빌어 왔었다. 지난 11일 청송면 제1교회 박동원 목사로부터 정창근 씨가 불우한 환자들에게 무료 개안 수술을 해 주고 있다는 말을 전해 들은 박

양은 논실골에서 3킬로미터를 동생을 업고 단숨에 달렸다.

언니의 애절한 호소를 들은 정 원장은 쾌히 응낙했다. 종합 진단 결과 박 양의 눈은 백내장(白內障)으로 수정체가 출생하면서 기형으로 발달, 발육한 것임을 밝혀냈다. 12일 2시간 동안의 수술 결과 경과는 좋았다. "수술은 성공적"이라는 말에 순자 양은 "하나님, 선생님, 감사합니다"라고 울음을 터뜨려 주위 사람들도 모두 울었다. 오는 21일이면 사물을 완전히 볼 수 있다는 정 원장의 말에 순자 양은 "정말입니까?"라며 처음엔 믿으려 들지 않았다.

의사 생활 10년 만에 가장 어려운 수술을 마쳤다는 정 원장은 "앞으로도 불우한 사람들을 위해 힘껏 돕겠다"고 말해 주위 사람들을 감동시켰다. 정 원장은 그동안 3백여 명의 환자들을 무료 진료해 왔었다.

기사 윗부분에는 개안 수술을 하고 난 뒤 두 눈에 붕대를 감고 병상에 누워 있는 박송자 양의 사진이 소개되었고, 그 아래쪽 원안에는 정장 차림의 정창근 원장 사진이 실렸다.

정창근 원장은 이비인후과 전문의다. 이비인후과는 귀와 코와 목에 관련된 질환에 대한 내과 및 외과적 치료를 시행하는 진료과다. 최근에는 이과학, 신경이과학, 비과학, 안면성형의학, 수면의학, 두경부외과학, 후두과학 등으로 점차 세분화가 이루어지는 추세다. 그러나 전문 의료진이 지금보다 훨씬 적었던 예전에는 이비인후과 전문의가 안과 진료까지 겸했다. 그래서 '안·이비인후과' 라는 간판을 내건 의원들이 많았다. 정창근 원장 역시 이비인후과 전문의였지만 안과까지 겸해서 진료하고 있었기에 무료 개안 수술을 할 수 있었다.

그가 안동시 북문동 43-5번지에 정창근안·이비인후과의원을 개원한 것은 1970년 8월 15일이었다. 안동성소병원에 있을 때부터 소문이 나 있었기에 환자들이 문전성시를 이루었다. 찾아오는 환자들을 치료하는 일과 함께 그가 심혈을 기울인 것은 병원을 찾아오기 힘든 가난하고 소외된 사람들을 돌보는 일이었다. 무료 개안 수술은 그와 같은 생각의 일환이었다.

"당시 안동에 안과 병원이 없었습니다. 안과 진료까지 맡게 되어 개안 수술을 한 것이지요. 청송 사는 열여섯 살인 박송자라는 처녀는 태어날 때부터 시각장애였는데, 내 수술로 눈을 떠서 난생 처음 세상을 본 것이지요. 16년을 암흑 속에 살다 빛을 봤으니 오죽 기뻤겠어요. 믿기지 않는다며 함께 온 언니와 부둥켜안고 감격의 눈물을 흘리는데, 콧등이 시큼했습니다."

훗날 그때 일을 묻자 그는 이렇게 회고한 바 있다.

무료 개안 수술은 지역 사회에 큰 파장을 불러일으켰다. 태어날 때부터 앞을 볼 수 없었던 사람의 눈을 수술해서 모든 사물을 또렷이 볼 수 있게 해 주는 것도 놀라운 일인데, 돈 한 푼 받지 않고 수술을 해 준다니 감동하지 않을 수 없었다. 무료 개안 수술은 그

후에도 계속되어 200여 차례나 이어졌다. 이 밖에도 그는 가난해서 치료를 받을 수 없는 사람들, 질병을 운명으로 받아들이며 모든 것을 포기한 채 살아가는 사람들에게 의술을 통해 구제와 구원의 손길을 내밀었다. 그를 취재한 한 신문 기자는 정창근 원장을 '안동의 슈바이처'라고 표현했다. 이후 그는 안동 사람들에 의해 자연스럽게 '안동의 슈바이처'라고 불리게 되었다.

1991년 8월 한여름에 안동을 찾아 그를 취재한 월간지 〈빛과 소금〉의 윤세민 기자는 9월호에 실린 기사에서 환자들을 진료하는 의사 정창근의 모습을 이렇게 묘사했다.

이 지역에서 명의 중의 명의로 소문난 그의 병원은 늘 환자들로 넘쳐난다. 안동시는 물론이고 인근의 영주, 의성, 청송, 심지어는 멀리 강원도의 영월, 태백 등지에서도 그에게 한번 진료를 받아 보고자 몰려온 환자들이다. 그런 탓에 열 평 남짓한 대기실엔 접수를 시켜 놓고 순서를 기다리는 사오십 명의 환자들로 항상 북적대고, 진료실 안에도 보통 예닐곱 명의 환자가 한쪽 의자에 앉아 진료 순서를 기다리고 있다. 그 정도인지라 접수를 시키고 진료를 받기까지엔 보통 두세 시간은 족히 걸리게 마련이다.

그런데 신기한 것은 무슨 종합병원도 아니고 일개 개인병원에서 그렇게 오래 기다리는데도 이곳을 찾은 환자들은 누구 하나 짜증내거나 푸념하는 일이 없다. 워낙 환자가 많이 몰리는 통에 으레 그러려니 하는 탓도 있지만, 원장 선생님이 조금의 쉴 틈도 없이 혼신의 힘을 다해 진료에 열중하고 있는 걸 이미 너무도 잘 알고 있는지라 별다른 불평이 있을 수 없는 것이다. 오히려 환자들 스스로 쉬지도 못하고 진료에 열중하는 원장 선생님의 건강을 염려하는 판이니 이 병원에서 환자와 의사 사이에 흐르는 마음의 교감과 정이 어떠한 것인지를 쉬 짐작하게 해 준다.

정 원장이 아침 8시 30분부터 저녁 6시 30분까지 하루 동안에 진료하는 환자 수는 보통 150명 내외. 일개 의원으로선 상상키 어려운 수의 환자를 진료한다고 해서 그가 대충대충 본다거나 쉽게 넘어가는 일은 추호도 없다. 어떻게든 최선의 진료를 기울이고자 갖은 애를 다쓴다. 그러느라 그는 쉬는 건 고사하고 식사 시간도 놓치기 일쑤지만, 한마디 불평도 없다. 오히려 예의 그 걸쭉한 웃음을 터뜨려 가며 환자에게 농담도 하고 위로도 해 주면서 환자의 쾌유를 위해 온 정성을 기울이는 것이다.

자신의 이름을 내건 병원을 처음 개원했을 때나 그 자리에서 20년을 한결같이 의사로서 환자들을 진료할 때나 의사 정창근은 전혀 변함이 없었다. 그는 의사 외에 다른 길을 걷고자 기웃거려본 적이 없었다. 단 한 번도 의사가 된 것을 후회해 본 적도 없었다. 천직이 의사였다. 20년 세월이 흐른 뒤도 마찬가지였다. 환자들을 마주할 때가 가장 행복한 사람이었다.

한 제약회사 사보 취재팀에서 정창근 원장을 인터뷰하기 위해 안동을 방문했다. 40년 가까이 가난한 사람들에게 묵묵히 무료 진료를 하고 있는 의사가 있다는 소문을 듣고 찾아온 것이다. 버스를 타고 시외버스터미널에 내린 그들은 지나는 사람을 붙잡고 길을 물었다.

"말씀 좀 묻겠습니다. 혹시 정창근이비인후과의원을 가려면 어떻게 해야 하나요?"

"아이고, 진료 받으러 왔니껴? 우리 동네에 그 양반 모르는 사람이 없니더."

행인은 정겨운 경상도 사투리로 미소를 지어 가며 친절하게 병원 위치를 설명해 주었다.

서울에 있는 유력 경제 신문 기자가 정창근 원장을 만나기 위해 안동을 찾았을 때 일이다. 길을 찾아 헤매다 젊은 사람이 나이 드신 분을 처음 뵙는데 빈손으로 가기 멋쩍어 꽃가게에 들렀다.

"저기… 꽃 좀 적당히 담아 주십시오."

"어디 갈라꼬요?"

"네, 정창근이비인후과에 갑니다."

"아, 글니껴? 그믄 젤로 좋은 꽃으로 잘해 드립시더."

"정창근 선생님을 잘 아시나요?"

"아이고, 안동 사람 중에 그분 모르는 사람이 어딨니껴!"

"그러면 길 좀 알려 주시겠어요? 제가 길눈이 어두워서요."

"알려 주고 마고 할 것도 없니더. 내 따라오소."

꽃가게 주인은 자처해서 길잡이로 나섰다. 그분 덕에 쉽사리 병원을 찾을 수 있었다.

한 주간 신문 기자는 정창근 의사를 인터뷰한 뒤에 이런 소감을 남기기도 했다.

"기자가 그를 감히 '작은 거인'이라고 부르는 것은 지방 소도시에서 흔히 만날 수 있는 평범한 노신사처럼 보이던 그가 장애인과 불우한 이웃을 향해 열린 마음을 드러내 보일 때는 너무나 큰 사람으로 여겨져 절로 고개가 숙여졌기 때문이다. 안동에서 이비인후과 의사 선생님 정창근을 모르는 사람은 간첩이다."

안동에서 '정창근'이라는 이름 석 자가 갖는 의미 혹은 무게는 이런 것이었다.

안동 사람들의 기질은 좀 독특하다. 인근에 있는 영주 사람은 싸우더라도 다시 만나서 화끈하게 풀고 나면 "됐나?", "됐다!" 하고 알싸하게 끝낸다. 뒤끝이 없다. 포항 사람들도 자기 속내를 다 드러내 보이는 편이다. 그런데 안동 사람들은 생각이나 기분을 겉으로 잘 드러내지 않는 편이다. 양반 고장답게 차분하고 조용하다. "예, 예!"라고 대답하지만 속으로는 좀 더 고민이 있을 수 있다.

안동 사람들은 무뚝뚝하고 무표정하다고 오해받을 수 있다. 말수가 적은 편이기도 하지만 인내심이 강하고, 전통을 중시하며, 예의범절에 바르다. "대추 한 개만 먹고 요기한다"는 말이 있다. 비

숫한 말로 "열 끼 굶어도 내색 안 한다"는 말도 있다. 안동 사람들의 특징을 드러내 주는 말이다.

안동 사람들의 말도 재미있다. 다소 퉁명스러워 보여도 은유적이고 암시적이며 해학이 넘친다. "할머니, 그동안 안녕하셨습니까?"를 안동 사람들은 "할매이껴?"라고 줄여서 말한다. "영희야, 그동안 잘 있었니?"를 줄여서 "영희라?"라고 하면 끝난다. 뉘앙스에 주목해야 한다.

극적으로 남북한 이산가족이 반세기 만에 상봉하게 되었는데, 자전거를 사러 나갔던 남편과 헤어졌다가 다시 만난 어떤 안동 할머니의 소감이 딱 한마디였다고 한다.

"반갑지 뭐."

50년 만에 남편을 만나서는 대뜸 "자전거 사 왔니껴?" 하고 물었다고 하며, 기약도 없이 헤어질 때 기자들이 심정이 어떠냐고 묻자 무심한 듯 이렇게 툭 던졌다고 한다.

"섭섭지 뭐."

이런 안동 사람들의 일반적인 기질을 생각하면 정창근 원장을 대하는 태도나 말투에서는 평소와 다른 따뜻한 정감과 깍듯한 존중이 배어 나온다고 할 수 있다. 이것은 그가 오랫동안 지역 사회와 사람들을 위해 진심으로 손을 펴고 마음을 나누는 삶을 살아왔기 때문이다.

—

병원을 찾아온
한센병 환자

각지에서 찾아오는 환자들을 진료하고, 가난한 사람들을 무료로
치료하며, 앞을 볼 수 없는 사람들에게 무료 개안 수술을 해 주느라
정신없이 하루하루 지내다 보니 몇 해가 훌쩍 지나갔다. 1975년으
로 접어든 어느 날이었다. 예전에 보지 못하던 낯선 환자 한 명이
병원을 찾아왔다. 진료실에서 만난 그 사람은 한센병 환자였다.
안질환을 심하게 앓고 있었다.

"진즉에 원장님이 용하다는 명성을 듣고 꼭 한 번맹키라도 치료
를 받고 싶어가 찾아왔니더. 그란디… 지 꼴이 워낙 흉해 놔가지
고 정말 죄송하니더."

"괜찮습니다. 편안하게 앉아 진료받으시면 됩니다. 그런데 어
디서 오신 겁니까?"

"지는 안동성좌원에서 왔니더."

"아, 안동성좌원이요?"

안동성좌원은 한센인들이 모여 사는 마을이다. 정창근 원장은

망치로 머리를 세게 얻어맞은 듯했다. 가까운 곳에 한센병 환자들이 있었는데, 이를 미처 인지하지 못하고 있었던 것이다. 그러면서 가난하고 소외된 사람들을 위해 봉사하고 있다고 생각한 자신이 부끄러웠다.

'이러고도 내가 이비인후과 의사라니….'

한센병 환자는 안동성좌원에서 정창근 원장 병원까지 4-5km가량을 걸어가야 했다. 버스를 타려 해도 사람들 눈치를 볼 수밖에 없으니 걷는 게 편했을 것이다. 그날도 그는 망설이고 또 망설이다 어렵사리 걸음을 뗀 것이었다. 보통 사람과 다른 자신의 외모 때문에 병원에 피해를 주지나 않을까 마음을 졸였다. 실제로 순서를 기다리는 사람들 중에 갑자기 등장한 한센병 환자를 보고 직원에게 항의하는 사람도 있었다. 항의나 불평을 하지는 않더라도 당황해하거나 불편해하는 사람은 꽤 많았다. 그렇다 해도 대기실에 기다리는 사람이 많은데, 먼저 들어오라고 할 수는 없었다. 정창근 원장이 진료하기 위해 가까이 갔더니 그 환자의 발은 의족이었다.

"옆구리와 등에서 진물이 흐르는 환자를 진료하는 중에 무심코 다리를 만졌습니다. 그런데 다리가 있을 자리에서 나무로 만든 의족이 만져지더라고요. 순간 눈물이 쏟아졌어요…."

그는 애써 감정을 추스르고는 다른 환자들과 마찬가지로 정성껏 진료한 다음 돌려보냈다. 한센병 환자가 진료를 마치고 나간 뒤 바로 다음에 들어온 환자가 쭈뼛거리며 물었다.

"저기… 소독은 잘됐니껴?"

당시만 해도 한센병에 대한 편견은 상당히 심했다. 한센병 환자가 직접 병원을 찾아오는 일도 어지간한 용기가 없으면 어려운 일이었고, 그들이 병원을 드나드는 데 대해 다른 환자들이 갖는 거부감도 상상 이상이었다. 정창근 원장은 문득 의대를 졸업하고 동산기독병원에서 레지던트로 일하던 시절이 떠올랐다. 한센인 마을인 대구애락원을 동료들과 함께 틈틈이 찾아가 한센병 환자들을 무료 진료하던 기억이 되살아난 것이다. 그때 경험으로 보아 한센인들은 눈, 귀, 코 등에 크고 작은 질환을 한두 개씩 갖고 있었다. 이비인후과 의사가 한센인들을 위해 할 일이 많았다. 안동성좌원으로 직접 가야겠다고 마음먹었다.

"형편이 그렇게 되니 이거 안 되겠다 싶었습니다. '그토록 힘들게 찾아와서 오래 기다리게 하면 되나. 몸이 성한 내가 가서 그들을 만나 진료하면 되는 거지.' 이런 생각이 든 것이지요."

정창근 원장은 안동성좌원에 전화를 걸었다. 당시 원장은 김대발 원장이었다.

"안녕하십니까? 정창근 안·이비인후과 원장입니다."

"어이구, 안녕하신교? 어쩐 일이십니꺼?"

"오늘 안동성좌원 원생 한 분이 다녀가셨는데, 몸도 불편한 분이 여기까지 왔다 갔다 하기 힘드시니까 제가 일주일에 하루 정도 오후 시간에 찾아가서 진료하면 어떨까 해서요."

"원장님처럼 바쁘신 분이… 그렇게 해 주신다믄 저희야 억수로 좋고 말고요."

정창근 원장과 안동성좌원의 인연은 이렇게 시작되었다. 의사가 직접 한센병 환자들을 찾아가서 진료하면 네 가지 문제가 해소되었다. 첫째, 환자들이 먼 거리를 오가지 않아도 되고, 둘째, 병원에서 다른 사람들 눈치를 봐 가면서 오랫동안 기다리지 않아도 되며, 셋째, 편견을 가지고 이들을 불편하게 여기는 사람들을 만나지 않아도 되고, 넷째, 약을 한꺼번에 한 보따리씩 들고 가지 않아도 됐다. 그 시절에는 의료보험제도가 미비해서 시설에 거주하는 한센병 환자들에게는 한 번에 많은 양의 약을 처방해야만 했다. 정창근 원장이 안동성좌원을 방문해서 환자들을 진료하는 것이 여러 가지로 편했다. 일종의 촉탁의사가 된 셈이었다.

인류 역사상 가장 오래된 질병 중 하나인 한센병(Leprosy)은 나균에 의해 감염되는 만성 전염성 질환이다. 나균은 피부, 말초신경계, 상기도의 점막에 침범해 조직을 변형시키는 균이다. 6세기에 처음 발견된 이 병은 현재 24개국을 제외한 전 세계 지역에서 연간 1만 명당 1건 미만으로 발생하고 있다. 1873년 노르웨이의 의사 게르하르트 한센(Gerhard Hansen, 1841-1912)이 나환자의 결절 조직에서 세균이 모여 있는 것을 발견해 이를 '한센균'이라고 명명함으로써 '한센병'이라는 말이 생겨났다. 과거에는 '나병' 또는 '문둥병'이라고 부르며 환자들을 혐오하고 격리했다. 피부 조직이 심하게 일그러진 모습으로 인해, 신의 저주를 받아 병이 생겼다고 해서 '천형병'이라고도 불렀다. 이런 차별적 의미 때문에 지금은 '한센병'으로 통칭하고 있다.

한센병을 제때 치료하지 않으면 신경계의 합병증으로 사지가 무감각해지고 근육에 병적인 증상이 발생한다. 촉감, 통각, 온도 감각은 물론 위치 감각과 진동 감각도 사라진다. 나균에 가장 흔하게 침범되는 신경 부위는 팔꿈치다. 네 번째와 다섯 번째 손가락이 갈퀴처럼 변형되기도 한다. 손목 처짐이나 발목 처짐이 발생할 수도 있다. 손가락과 발가락에 감각이 소실된 상태에서 계속해서 외상을 입으면 이 부분에 감염이 발생해 손가락과 발가락의 말단 부위가 떨어져 나가기도 한다. 코 점막에 침범하면 코피가 나거나 코 막힘 증상이 나타나고, 연골이 변형되어 안장코가 되거나 무후각증이 발생하기도 한다. 눈에 침범하면 안구가 돌출되거나 눈이 감기지 않게 되고, 각막궤양이나 백내장, 녹내장 등이 발생해 실명할 수도 있다.

하지만 한센병 자체는 전염성이 약하다. 게다가 약을 한 번만 먹으면 다른 사람에게 전염시킬 위험이 사라진다. 새로운 약이 계속해서 개발되고 치료법이 발전하면서 얼마든지 완치될 수 있는 병이 되었다. 세계보건기구에서 권장하는 복합화학요법으로 적기에 치료하면 조기에 나균이 죽게 되어 한센병이 완치된다. 한센병은 유전자 질환이 아니며, 태아에게 전염되지 않는다. 부모가 한센병이 있더라도 그 자녀가 한센병을 갖고 태어나지 않는다는 말이다. 그런데도 한센인들은 사회에서 쫓겨나 온갖 차별과 불이익을 감수한 채 살아야 했다.

일본은 1907년 법률을 제정해 한센병 환자들을 강제로 수용하기 시작했고, 1916년에는 이를 위해 전남 고흥군 소록도에 자혜의원을 세웠다. 1931년에는 나예방협회를 설립하고 나예방법을 개정해 한센병 환자 관리를 위한 국립 요양소를 설치했다. 이에 따라 소록도에는 약 6천여 명의 한센인들이 강제로 수용되었다. 거기서 그들은 강제 노역뿐만 아니라 단종과 낙태 수술 등 참혹한 인권 유린을 겪었다. 한센병 진단을 받은 사람들은 호적에서 지워진 채 소록도에 끌려가야만 했다. 1945년 해방이 됐지만, 한센인들은 소록도에서 벗어날 수 없었다. 대한민국 정부에서도 한센병이 유전성과 전염성을 띤다는 이유로 강제 수용을 이어 갔기 때문이다. 1950년대에는 10여 건의 집단 학살 사건이 있었고, 1960년대까지 강제 임신중절수술과 정관절제수술 등이 시행됐다. 이와 같은 정책은 1980년대까지 이어졌다.

반인륜적이고 반인권적인 일제의 한센인 격리 및 차별 정책과 달리 구한말 조선에 들어온 서양 개신교 선교사와 가톨릭 사제들은 병원을 세워 한센인들을 치료하면서 그들을 돌보기 위한 보호

시설을 만들어 운영했다. 소록도 외에 각지에 한센병 환자들의 치료와 재활을 위해 만들어진 시설들이다. 1909년 미국 윌리 포사이드(Wiley H. Forsythe) 선교사와 로버트 윌슨(Robert M. Wilson) 선교사에 의해 시작된 여수애양병원, 1950년 천주교에서 경기도 의왕시 원골로 모락산 자락에 세운 성라자로마을, 1959년 작은형제회 주콘스탄시오 신부의 도움으로 건립된 경남 산청군 산청읍 성심원 등이 대표적이다. 이 밖에 6·25전쟁 이후 전국 곳곳에 한센인 정착 마을이 생겨났다. 2020년 기준 국내 한센인 정착 마을은 모두 82곳이다. 한국한센인총연합회에 따르면, 2020년 말 기준 총 8,965명의 한센인 중 자택에 거주하는 한센인은 5,577명, 정착 마을 거주인은 2,649명, 생활시설 거주인은 739명이었다.

안동시 풍산읍 막곡리에는 낙동강이 내려다보이는 청성산 중턱에 석문정(石門亭)이라는 정자가 있다. 퇴계 이황의 학통을 이어받은 대학자이자 문신인 학봉 김성일이 1587년에 지은 유서 깊은 정자다. 광복 후 여기저기 떠돌던 한센인들이 여기 모여 살았다. 그러다 점점 인원이 늘어나면서 좀 더 넓은 곳을 찾아 태화동 낙동강 제방 변으로 옮겨 살게 되었다. 몇 년 뒤 이들 100여 명은 경상북도 칠곡군에 있는 국립 요양소인 애생원의 분원으로 편입되었다. 이후 안동읍 의회의 결의로 시유지 1만 2,257평을 무상 제공받아 1953년 현재 위치로 이전해 제반 요양 시설을 갖추기 시작했고, 1959년에는 애생원에서 분리해 재단법인 안동성좌원이 발족하게 되었다. 소록도를 비롯해 국립 칠곡병원, 부산 국립 용호병원 등에서 한센인들이 계속해서 전입해 옴에 따라 많을 때는 800명이 넘는 한센인들이 거주하기도 했다.

정창근 원장이 안동성좌원을 찾아가 진료를 시작할 무렵 그곳 상황은 어땠을까?

1975년 당시 안동성좌원의 원생은 남자 354명, 여자 349명, 총 703명이었다. 정부에서 보조금을 받는 한센인 가운데 약 절반가량이 안동성좌원에 거주하고 있었다. 시설이나 환경은 열악하기 짝이 없었지만, 인원 규모로는 가장 많은 한센인이 모여 있는 보금자리였다.

그는 처음 안동성좌원을 방문해 한센인들을 마주하던 순간을 잊을 수 없었다.

"정말 오랜만에 많은 한센병 환자를 대면하게 되었습니다. 그분들이 환하게 웃으면서 저를 반겨 주시더군요. 좋아서 눈물을 흘리시는 분도 있더라고요. 저도 그만 눈물이 핑 돌았습니다."

안동성좌원 상황은 1970년대부터 1980년대까지 큰 변화가 없었다. 정부의 지원이나 사회적 인식도 나아지지 않았다. 그런데도 입소자들은 항상 700명에서 800명대를 유지했다.

"전국의 음성 나환자 1,629명 가운데 730명 340세대가 안동성좌원에 정착해 살고 있습니다. 국가에서 하고 있는 소록도의 나환자 치료를 제외하면 전국에 나환자 수용 시설이 다섯 군데 더 있습니다. 안동성좌원에 730명, 산청 성심인애병원에 403명, 여수 재활병원에 200명, 대구 애락보건병원에 87명, 안양 성라자로병원에 11명 등 총 1,629명이 있는데, 국가에서 주·부식비, 피복비, 수용비, 연료비 등을 보조해 주고 있으나 풍족하지는 못합니다."

1990년 안동성좌원 총무로 근무하던 김환근 씨는 한 잡지 인터뷰에서 이렇게 증언했다.

한센인들의
친구가 되다

매주 금요일 오후 점심을 먹고 나면 그는 진료 도구와 약을 챙겨 병원을 나섰다. 안동성좌원을 가기 위해서였다. 따라나선 간호사들은 마지못해 가는 표정이 역력했다. 이미 한센인들은 줄을 서서 그를 기다리고 있었다. 매번 진료해야 할 환자들은 20-30명에 달했다. 코가 짓무르고 막혀 고생하는 사람에게는 숨을 자유롭게 쉴 수 있게 해 주고, 백내장과 녹내장으로 힘들어하는 사람에게는 수술을 통해 밝은 빛을 보게 해 주며, 귀가 막히고 헐어서 고통받는 사람에게는 다시 생생한 소리를 들을 수 있게 해 주었다.

한센인 중에는 완전히 실명한 사람도 많았고, 반쯤 실명한 사람도 적지 않았다. 이비인후과뿐만 아니라 안과 계통의 진료가 필요한 환자도 많았기에 정창근 원장은 점점 더 바빠졌다. 일주일에 한 차례 방문해서 한두 시간 정도 진료해서는 그를 필요로 하는 많은 환자를 다 돌아볼 수가 없었다. 안동성좌원을 향한 그의 발걸음은 갈수록 잦아졌다. 일주일에 두세 번 갈 때도 있었고, 하루에 몇 번씩 오갈 때도 있었다. 그에게는 자신의 병원을 찾아와 돈을 내고 치료를 받는 환자들이나 안동성좌원에 앉아서 자신을 기다리다 무료 진료를 받는 환자들이나 다 똑같았다.

진료를 마치고 나올 때면 들어갈 때와 달리 간호사들의 표정이 밝았다.

"힘들었죠? 오늘도 수고했어요."

"아닙니다, 원장님. 처음엔 좀 힘들었지만, 저분들을 보면서 많은 보람을 느꼈습니다."

간호사 대부분이 한센인들을 치료하며 기쁨과 긍지를 얻는 것 같아 다행이라 여겼다.

"저기… 이거 얼마 안 되지만 성의라 생각하고 받아 주이소."

진료 가방을 챙기고 있는 정창근 원장에게 어느 한센인이 봉투를 내밀었다. 돈 봉투였다. 고마움의 표시였지만, 받을 수도 없고 안 받을 수도 없었다. 안 받는 게 당연했으나 거절할 경우 그분들이 상처를 받을 수 있었다. '한센인이 주는 돈이라 꺼림칙해서 안 받은 게 아닌가? 액수가 너무 적어서 안 받은 게 아닌가?' 하고 오해할 수 있었다. 그래서 그냥 받았다.

"차곡차곡 모아 뒀다가 나중에 목돈이 되면 안동성좌원을 위해 쓰면 되잖아요?"

퇴근하고 집에 와서 고민을 이야기했더니 아내가 이렇게 말했다. 그의 고민거리가 해결되었다. 그는 한센인들이 주는 돈을 감사한 마음으로 받아서 모았다가 훗날 엑스레이 촬영기를 사서 안동성좌원에 기증하기도 했고, 한센인들이 밤중에 편안하게 이동할 수 있도록 가로등을 설치하기도 했다. 그들이 준 돈을 모아 봐야 얼마나 되겠는가. 그 고마운 마음 위에 정창근 원장이 기쁜 마음을 더 얹어서 여러 가지 모양으로 다시 그들에게 돌려준 것이다.

한밤중에 집으로 전화가 걸려오기도 했다.

"원장님, 시방 원생 한 분이 배가 아프다꼬 떼굴떼굴 굴러예!"

급히 가 보면 맹장염일 때가 많았다. 정창근 원장은 급히 선배 외과 의사에게 전화해 수술을 부탁했다. 새벽에 환자를 데리고 외과에 가서 수술이 잘 끝난 것까지 보고 집으로 돌아온 일도 여러 번이었다. 의료보험제도가 완비되지 않아 진료와 수술 등에 어려움이 참 많았다. 지금은 새로운 한센병 환자가 더 발생하지 않고, 신약과 치료법이 획기적으로 개발되어 실질적으로 한센병 제로 국가가 되었지만, 당시만 해도 애로 사항이 한둘이 아니었다.

"최선을 다해 치료하고 좋은 약을 쓰지만, 한센병 환자들은 증상이 만성이어서 치료에 한계를 느낍니다. 열심히 치료해도 완치가 늦어질 때는 정말 애가 탑니다. 그리고 손상된 피부 조직을 원래 상태로 완전히 회복시켜 주지 못하는 그 한계가 안타깝기만 합니다."

자신의 강력한 의지나 간절한 바람과는 달리 모든 한센인이 하루빨리 예전의 건강한 모습을 되찾지 못하는 데 대해 정창근 원장은 수시로 안타까운 마음을 토로하곤 했다.

　정창근 원장이 안동성좌원에서 한센인들을 치료하면서 가장 놀란 것은 그들의 열악한 삶의 모습이었다. 먹고 자고 생활하는 현장은 한마디로 처참했다. 좁고 어둡고 비위생적이며 개인의 사생활과 존엄성이 전혀 보장되지 않는 비참한 공간이었다. 같은 병을 앓는 사람들이 모여 살며 서로를 이해하고 보듬을 수 있다는 점을 빼면 인간다운 삶이라 할 수 없었다.

　"집이 수백 채가 되는데, 문을 열면 돼지우리고 문을 닫으면 내 방이에요. 상상해 보세요. 아무리 청결하게 한다 해도, 몸에서 냄새가 나는 건 아닌데 돼지 똥과 닭 똥을 말리다 보니 옷에 묻기도 하고, 자연히 생활자가 밖에 나가면 냄새가 날 수밖에 없습니다. 저는 이해를 하지만, 한센인이 아닌 사람들은 양돈이나 양계하는 사람들이 별로 없잖아요. 여기는 그게 생활이었으니까, 어떻게 하면 그분들을 청결하게 해 드릴 수 있을지가 큰 고민이었습니다."

　2014년에 발행된 〈안동성좌원 60년사〉에서 정창근 원장은 당시 심정을 이렇게 말했다.

　환자들에게 위생은 매우 중요한 문제다. 깨끗한 환경을 유지해야 병균의 감염으로부터 안전할 수 있기 때문이다. 더럽고 지저분한 환경에서는 병의 치료가 더딜 수밖에 없다. 더군다나 한센병은 청결한 위생 관리가 더 중요했다. 정창근 원장은 이런 점을 고민한 것이다.

그런데 한센인 거주 시설에서는 왜 돼지 똥 냄새와 닭 똥 냄새가 진동했던 것일까?

한센인들에게 가난은 떼려야 뗄 수 없는 운명 같은 것이었다. 남들처럼 학교에 다닐 수도 없고, 직업을 가질 수도 없으며, 일정한 수입을 유지할 수도 없었다. 사람들은 그들과 어울려 살지 않으려 했다. 자연히 한센인들은 자의 반 타의 반으로 사람들로부터 격리될 수밖에 없었다. 그러다 보니 경제적으로 점점 빈곤해졌다. 한센인들의 80%가 기초생활보장 수급자였다. 그나마 할 수 있는 일은 돼지나 닭을 키우는 것이었다. 대충 지은 허름한 움막 같은 집에서 돼지와 닭을 키우며 살면 어디가 돼지와 닭이 머무는 공간이고, 어디가 사람이 사는 공간인지 구분하기가 어려워진다. 사람이 돼지나 닭과 한데 어울려 사는 셈이다.

안동성좌원이 생기기 전 한센인들은 여기저기 돌아다니며 구걸해서 연명했다. 교회와 선교사들의 도움 그리고 정부의 식량 지원으로도 역부족이라 구걸이 생계 수단이었다. 안동성좌원이 설립되고 안정적인 주거 공간이 확보되었으나 경제적 상황은 그다지 나아지지 않았다. 배고픈 세월이었다. 너무 힘들어서 몰래 구걸하러 나가면 안동성좌원 관리 직원들도 외출로 처리해 주어 주·부식비를 원 살림에 보태기도 했다.

구호 물품과 양곡으로 나오는 쌀을 팔고 보리쌀을 주식으로 먹으며 모은 돈으로 병아리와 토끼 몇 마리를 사다가 방 안에서 길렀다. 새끼를 낳아 숫자가 늘어나면 양계장을 지어 길렀고, 돈이 더 모이면 돼지를 사서 막사에 두고 키웠다. 가축 배설물은 말려서 과수원 등에 팔았다. 인분도 모았다가 팔거나 텃밭에 거름으로 사용했다. 사정이 이랬으니 안동성좌원 곳곳에서는 돼지 똥과 닭 똥 냄새가 진동할 수밖에 없었다.

이런 사정을 상세하게 알게 된 정창근 원장은 의사로서 아픈 이들을 치료하고 돌보는 일 외에 그들의 실상을 외부에 제대로 알리고 생활공간을 개선하는 일에도 앞장섰다.

"지금 한센병을 앓고 있는 사람뿐 아니라 완치되어 바이러스가 없는 사람들도 한센병력자라고 부르면서 아직도 차별을 합니다. 이것은 인권 침해입니다. 예전에 폐병을 앓았거나 암을 앓았다고 해서 사회로부터 멸시를 받습니까? 가족들이 그를 버립니까? 왜 한센병력자라는 꼬리를 평생 달고 살아야 합니까?"

그는 기회만 있으면 이런 말을 했다. 한센인들이 경제적 고통 없이 살아가고, 자유롭게 병원과 마트 등을 오가며 따가운 시선을 받지 않고 당당하게 행복을 누릴 수 있는 세상을 만들고 싶었다. 험난한 길이었으나 한 걸음씩 뚜벅뚜벅 걷다 보면 희망이 보이리라 믿었다.

새벽 3시 30분에 일어나 밤 10시까지 환자 진료와 지역 사회 봉사 등으로 자신에게 주어진 일을 감당하다 잠자리에 들면 너무 고단해서 눕자마자 죽은 듯이 잠에 빠져들었다. 그런 정창근 원장의 건강 비결은 웃음과 긍정적 사고방식이었다. 늘 얼굴에 웃음을 머금고 있었고, 먼저 다가가 악수를 청했으며, 모든 일을 낙관적으로 생각했다. 안 되는 이유를 찾는 것이 아니라, 되게 하는 방법을 찾았다. 가족과 지인들에게 자신이 하는 일을 공개하며 공감과 지지를 끌어냈다.

1907년 2월 대구에서 시작된 국채보상운동은 국민의 절대적 지지 속에 전국으로 번져 나갔다. 국채보상운동은 일제가 대한제국을 경제적으로 예속시키기 위해 강제적으로 제공한 차관 1,300만 원을 정부가 갚을 능력이 없자 국민이 대신 갚고자 일어난 애국 운동이다. 2004년에는 이를 기념하기 위해 대구 일대에 있는 거리 이름이 '국채보상로'로 변경되었다. 국채보상로 인근에는 오래된 낙타연합정형외과의원이 있다. 원장은 정창근 원장의 의대 동기생으로 아직도 현역에서 환자들을 진료하고 있는 김경수 씨다. 그는 친구인 정창근 원장과 함께 안동성소병원에 근무하기도 했고, 서안동로타리클럽에서 같이 활동하기도 했다.

"정창근 원장이나 저나 병원을 개원해서 한창 바쁠 때였습니다. 하루는 같이 어디를 좀 가자고 하더라고요. 안동성좌원이었어요. 이곳에 매주 와서 한센인들을 진료하는데, 정형외과 의사도 필요하니 같이 봉사하자는 것이었습니다. 거절할 수가 없었습니다. 그래서 저도 매주 안동성좌원을 찾아가 환자들을 진료했습니다. 허리, 무릎, 어깨, 발목 등 골과 관절 질환을 앓는 분들이 많았어요. 대부분이 노인들이었으니까요. 그런데 참… 얼마나 냄새가 나고 환경이 열악했는지 몰라요. 저는 굉장히 힘들었는데, 정 원장은 아주 기쁜 얼굴로 진료를 하더라고요. 저는 1980년 10월에 대구로 오면서 자연스레 그만두었는데, 정 원장은 그 힘든 일을 30년 넘게 계속했어요. 친구지만 존경하지 않을 수 없습니다."

정창근 원장의 자녀들은 어땠을까?

병원이 있던 북문동 집에서 50년 넘게 살면서 남편과 함께 어머니를 모시고 있는 큰딸 정은경 씨는 아버지 손을 잡고 드나들었던 안동성좌원의 추억을 고스란히 간직하고 있다.

"어렸을 때 아버지를 따라 안동성좌원 식구들을 만나러 자주 갔습니다. 약 45년 전 그때는 '정말 이런 곳에서도 사람이 살 수 있을까?' 생각했던 것 같습니다. 어떤 말로도 표현할 수 없을 만큼 열악했으니까요. 돼지우리 옆 움막 같은 곳에 손과 얼굴이 일그러진 사람들이 살고 있었고, 동물들의 배설물인지 냄새가 심하게 나기도 했습니다. 어린 마음에 너무 놀라고 무서웠습니다. 그런데도 아버지는 저희를 계속 데리고 다니셨고, 저는 그런 곳을 다니면서 진료하시는 아버지가 이해되지 않았고 싫었던 것 같습니다. 얼마 후 아버지가 눈치채셨던지 이런 말씀을 하시더라고요. '그들은 우리와 다르지 않아. 겉모습만 다를 뿐 똑같은 사람이야. 오히려 안 좋은 시선들 때문에 몸의 상처보다 마음의 상처가 더 큰 분들이시니 다르게 보지 마라. 내 친동기들처럼 따뜻하게 대해야 한다.' 또 이런 말씀도 하셨어요. '나는 그분들께 기도의 빚을 아주 많이 지고 있어. 밤이나 낮이나 나와 내 가정을 위해 늘 기도를 드리신단다. 내가 이렇게 진료할 수 있는 것도, 안동성좌원 식구들과 함께할 수 있는 것도 모두 그분들의 기도 덕분이지. 내가 주는 것보다받는 사랑이 훨씬 크단다.' 아버지의 생각과 마음을 아주 조금 이해하면서 저의 태도가 너무 부끄러웠던 기억이 납니다."

미국 북동부 뉴저지주에서 생활하고 있는 막내딸 정은영 씨도 그때를 생생하게 기억한다.

"아주 어려서부터 아버지를 따라 안동성좌원에 갔던 기억이 납니다. 사실 그리 유쾌하지는 않았어요. 좋지 않은 냄새가 코를 찔렀거든요. 사람들도 무섭다고 생각했던 것 같아요. 거름을 위한 것인지 닭 배설물을 말리고 있었고, 거주지 근처에 짐승들이 함께 있다 보니 나는 냄새였던 것 같습니다. 어린 여자아이가 들어오니까 원생들이 귀엽다고 다가오셨는데, 저는 겉모습이 보통 사람과 같지 않으니까 이질감을 느꼈던 것 같아요. 하지만 아버지가 항상 밝은 표정으로 원생들을 격의 없이 대하시는 모습 때문이었는지, 아니면 가기 전에 교육을 받아서 그랬는지는 모르지만, 코를 막거나 긴장한 표시를 내면 안 된다고 생각했습니다."

한센인들의
소원을 이루다

1959년 안동성좌원이 재단법인으로 발족할 당시부터 원장을 맡아 오던 김대발 원장이 1983년 갑자기 세상을 떠났다. 안동성좌원을 위해 누구보다 헌신적으로 일한 인물이었다.

"학식도 많고 인품도 좋았습니다. 저는 이분에 비하면 아무것도 아니에요. 이해심 많고 설득력 있고…. 제가 안동성좌원에 들어와서 어르신들을 봐 주니까 얼마나 좋아하셨는지 모릅니다. 의사는 아니었지만 한센인에 대한 이해가 상당히 깊고, 더 나은 사회복지여건 마련을 위한 열정이 넘쳤던 분이세요. 안동과 대구를 부지런히 오가며 일하시던 모습이 생생합니다."

정창근 원장은 김대발 원장을 이렇게 기억하고 있었다.

이즈음부터 안동성좌원 직원들과 원생들이 정창근 원장을 찾아와 안동성좌원 원장직을 맡아 달라고 부탁하기 시작했다. 처음에는 인사치레려니 싶었는데, 갈수록 더 적극적이었다.

"아이고, 제가 얼마나 바쁜 사람인 줄 몰라서 이러십니까? 새벽부터 밤중까지 몸이 열 개라도 모자랄 지경입니다. 그런데 어떻게 원장을 맡습니까? 말이 되지 않아요. 게다가 자격도 되지 않습니다. 안동성좌원 원장은 그만한 인격과 능력을 갖춘 분이 맡으셔야 합니다."

그런 말을 들을 때마다 그는 한사코 손사래를 쳤다. 그랬는데도 안동성좌원 직원들과 원생들은 포기하지 않았다. 끈질기게 찾아와 설득했다. 10여 년 가까이 눈이 오나 비가 오나 안동성좌원을 찾아와 한센인들을 사랑과 정성으로 치료하고 돌봐 온 정창근 원장에 대한 그들의 믿음은 절대적이었다. 한센인들은 똘똘 뭉쳐서 만장일치로 그를 새 원장에 추대했다. 결국 손을 들 수밖에 없었다. 1984년 1월 1일, 그는 안동성좌원 제2대 원장으로 취임했다.

그렇지 않아도 안동에서 제일 바쁜 사람이라는 소리를 듣던 정창근 원장은 안동성좌원 원장까지 맡아 잠시도 쉴 틈 없는 나날을 보내게 되었다. 병원에서 매일 환자들을 치료해야 했기에, 병원 문을 열기 전 아침 일찍 안동성좌원에 들러 급하게 처리해야 할 일을 끝내고 나서 병원으로 와야 했고, 중간 중간 필요한 일이 있으면 서둘러 안동성좌원을 들러야 했다.

"제가 1997년에 안동성좌원에 들어가 정창근 원장님을 모셨습니다. 매일 아침 7시에서 8시 사이에 안동성좌원에 들르셨어요. 저는 그전에 가서 원장님이 오시면 차도 타 드리고, 업무 보고도 드리고, 결재도 받았습니다. 그런 다음 8시 40분쯤 되면 병원으로

가셨어요. 워낙 바쁘시니까 시간을 분 단위로 쪼개서 사셨습니다. 어떻게 저렇게 사실 수 있나 놀랍기만 했습니다. 일을 밀고 나가시는 추진력이 대단했어요. 뭘 한번 하면 잠깐 하고 마는 게 아니라, 될 때까지 장기간 꾸준히 하셨습니다. 그러면서도 사람을 편하게 대해 주시고, 농담도 잘하시고, 굉장히 소탈하셨습니다. 배울 점이 너무 많았어요.

여수 애양원에 계셨던 손양원 목사님이 '나도 당신들처럼 한센인이 되어야 하는데, 그렇지 못해 미안합니다'라는 말씀을 자주 하셨다고 하더군요. 정창근 원장님도 그러셨습니다. 한센인들과 같은 입장이 되고 싶었는데, 그렇게 되지 않은 데 대해 안타까운 마음을 늘 표현하곤 하셨어요. 안동의 의료, 교육, 사회, 종교 등 전 분야에서 큰 역할을 하신 분이에요. 정말 성자라고 할 수 있는 큰 어른이셨습니다."

예전에 가까이서 정창근 원장을 보좌했던 안동요양원 박종환 원장의 회고다.

1984년부터 2000년까지 안동성좌원 총무를 지냈던 김환근 씨는 이런 말도 했다.

"세상에 우리 원장님 같은 분은 없을 겁니다. 다른 사람 같으면 가까이 오기도 꺼릴 텐데 원장님은 직접 씻기시고 어루만져 주시며 우리를 치료해 주셨습니다. 그뿐 아니라 원장님께 공식적으로 나오는 월급을 한 푼도 빠짐없이 꼬박꼬박 저축해 다시 안동성좌

원의 발전을 위해 내놓은 분이십니다. 정말 우리를 위해 하나님이
보내 주신 분입니다."

안동성좌원의 행정 책임자가 된 정창근 원장은 무엇보다 자신
이 가장 시급히 해결해야 할 과제는 한센인들의 생활공간을 획기
적으로 청결하고 쾌적하게 개선하는 일이라 생각했다.

"안동성좌원 안에 수백 채의 집이 있었는데, 사람이 사는 곳은
지붕에다 페인트를 칠했습니다. 페인트를 칠하지 않은 지붕은 돼
지 막사였습니다. 김환근 총무와 산에 올라가서 보면 드문드문 색
칠한 집이 보였습니다. 사람 사는 집보다 돼지 사는 막사가 많았
다는 것이지요. 이래서는 안 되겠다 싶었습니다. 안동 시내는 고
급 아파트가 들어서고, 도청이 들어오고, 고속도로가 나는 등 많
은 발전이 이루어지고 있는데, 안동성좌원은 수십 년 전 모습 그
대로였습니다. 그래서 제 소원은 이 재단이 사회복지기관이 되어
양돈과 양계를 하지 않아도 먹고살 수 있도록 하고, 거주 환경을
사람이 안락하게 살 만한 수준으로 확 바꾸는 것이었어요. 쉬운
일은 아니었습니다."

그의 소원은 모든 한센인의 소원이기도 했다. 이를 위해 1988년
에는 안동성좌원을 재단법인에서 사회복지법인으로 변경하고, 안
동시 사회복지시설로 허가를 받아 복지 향상을 위한 다양한 노력
을 기울였다. 정창근 원장 자비로 의무관을 증축하기도 하고, 국

비와 지방비를 지원받아 독신자 생활관을 신축하기도 했다. 틈나는 대로 시장, 국회의원, 시의원, 지역 유지들을 만나 설득했지만, 어려움이 한둘이 아니었다. 그러던 중에 마침내 기회가 왔다.

1999년 5월 10일, 김모임 보건복지부 장관이 전국에서 처음으로 세워지는 도립 노인병원인 경북도립노인전문요양병원 개원식에 참석하기 위해 안동을 방문할 예정이라는 소식을 들었다. 정창근 원장은 여러 경로를 통해 장관에게, 안동에 내려오거든 일정을 마친 후 올라가는 길에 안동성좌원에도 꼭 들러 달라고 부탁했다. 그러고서도 혹시나 그냥 지나칠까 싶어 행사장에서 기다리고 있다가 강제로 이끌다시피 안동성좌원으로 장관을 모시고 갔다. 국내 최대의 한센인 거주 시설의 실상이 어떤지를 주무 장관에게 있는 그대로 보여 주기 위해서였다. 그는 장관과 함께 안동성좌원 곳곳을 돌아보며 울분을 토하는 심정으로 호소했다.

"이것 좀 보십시오. 문을 열면 바로 돼지우리가 있는 곳입니다. 도대체 사람이 살 만한 곳이 아닙니다. 이분들이 공중목욕탕을 갈 수 있겠습니까? 그러면 사는 날 동안 뜨거운 물에 몸 한 번 제대로 담가 보지 못한단 말입니다. 그럴 때 닭 똥 같은 오물이 묻으면 당연히 병에 걸리지 않겠습니까? 이 모습을 보고 복지사회라고 할 수 있습니까? 선진사회라고 할 수 있겠습니까? 제가 의사인데, 뭐가 답답해서 이곳의 원장을 맡아 이렇게 눈물을 흘리겠습니까? 만약 서울에 이런 시설이 있다면 어떻게 하시겠습니까? 이대로 두고 보시겠습니까?"

간호학과 보건학을 전공한 의료인이었던 김모임 장관은 정창근 원장의 말에 깊은 공감을 표시했다. 의료인으로서 그리고 정치인으로서 육지에서 가장 큰 한센인 거주 시설을 이토록 오랫동안 소홀하게 방치해 온 데 대한 책임을 통감했다.

이 일이 있고 나서 정부에서는 안동성좌원의 주거 시설을 개선하는 현대화 사업을 지원해 주기로 약속했다. 정부의 지원 약속에 힘입어 경상북도와 안동시에서도 지방비를 지원하기로 뜻을 모아 주었다. 한센인들과 정창근 원장의 숙원이었던 현대화 사업을 시작할 수 있게 된 것이다. 주거환경개선사업은 낡고 비위생적인 예전 건물을 철거하고, 6개 동의 최신식 저층 아파트를 신축하며, 사무관, 복지관, 노인정 등을 건설하면서 이들 건물을 편리하게 오갈 수 있도록 도로를 조성하는 것이었다. 사업비는 국비 40억 원, 도비 20억 원, 시비 20억 원, 총 80억 원으로 책정되었다.

2002년 4월 4일 안동성좌원 현대화 사업 아파트 신축 기공식이 거행되었다. 아직 쌀쌀한 날씨였지만, 원내 공터에 마련된 의자에 삼삼오오 모여 앉아 기공식을 지켜보는 한센인들의 표정은 붉게 상기되어 있었다. 변변한 잠자리 하나 없이 동가식서가숙하며 구걸로 연명하던 시절이 떠오르는지 눈을 감고 있는 어르신도 있었고, 어떻게든 살아 보겠다고 닭과 돼지를 키우느라 1년 내내 온몸에 닭 똥 냄새, 돼지 똥 냄새를 달고 살던 세월이 가슴에 사무쳐 눈시울이 붉어진 아주머니도 있었다. 그렇지만 모두가 들뜨고 기대에 부푼, 가슴 설레는 순간이었다.

이후 101동이 2002년 6월 10일 착공에 들어간 것을 시작으로 601동이 2004년 10월 21일 착공되었고, 2003년 7월 16일 101동에 대한 사용 승인이 난 것을 시작으로 2005년 12월 27일 601동에 대한 사용 승인이 났다. 188세대가 모두 최신식 아파트에 거주할 수 있게 된 것이다. 언제든 따뜻한 물로 목욕할 수 있고, 시원한 물로 샤워할 수 있었다. 아궁이에 나무를 때서 밥을 짓지 않아도 가스 불만 켜면 무슨 음식이든 조리해 먹을 수 있었다.

남들과 똑같은 이런 평범한 삶이 그들에게는 이루어질 수 없는 요원한 꿈 같았다. 그런데 그 꿈이 현실이 된 것이다. 아파트에서 살게 된 한센인들이 느낀 감격도 대단했지만, 정창근 원장이 맛본 보람과 기쁨 또한 형언할 수 없는 것이었다. 세상을 다 얻은 것 같은 충만함이라고나 할까. 자기 집을 샀을 때나 병원을 개원했을 때보다 그 뿌듯함이 결단코 덜하지 않았다.

그전에는 기자들이나 손님들이 안동성좌원을 찾아오면 되도록 사진 찍는 일을 삼가 달라고 부탁하곤 했다. 한센인들의 사생활을 보호해 주려는 이유도 있었지만, 워낙 시설이 낙후하고 비위생적이다 보니 이를 드러내고 싶지 않았던 것이다. 그런데 현대화 사업이 마무리되고 난 뒤부터는 정창근 원장의 태도가 바뀌었다. 안동성좌원을 널리 알리고 싶어졌다.

"이제 마음껏 사진을 찍어도 좋아요. 보세요, 얼마나 좋아졌습니까?"

이는 한센인들의 공간과 일반인들의 공간 사이에 놓인 경계를 허무는 첫걸음이었다.

나머지 사업까지 모두 끝나 현대화 사업이 준공된 것은 2006년 2월 21일이었다.

안동성좌원의 현대화를 위해서는 이토록 발 벗고 나서서 뛰고, 완성되었을 때는 한센인들과 더불어 벅찬 감격의 눈물을 흘렸던 정창근 원장은 정작 자신의 집이나 병원의 현대화는 뒷전이었다. 남들이 힘들고 불편한 것은 두고 볼 수 없어도 자신이 힘들고 불편한 것은 아무 불평이나 불만도 없이 묵묵히 감내하며 사는 것이 그의 성품이었기 때문이다. 막내딸 정은영 씨의 남편인 둘째 사위 송재현 목사는 가난하고 소외된 사람들을 돕는 일이라면 누구보다 앞장서면서도 스스로에게는 한없이 무심했던 장인에 관한 기억이 또렷하다.

"정창근이비인후과의원에는 장인어른이 진료를 멈출 때까지 쓰셨던 환자 진료용 의자가 있었습니다. 요즘 병원마다 있는 현대식 의자는 진료할 때 뒤로 젖혀져서 의사가 환자를 내려다보면서 진료합니다. 하지만 장인어른 병원에 있던 구식 의자는 뒤로 젖혀지지 않았습니다. 환자가 앉은 자세로 입을 벌리면 장인어른이 허리를 굽히고 입 안을 들여다보셔야 했지요. 그런 불편한 자세로 수십 년 동안 진료하시다가 결국 허리 디스크가 생겨 수술을 받으셔야 했습니다. 그런데도 장인어른은 익숙한 방식이 좋아서 그러셨는지 아니면 굳이 비싼 돈을 들여 현대식 의자를 살 필요가 없다고 느끼셔서인지 아주 오래된 구식 의자를 은퇴할 때까지 사용하셨습니다. 깨끗한 현대식 병원 안에 낡고 오래된 붉은색 계열의 구식 의자가 썩 어울리는 모습은 아니었지만, 오히려 그 의자는 장인어른의 오랜 의사로서의 삶을 대변해 주는 것 같아 저는 좋아 보였습니다. 이비인후과 의사의 특징인 반사경을 머리에 쓰고 허리를 구부려 구식 의자에 앉은 환자를 정성껏 돌보시던 장인어른의 모습이 기억납니다."

부산에는 장기려,
안동에는 정창근

모두의 숙원이었던 안동성좌원 현대화 사업이 마무리된 2006년 12월 31일 정창근 원장은 안동성좌원 원장직에서 물러났다. 취임한 지 23년 만이었다. 그즈음 이런 일이 있었다.

안동성좌원에서 생활하던 한센인 한 분이 돌아가셨다. 서울에 살던 아들이 어머니 장례를 치르기 위해 이곳을 찾았다. 그동안 그는 자신의 부모가 한센인이라는 사실을 감추고 살았다. 일부러 숨겼다기보다는 드러내서 좋을 게 없으니 말하지 않았던 것뿐이다. 그런데 어머니 장례를 치르려니 회사에 알리지 않을 수 없었다. 어머니가 돌아가셨다고 알리고 정식으로 휴가를 얻어 내려왔다. 그러니 회사에서도 가만히 있을 수 없었다. 직원 어머니가 돌아가셨는데 문상을 가지 않는다면 도리가 아니었다. 괜찮다며 극구 사양했으나 회사 상조회에서 사람들이 물어물어 조문하러 왔다. 와 보고 나서 그의 어머니가 한센인이라는 사실을 알게 되었다.

회사 안에 소문이 쫙 퍼졌다. 어머니 장례를 마치고 회사에 복

귀한 그는 자신을 향한 사람들의 시선이 예전과 다르다는 것을 느꼈다. 전처럼 힘을 모아 일을 할 수도, 함께 어울려 대화를 나눌 수도 없었다. 고민을 거듭하던 그는 결국 회사에 사표를 내고야 말았다.

이 이야기를 전해 들은 정창근 원장은 착잡한 마음을 가눌 길이 없었다. 아무리 의료 기술이 발전해 한센병이 사라지고, 복지 여건이 향상돼 생활환경이 현대화된다고 해도 한센인에 대한 사람들의 뿌리 깊은 편견은 바꾸기 어렵다는 사실이 무척 괴로웠다. 그는 퇴임하면서 연로한 한센인들이 돌아가셨을 때 사용할 수 있도록 봉안당 100기를 마련해 기증했다.

2007년 봄에 열린 퇴임식에서 그는 안동성좌원 가족들에게 이런 인사말을 남겼다.

"술에다 인삼을 담아 두면 술이 인삼이 되고 인삼이 술이 되겠지요. 그런데 저는 여러분과 33년을 같이 있어도 한센인이 못 되고 건강하게 나가게 되어 미안합니다. 저는 한센병에 걸려도 상관없습니다. 다미안 신부 보기도 미안합니다. 그는 결국 한센병에 걸려 그들과 함께했지요. 손양원 목사는 애양원에서 한센인들의 고름을 빨았다고 하는데, 저는 아직 여러분의 고름을 빨아 보지 못했습니다. 앞으로는 고름을 빨 수 있도록 해 보겠습니다. 제가 미안해요. 젊어서 소록도에 들어와 백발이 되도록 봉사하고 편지 한 장만 남기고 떠난 마리안느 수녀나 마가렛 수녀 보기도 부끄럽습니다. 자꾸 섭섭해하고 선물 주는 것 싫습니다. 왜냐하면 하나님의 아들이신 예수님은 여기 오셔서 인류를 구원하시고도 우리를 위해 십자가까지 지고 가셨는데, 제가 여기에 33년 있어도 여러분에게 해 준 것이 없습니다. 또 주님이 저를 사랑하신 것에 비하면 정말 아무것도 해 준 것이 없습니다. 그런 뜻에서 제가 여러분 앞에 자꾸 나타나 명예원장이니, 수고했느니, 이런 말을 들을 필요도 없고 들을 이유도 없습니다."

안동성좌원에서는 헌신적으로 일해 온 정창근 원장에게 퇴직금을 챙겨 주었지만, 그는 그대로 돌려주었다. 그들을 위해 더 해 줄 일이 무엇인지를 찾는 이에게 대가라니 가당치 않았다.

"성지순례를 가라고 퇴직금을 주더군요. 새벽 3시 30분에 일어나 밤 10시까지 정신없이 일하고 너무 고단해 푹 고꾸라져 자는데, 성지순례하러 갈 시간이 어디 있겠어요?"

그는 퇴임사에서 다미안 신부, 손양원 목사, 마리안느 수녀와 마가렛 수녀를 언급했다. 그들에게 미안하고 부끄럽다고 말했다. 한센인들을 위해 살다 간 성자로 불리는 인물들이다.

1840년 벨기에 플랑드르 지방에서 태어난 다미안 신부(Saint Damien)는 1864년 하와이 호놀룰루섬에서 사제 서품을 받은 후 한센병 환자 수용소인 몰로카이섬에 들어가 한센인들이 인간으로서 존엄성을 찾는 데 평생을 바쳤다. 어느 날 밤 다미안 신부는 목욕하려고 물을 데우다 실수로 끓는 물을 발등에 쏟았다. 그런데 끓는 물에 데었는데도 아프지 않았다. 감각의 상실, 그것은 확실한 한센병 증상이었다. 그는 그 자리에 풀썩 주저앉았다. 그리고 기도를 드렸다.

"주님, 감사합니다. 이제 저도 저들과 같이 한센인이 되었습니다. 이제 저도 저들과 똑같은 고통을 겪게 되었습니다. 이제는 저들도 알 겁니다. 제가 저들을 얼마나 사랑하는지를."

당시 한센병은 치유할 수 없는 치명적인 병이었다. 자신이 그런 병에 걸린 것을 감사하는 기도는 아무나 할 수 있는 것이 아니다. 그 후 다미안 신부는 몰로카이섬에서 한센인들을 돌보다 쓰러져 1889년 그 섬에 묻혔다. 가톨릭교회에서는 2009년 다미안 신부를 성인으로 추대했다. 오랫동안 하와이에서 태평양 일대의 역사와 문화를 연구해 온 호주 국립대 특수학문연구소 태평양 역사학 교수인 가반 도우즈(Gavan Daws)는 《문둥이 성자 다미안》이라는 책에 이렇게 썼다.

"어떤 것에서 곧바로 좋은 점을 찾아낼 수 있다는 것은 그만큼 밝은 마음의 눈을 가지고 있다는 증거입니다. 세상에는 좋은 점만 찾으려는 사람도 있고, 나쁜 점만 찾으려는 사람도 있습니다. 좋은 점이 하나도 없는 사람은 드물 것입니다. 수많은 나쁜 점들 가운데서 우연히 발견한 단 하나의 좋은 점에 정성을 다하는 사람들이야말로 진실로 마음의 눈이 밝은 사람들입니다. 완전히 좋은 점만 있고 완전히 나쁜 점만 있는 사람은 없습니다. 다른 사람의 좋은 점을 찾아서 인정하고 격려하고 길러 주는 사람이 진정 마음의 눈이 밝은 사람입니다."

그가 다미안 신부를 가리켜 '마음의 눈이 밝은 사람'이라고 표현했다면, 정창근 원장 역시 마음의 눈이 밝은 사람이었다. 그는 모든 사람을 믿고 존중하며 선의로 대했던 사람이다.

전라남도 여수시 율촌면 신풍리에는 사회복지법인 애양원이 있다. '애양원'(愛養園)은 '사랑으로 기르는 동산'이라는 뜻이다. 이곳에 우리나라 최초의 한센인 치료 기관인 여수애양병원이 있다. 1909년 미국 의료 선교사 포사이드가 길가에 쓰러져 있는 한센병 환자를 치료한 일이 계기가 되어 세워진 병원이다. 지금의 현대식 병원이 세워지기 전까지 한센인들을 치료했던 예전 본관 건물은 역사박물관으로 탈바꿈했다. 박물관에는 초창기에 사용했던 각종 의료 기구들과 가족을 돌보듯 수고를 아끼지 않았던 의료진들 그리고 가난과 소외 속에 처참한 생활을 해야 했던 한센병 환자들의 고단한 생활상 등이 생생하게 전시되어 있다.

애양원 내에 세워진 애양원교회에서 목회하며 한센인들과 함께 살다 간 인물이 손양원 목사다. 1902년 경상남도 함안에서 출생한 그는 1939년부터 애양원교회에서 전도사로 일했다. 일제의 신사참배 강요에 저항해 1940년 체포된 그는 종신형을 선고받고 옥고를 치르다 광복이 되어서야 출옥했다. 그 뒤 애양원교회에서 다시 일하다가 1946년에 목사 안수를 받았다. 1948년 10월에 일어난 여수·순천사건 때 두 아들이 좌익 학생들에 의해 살해되었다. 그는 두 아들을 죽인 원수를 구명하여 양자로 삼음으로써 세상을 감복시켰다. 한센인들에 대한 구호와 전도에 전념하던 그는 6·25전쟁 직후에 공산군의 총탄에 맞아 순교했다.

당시 애양원에는 상태가 심한 환자만 격리해 둔 중환자실이 있었다. 차마 볼 수 없을 만큼 흉측한 모습으로 병마와 싸우고 있는 사람들이었다. 상처를 치료하려면 간호사들이 피고름으로 젖어 있는 바닥에 신문지를 깔고 들어가 두세 시간 씨름해야 했다. 그런 행동에 모욕감을 느낀 환자 중 하나가 간호사 한 명을 목침으로 때려죽인 사고가 일어났다. 이때 손양원 목사가 맨발로 그 방에 들어가 간호사를 죽인 환자를 붙잡고 기도한 뒤 상처에 직접 입을 대고 피고름을 빼냈다. 그는 마스크도 쓰지 않고, 소독 장갑도 끼지 않고, 장화도 신지 않은 채 중환자실을 드나들며 피고름을 입으로 빨았다. 한센병 환부에는 사람의 침이 좋은 약이 된다는 속설이 있었기 때문이다. 애양원에서 크게 걱정하며 여러 번 검사했지만, 그에게는 한센병이 발병하지 않았다. 그는 진심으로 아쉬워하며 이렇게 이야기했다.

"차라리 내가 한센병에 걸린다면 오죽이나 좋겠나. 그리 되면 가까이 오지 말라고 뒷걸음질 치는 환자도 없을 것 아닌가. 언제라도 그들과 함께 웃고 떠들며 놀 수 있지 않겠는가."

마리안느 스퇴거(Marianne Stoeger)와 마가렛 피사렉(Margaritha Pissarek)은 '파란 눈을 가진 소록도의 천사'로 불리는 인물들이다. 이들은 오스트리아에서 간호대학을 졸업한 뒤 소록도에 간호사가 필요하다는 소식을 접하고 1962년과 1966년에 각각 소록도로 들어왔다. 두 사람은 독실한 가톨릭 신자지만, 수녀는 아니었다.

43년과 39년이라는 긴 세월 동안 한센인들을 위해 온갖 수고를 아끼지 않고 봉사한 두 간호사는 2005년 편지 한 장만 덜렁 남긴 채 본국으로 돌아갔다. 그때는 나이가 많아져 한센인들에게 도움을 주기보다는 오히려 짐이 될 수 있다고 생각해 취한 행동이었다고만 알려졌으나, 후에 마리안느가 대장암 판정을 받았다는 사실이 알려졌다. 현재 마리안느는 투병 중이고, 마가렛은 요양원에서 지낸다고 한다. 이들은 한센병에 대한 편견을 깨고 적극적으로 한센인에게 다가가 치료하는 모습으로 모두에게 감동을 안겨 주었다. 간호사였으나 한센인들에게는 '할매'로 불리면서 소록도에 머무는 동안 검소한 생활을 해 온 것으로도 유명하다.

다미안 신부, 손양원 목사, 마리안느와 마가렛 간호사 모두 자신의 안락한 삶을 포기하고 평생 한센인들을 위해 헌신한 이들이다. 보통 사람들로서는 이해할 수도, 흉내 낼 수도 없는 경지에 이른 사람들이다. 공통점이라고 하면 깊은 신앙심을 가진 사람들이라는 것뿐이다.

정창근 원장이 퇴임사에서 이들을 언급한 것은 항상 이들을 의식하며 살았다는 뜻이기도 하다. 의사로서 한센인들을 치료하고 돌보고 좀 더 편안한 생활을 할 수 있게끔 돕고자 동분서주하면서도, '과연 내가 다미안 신부, 손양원 목사, 마리안느와 마가렛 간호사처럼 살 수 있을까?'를 고민했다는 말이다. 그러나 성직자가 가는 길과 의사가 가는 길은 다를 수밖에 없었다.

이들 외에 정창근 원장을 생각하면 가장 먼저 떠오르는 인물은 장기려 박사다.

1911년 평안북도 용천에서 태어나 경성의학전문학교를 졸업한 장기려 박사는 평양연합기독병원 외과 과장을 거쳐 평양의학대학과 김일성종합대학 외과 교수를 지내던 중 6·25전쟁이 터지자 차남만을 데리고 월남했다. 이후 피란민들로 가득한 부산에서 천막을 치고 복음병원을 세워 행려병자들을 치료했다. 그는 곧 만날 수 있으리라 생각한 가족을 볼 수 없게 되자 항상 북에 두고 온 가족을 그리워했다.

'내가 누군가를 도우면 반드시 누군가 북에 있는 내 가족을 도울 것이다.'

이런 생각이 가난한 이들에 대한 그의 관심에 더욱 불을 붙였다. 그는 25년간 복음병원 원장직을 맡아 일하는 동안 1968년 청십자 의료보험조합을 발족시켜 영세민들에게 의료복지 혜택을 주기 위한 기틀을 마련했으며, 1975년에는 의료보험조합 직영의 청십자병원을 개설했다. 이 같은 공로를 인정받아 1979년 막사이사이 사회봉사상을 수상했으며, 대한민국 국민훈장 동백장, 호암상 사회봉사 부분, 자랑스러운 서울대인상, 인도주의 실천 의사상 등을 받았다. 수술비가 없는 환자를 위해 자신의 돈으로 수술을 해주고, 그나마도 감당할 수 없게 되면 밤에 몰래 환자를 탈출시키기도 했다. 자기 집 한 채 가지지 못하고 병원 옥상 사택에서 살다가 1995년 추운 겨울날 새벽 홀연히 세상을 떠났다.

장기려 박사는 '한국의 슈바이처'라고 불린다. '바보 의사', '작은 예수'라는 별명도 가지고 있다. 정창근 원장은 여러모로 장기려 박사를 닮았다. 어려서부터 의사의 꿈을 키웠고, 의사를 자신의 천직으로 알았으며, 삶 자체가 일관되게 사람과 사회를 치유하는 삶이었다. 병들고 가난한 사람, 소외되고 차별받는 사람을 보면 참지 못하고 다가가 친구가 되고 이웃이 되었다. 장기려 박사가 부산을 중심으로 활동한 슈바이처라면, 정창근 원장은 안동에 뿌리를 박고 활약한 슈바이처였다. 재미있는 것은 장기려 박사도 본관이 안동이었다는 사실이다.

—

이 세상에 다시는
있기가 힘든 사람

초인적인 일정을 소화하며 수많은 일을 말없이 감당하던 정창근 원장도 세월의 흐름과 시간의 순리 앞에서는 어쩔 수 없는 한 인간이었다. 백 살까지 환자들을 치료하겠다는 다짐을 지키지 못한 채 2022년 1월 28일 오전 7시 28분경 사랑하는 가족과 가족 이상으로 정을 쏟았던 한센인들, 장애인들, 질환을 앓고 있는 노인들을 남겨 둔 채 하늘로 먼 길을 떠났다.

그의 죽음 앞에서 가장 많은 눈물을 흘린 이들은 한센인들이었다. 장례를 마치고 영구차가 안동성좌원을 한 바퀴 돌아 나갈 때 연로한 한센인들이 모두 나와 그의 영정 사진을 보며 통곡했다. 친혈육도 버린 자신들을 피붙이처럼 대해 준 그 진한 사랑을 잊을 수 없던 것이었다.

서무부 직원으로 근무하기도 했던 김명자 씨는 이런 기억을 들려주었다.

"그렇게 사랑이 많은 분은 역대 없을 거야. 이거는 내 사담인데,

우리 딸이 초등학교 4학년인가 5학년쯤 됐을 때 축농증이 심했는데, 원장님이 무료로 수술을 해 주셨어. 그때는 차도 없고 택시도 귀했지. 원장님이 데꼬 와 보라 카더니 수술도 해 주시고 차를 운전해서 집까지 태워다 주셨다니까. 원내에서 아그덜 기르는 게 금지되어 있던 시절이지. 그런데 딸이 여름방학이 되가 집에 왔어. 콧물이 원채 심하게 나서 원장님께 말씀을 드렸지. 그랬더니 바로 망설이지 않고 수술을 해 주서서 어찌 고마운지. 딸 코 괜찮냐고 계속 물어 주셨지.

내도 장례식에 참말로 참석하고 싶었지만, 몸이 편치 않아 그마저도 몬하고…. 장지 날 멀리서 영구차가 원내로 들어오는 것을 보는디 사랑이 많던 정 원장님 모습이 떠올라 한참이나 눈물을 흘렸재. 사랑이 많애. 내는 경상도 사람이라 그런가 무뚝뚝허고 밸로 잔정이 없는디, 우리 정 원장님은 볼 때마다 등을 토닥여 주시고 잔정이 참 많은 사람이었어."

201동에 거주하는 허성목 씨도 남다른 사연을 간직하고 있었다.

"내 나이 이제 팔십인데, 여그 온 거는 대구에 있다가 1970년도 3월에 왔어요. 오니까 김대발 원장님이 계셨지. 그 이듬해 결혼도 하고 그래가 애도 하나 낳았어요. 그때만 해도 법이 엄해가 자식 낳은 사람들은 애들을 시내로 보내가 하숙시키고 그랬는데, 나도 어렵게 키와가지고 초등학교를 보냈어요. 애를 숨겨서 기르던 시절이지. 그래가 우리 애가 중학교 3학년 졸업할 때 우등상을 받았어요. 졸업생 중 7명에게 주는 걸 받았으니 공부를 잘했지. 그렇게 고등학교까지 졸업하고 경산에 있는 대학교에 가게 되었는데, 가정 형편이 넉넉지 않다는 걸 전해 들은 원장님이 비용이 얼만지 고지서 가오라고 하셨어요. 사립대학이라 대학 등록금이 부담이었지만, 원장님이 한 학기 등록금을 대 주셨어요. 너무 고마웠죠."

의무실 직원으로 그의 진료를 도왔던 장경희 씨는 하고 싶은 이야기가 너무 많았다.

"내가 1969년도에 처음 들어와서 1973년에 결혼해가지고 1975년에 아들 낳고 의무실에서 일하기 시작했지. 개인 사정이 있어가 성좌교회에 10시에도 가고, 1시에도 가고 혼자 울면서 기도하는 날이 많았어. 그때마다 원장님이 오셔서 가만히 등 두들겨 주시고 무슨 사연이냐고 물어봐 주셨지. 아무 대답 없이 눈물만 흘리고 있으면 말하기 힘들면 하지 말라면서 한참이나 위로해 주셨어.

그때는 약한 사람이 많고 택도 없는 사람도 참 많았어. 원장님이 귀, 눈, 코 다 봐 주셨지. 본원에서 진료 보시고 점심시간을 이용해 1시에 오셔가지고 피곤하실 텐데도 어르신들 돌봐 주시던 모습을 잊을 수가 없어. 어르신들이 손이 성하지 않아 귀지를 제때 파내지 못해 양쪽 귀지가 시꺼멓게 귀를 막고 있었어. 원장님이 일일이 면봉으로 다 파 주시고 손으로 환자들을 만지는 모습을 보며 이분은 진짜로 어르신들을 위하는 분이라는 생각을 많이 했지. 원장님하고 우리는 사연이 많아. 사랑을 참 많이 받았지.

우리가 안동성소병원에 맘 놓고 갈 수 있게 된 것도 원장님 덕분이지. 정 원장님은 구세주야. 우리가 참 많이 의지했어. 원장님이 본원이 바빠서 못 오시면 우리가 어르신들 모시고 본원으로 가곤 했는데, 그때마다 우리를 먼저 봐 주시고 배려해 주셨어. 그때는 우리 어르신들이 형편없었다고. 상처에 바르는 요찡(포비돈) 냄새가 정말로 고약했지. 처음에 원에서 근무를 시작할 때 요찡 가루를 사서 반죽했는데, 그 냄새가 진짜 엄청나. 밥 못 먹어. 나는 지금도 싫어. 너무나도 고약해서 몇 개월 동안 식사를 못 할 정도였으니까. 그런데도 정 원장님은 그 냄새를 싫어 안 하고 원생들을 보듬고 기도하고 진짜 자식같이 대해 주셨지.

한 명, 한 명 가족같이 보듬어 주시던 분이야. 그때 우리 환자들은 시내버스도 안 태워 줬지. 장터에서 팔다 남은 물건인데도 환자들에게는 안 판다는 소리도 들어 봤어. 그보다 더한 말도 많이 할 정도로 사람들이 우리를 멀리했던 시절이야. 그렇지만 정 원장님은 우리를 차별하지 않고 인상 한 번 안 찌그리고 늘 웃는 얼굴로 대해 주셨어. 직원들 등을 토닥여 주면서 '그래그래!' 해 주시고, 사비로 고생하는 직원들 회식도 시켜 주신 아주 어진 사람이고 훌륭한 분이셨지. 그런 사람은 이 세상에 다시는 있기가 힘들어. 돌아가셨을 때 내가 얼마나 울었다고. 너무너무 안됐더라고. 할 수만 있으면 바꿨으면 안 좋겠나 싶더라고. 그 정도로 마음이 안 좋고. 눈물도 많이 나고…. 어른이 참 사랑이 많으신 분이야.”

601동에서 생활하는 장창근 씨는 그를 가리켜 ‘천사 같은 사람’
이라고 했다.

“정창근 원장님에 관해 이야기하자면 한도 끝도 없지. 아주 사
랑이 많으셨던 분이야. 나만 보면 ‘어이, 창근이 잘 있었나?’ 하고
등허리를 두들겨 주셨어. 다른 사람에게도 등허리를 툭툭 두드리
며 ‘별일 없이 잘 지내지?’ 하고 살갑게 인사하는 게 그분 인사 방
식이야. 곁에서 지켜보면 항상 사랑으로 원생들을 대하는 게 느껴
질 정도로 다정다감한 성격이었어.

내가 직원으로 근무할 때는 ‘무슨 일을 하든지 원생들을 위해 찬
찬히 따져 보고 해라. 원생을 억압하지 말고 사랑으로 대하라’, 이
래 조언해 주셨어. 월급을 하나도 받지 않고 전부 모았다가 원내
가로등 설치를 위해 쓰라며 내주기도 하셨고. 출퇴근하면서 민원
실을 지나칠 때마다 차 밖으로 손을 흔들면서 밝게 인사해 주셨
어. 진료하러 들어오실 때나 진료를 마치고 나가실 때나 늘 ‘잘 있
었냐’, ‘잘 있으라’ 인사해 주시던 모습이 아직 눈에 선하지. 좌우지
간 자상한 양반이었어. 무엇이든 사랑으로 하라고 가르치셨고. 참
좋은 분이지요. 그런 분이 없지.

재활원이 옥동에 있을 때 부도난 재활원을 맡을 사람이 없어서
그걸 맡아 고생을 많이 하셨다고. 너무나 고생하시는 모습을 보며
‘아니, 안동에 있는 장애인들을 원장님이 다 책임지려고 그리 고생

77

하십니꺼?'라고 내가 여쭤 본 적도 있을 정도야. 참 좋은 일을 많이 하신 분이지. 좋은 건 한없죠. 절대로 악한 마음은 갖지를 않는 분이셨어요. 좋은 일을 많이 하신 분이니까 천국에 가셨을 거야. 그런 분이 천국에 안 가시면 누가 가겠노? 천사같이 살았지."

정창근 원장의 별세 소식을 듣고 억장이 무너지는 심정을 구구절절 편지지에 적어 아들에게 전달한 안윤도 씨의 사연은 읽는 사람이나 듣는 사람 모두의 눈시울을 붉게 만들었다.

저는 고향이 경남 김해시 진례면이란 곳인데, 진학을 포기하고 가사를 돕다가 스무 살 되기 전에 한센병에 걸려 많은 설움을 받고 객지로 나와 을숙도와 부산 등 여러 곳을 돌아다니다가 아는 사람의 소개를 받아 1969년도에 안동성좌원으로 오게 되었습니다. 그 후 독신부에 한 4년간 머물다 가정을 이루게 되었습니다. 당시는 축산으로 생활비를 보태다 보니 가는 곳마다 계분과 돈분이 널려 있었지요. 집과 주변이 이렇다 보니 도로 사정이야 어떠했겠습니까? 아스팔트 포장은 꿈에도 생각지 못했고, 비포장도로라 불편한 몸이 돌부리에 걸려 넘어져 다치는 것이 비일비재하였지요.

그러다 세월이 흘러 정창근 원장님이 원생들의 끈질긴 요청으로 제2대 원장님으로 부임하시게 되었습니다. 부임하시자마자 밤에도 마음대로 다닐 수 있도록 가로등을 설치하셨고, 도로 포장을 해서 차량과 사료 실은 리어카가 다니는 데 불편함을 해소하는 등 괄목할 만한 발전을 가져왔지요. 그리고 의무실도 현대식으로 확장 개량하여 약한 환우들을 치료하는 데 불편함을 해소했습니다. 언제나 정 원장님은 우리 환자들에게 자상한 말씀으로 친절함을 베푸셨지요. 장학재단을 설립하여 형편이 어려운 집 애들 공납금에 많은 도움을 주셨고요. 우리 큰애도 서울공대 합격했을 때 공납금을 도와주셨으며, 그 외 여러 아이를 도와주시며 다방면으로 많은 배려를 해 주신 분입니다. 그뿐만 아니지요. 자나 깨나 원을 더 발전시켜 약한 환자들이 살기 좋은 복지재단을 만들기 위해 중앙에 교섭하여 현대화 사업이 본격화됨으로써 오늘의 안동성좌원에 이르게 되었다 해도 결코 지나친 말이 아니라고 생각합니다. 그리고 거동이 불편한 장애인들의 시설인 안동시온재단을 적극적으로 보살펴 주시어 그분들이 살기 좋은 안식처를 만들어 주셨지요.

이렇게 다방면으로 자상하신 분이었건만, 세월의 무게를 이기지 못하고 하나님의 부르심을 받아 그 영혼이 천국에 가시니 참으로 안타까운 마음을 금할 수 없습니다. 저는 항상 이분이 천국에서 흰 가운을 입고 온화한 미소로 안동성좌원과 안동시온재단을 내려다보신다는 것을 생각할 때 이분이야말로 아프리카 밀림의 성자 슈바이처 박사님과 병상의 많은 환자를 치료해 주셨다는 백의의 천사 나이팅게일이 아닐까 싶어 펜을 들어 보았습니다.

살면서 주위 사람들에게 이처럼 아름다운 영향력을 끼치며 사는 사람이 얼마나 될까? 죽어서 이웃 사람들로부터 이런 감동적인 눈물의 편지를 받게 될 사람이 얼마나 될까? 고작 나 자신과 내 가족을 챙기며 사느라 아등바등하며 이웃과 사회는 돌아볼 생각조차 하지 못하는 게 대다수 사람이 아닐까?

이기심이라는 항거불능의 본능을 사력을 다해 밀어내며 이타심이라는 극한의 경지를 향해 내달린 사람들의 삶은 들여다볼수록 경이롭고 이채롭다. 그의 말대로, 사람은 어디에 사느냐가 중요한 게 아니라 어떻게 사느냐가 중요한 것이라면, 내가 지금 서 있는 자리가 어디든 내가 몸담고 사는 곳이 어디든 밤하늘의 별처럼 작은 빛이라도 발하는 삶, 겻불 같은 약한 온기라도 전해 한기를 녹여 주는 삶이 진정 의미 있는 삶이 아닐까?

떠났지만 그 빈자리가 갈수록 더 크게 느껴지는 사람, 이름을 부르면 금방이라도 옆에 앉아 내 이야기를 다 들어 줄 것 같은 사람, 정창근이라는 사람은 바로 그런 사람이었다.

별이 남겨진
공간

비가 내렸다. 가을을 재촉하는 비였다. 서안동 나들목에서 안동 시내로 향하다 '희망1길' 이정표를 따라 우회전하면 안동성좌원으로 들어가는 길이 나타난다. 예전에는 '옥동'으로 불렀으나 도로명주소로 바뀌면서 '희망1길'이 되었다. '희망으로 가는 첫 번째 길'이라는 의미심장한 이름과 달리 꽤 좁은 길이다. 오른쪽에 민원실이 보이면 왼쪽으로 난 언덕길을 올라야 한다. 커다란 은행나무와 단풍나무를 지나면 아담한 예배당이 눈에 들어온다. 붉은 벽돌 건물이 비에 젖어 한층 무거워 보였다. 우산을 받쳐 든 노인과 청년들이 삼삼오오 예배당으로 모여들었다. "작은 사슴 별자리에 닿다"라는 제목으로 조촐한 전시회가 열리기 때문이었다.

'작은 사슴'은 소록도를 가리킨다. '소록도'(小鹿島)는 '작은 사슴 모양의 섬'이라는 뜻이다. 섬의 생김새가 어린 사슴과 비슷하다고 해서 붙여진 이름이다. '별자리'는 안동성좌원을 일컫는다. '성좌원'(星座園)은 '별자리 마을'이라는 뜻이다. 초대 김대발 원장이 '밤

하늘의 빛나는 소중한 존재들이 모여 사는 동네'라는 의미로 지은 이름이다. 지금은 다리가 놓여 섬 아닌 섬이 되었지만 한센인들이 가장 많이 모여 사는 섬인 소록도와 육지에서 한센인들이 제일 많이 거주하는 안동성좌원이 미술을 통해 교감하고 소통하는 뜻깊은 자리를 마련한 것이다.

"옛날에 만화책 보고 더러 그리고 그랬지. 지금 그려 보니까 재미는 좀 있는데, 안 되니께네 맘대로 안 나오네. 손이 떨려가지고 가는 선을 긋기도 힘드네. 손이 안 떨려야 되는데, 떨려가지고."

푸른 바다 그림 위에는 이런 글귀가 새겨져 있었다. 파도에 일렁이는 바다의 음영을 잘 포착한 역동적인 그림이었다. 은빛 물거품의 아스라함을 표현하기에는 떨리는 손이 더 제격일 것 같았다. 언제 이 바다에 가 보았던 것일까? 바다를 처음 보았던 그 시절, 그는 건강했을까? 떨려서 마음대로 안 된다면서도 하단에 적어 둔 이름 석 자는 흔들림 없이 또렷했다.

"옛날에 그림을 그리진 않았어요. 그려 보고 배워 보고 싶다는 생각은 계속 가지고 있었어요. 그리다 보니까 욕심이 생겨요. 더 배우고 싶고 잘하고 싶고. 여가 보내기가 참 좋은 거 같아요. 기회가 되면 더 해 보고 싶어."

화사한 꽃병 그림 옆에 붙어 있던 문구다. 투명한 유리 화병에 꽂힌 꽃들은 총천연색이었다. 붉은색, 노란색, 하얀색, 분홍색…. 새파란 이파리들과 잘 어울렸다. 캔버스 위에 꽃을 한 송이씩 그려 넣으면서 할머니는 소녀 시절로 돌아간 듯했다. 그때 할머니의 꿈은 무엇이었을까? 마르크 샤갈(Marc Chagall)처럼 화려한 색채를 구사하는 것으로 보아 할머니의 꿈은 수십 가지도 넘지 않았을까?

"옛날에 중학교 때 쪼매 그렸는데, 이제 뭐…. 그 이후로 못 그렸지. 그림 그려 보니까 옛날 생각 나. 이런 거도 취미로 하는데… 그냥 옛 생각이 나는 거지 뭐."

소박한 전원 마을 풍경을 담은 그림 아래 딸려 있던 글귀다. 고향을 생각하며 그린 것일까? 아니면 예전의 안동성좌원을 생각하며 그린 것일까? 들판을 가로지르는 황톳길이 인상적이었다. 황톳길 너머에는 아담한 집들이 있고 푸른 하늘에 태양도 둥그렇게 떠 있었다. 그를 옛날 생각에 잠기게 만든, 돌아가고 싶은 이 마을은 어디일까? 지금 돌아가면 볼 수는 있을까?

"동심으로 돌아가는 거 같고, 내가 하고 싶었던 거를 해 보니까 괜찮아. 나 이거 진짜 해 보고 싶었거든. 해 볼 기회가 없었잖아. 살기 바빠가지고 뭐. 아기를 키우고 살림하고 하느라 할 기회가 없었잖아. 그러니까 해 보니까 좋지. 나쁘지는 않애. 왜냐하면 이런 걸 해서 뇌에 운동도 되고 다른 생각 안 하고 집중하니까 괜찮은 거 같아."

누런 소 한 마리가 그려진 그림 위에는 이런 글이 붙어 있었다. 주변에는 먹음직스러운 온갖 풀이 잔뜩 자라고 있었다. 암소처럼 보였다. 할머니는 암소처럼 자유롭게 초원을 뛰어다니며 살고 싶었던 것일까? 아니면 이런 듬직한 암소 한 마리를 키우고 싶었던 것일까? 이중섭의 〈황소〉처럼 강렬하지는 않지만, 슬쩍 다가가 만져 보고 싶을 만큼 정겨운 소 한 마리였다.

그림들이 다 밝고 정감 있었다. 한 많은 세월을 살아온 한센인들의 그림이라면 좀 어둡고 절망적인 혹은 염세적인 느낌이 나지 않을까 생각했는데, 군걱정이었다. 안동 지역에서 활동하는 젊은 작가들의 도움을 받아 안동성좌원의 노인들이 화가로 변신해 자신들의 꿈과 상상을 화폭에 옮겨 놓은 이 전시는 그림도 감동적이었지만, 이에 담긴 작가들의 생각을 읽고 느낄 수 있는 소중한 시간이었다. 팔순을 훌쩍 넘긴 할아버지와 할머니들은 캔버스 위에서 어쩌면 평생 처음으로 자유롭게 뛰놀며 파블로 피카소(Pablo Picasso)가 되고 박수근이 되었다. 수십 년의 세월을 건너뛰어 이들을 십 대 소녀와 이십 대 청년으로 만들어 준 것이 바로 예술의 힘이었다.

안동성좌원은 한센인들의 생활 공동체지만, 한편으로 신앙 공동체의 특성을 띠고 있다. 원생 대부분이 교회에 출석한다. 따라서 안동성좌원이 설립되면서부터 교회도 함께 시작되었다. 처음 세워진 교회 이름은 '애생교회'였으나 후에 '성좌교회'로 바뀌었다. 대다수 원생이 출석했으므로 한때는 교인이 700명을 훌쩍 넘었다. 전시회가 열린 붉은 벽돌 예배당은 1972년에 건립되었다. 그러나 안동성좌원 원생 수가 줄어들고 점점 고령화되면서 언덕 위에 있는 예배당까지 오가는 것이 불편해졌다. 그래서 2006년에 생활공간에서 가까운 현재 복지관 2층으로 예배당을 이전했다. 그 뒤로 언덕 위 붉은 벽돌 예배당은 폐허처럼 변해 버렸다.

아무도 찾지 않고 사용하지 않는 낡은 예배당이 예술 현장으로 탈바꿈한 것은 2021년 봄이었다. 안동에서 활동하는 청년 작가들이 예배당을 활용해서 예술 활동을 전개하는 프로젝트를 진행한 것이다. 사람들의 발길이 끊겼던 이곳에 생기가 돌기 시작했다. 1층에는 작가들의 작품이 전시되었고, 2층에는 한센인들의 삶을 담은 영상과 작가들의 작품을 설명하는 영상이 상시 상영되는 아카이브가 설치되었으며, 3층에는 조각가들의 작품이 상설 전시되었다. 낡은 벽과 계단은 그대로다. 오래된 오르간과 예배당 소품들도 그대로다. 그 위에 예술을 얹었다. 그랬더니 공간이 살아났다. 첫 전시회 이름은 "별자리: 별이 남겨진 공간"이었다.

"성좌교회가 젊은 예술가를 만나 미래에도 빛나는 별, 사그라들지 않는 꿈으로 다시 태어납니다. 성좌교회는 성좌원 사람들이 만든 가장 빛나는 별자리, 피땀 흘려 지었기에 허투루 할 수 없는 꿈입니다."

첫 번째 전시회 때 청년 작가들이 선언했던 고백이다. 안동성좌원과 성좌교회가 단지 아팠던 과거나 험난했던 세월로만 기억

되면서 점차 잊혀 가는 공간이 아니라, 지금이나 미래에도 여전히 빛나는 별, 시들지 않는 꿈, 가장 아름다운 별자리 마을이 되기를 소망한 것이다.

2022년 늦은 여름에 열린 두 번째 전시회는 좀 더 특별한 방식으로 진행되었다. 청년 작가들이 안동성좌원에서 생활하는 노인들을 도와 그들이 직접 그림을 그리게 해서 이를 전시한 것이다. 한센인 노인들의 작품. 그것은 보는 것만으로도 뭉클한, 수많은 시간과 이야기의 아름다운 퇴적물이었다. 게다가 안동성좌원과 소록도를 연결해서 미술로 소통하고 교류하는 장을 만들었다. 물리적 거리가 아무리 멀다 해도 그들은 늘 한 가족 같은 사이였다.

소록도에서 해록예술회 회원들이 자신들의 작품을 전시했다. 해록예술회는 모진 병마와 싸우며 마음의 위로를 얻기 위해 그림을 그리고, 시를 짓고, 글씨를 썼던 주민들로 구성된 모임이다. 몇 년 앞서 시작된 모임이라선지 작품들이 예사롭지 않았다. 그중 서예 작품 한 점이 눈길을 끌었다. "재보만고건실무용"(財寶滿庫健失無用)이라는 글귀였다. '재물과 보물이 창고에 가득해도 건강을 잃으면 아무 쓸모가 없다'는 뜻이다. 다른 서예전에서 이 작품을 봤다면 그냥 지나칠 수 있었지만, 한센인들의 전시회 작품이었기에 그 의미가 남달랐다.

예배당 앞쪽에는 붉은 벽돌로 지은 단층 건물이 있다. 조심스레 들어가 보았다. '당회장실', '당회실'이라는 푯말이 보였다. 예배당이 교인들로 북적이던 시절, 얼마나 많은 사람이 이곳을 드나들었을까 생각했다. 옆에 '찬양대실'이라는 푯말도 보였다. 성좌교회 옛날 사진을 보면 여름성경학교 때 모인 아이들 숫자가 참 대단했고, 매주 예배 때 활동했던 찬양대 규모도 상당했다. 그 왁자지껄했을 법한 자리에 지금은 청년 작가들의 작품이 상설 전시 중이다.

문득 이런 생각이 들었다. 만약 정창근 원장이 이 자리에 있었다면 뭐라고 했을까?

"아이고, 정말 좋네요. 야, 그림 참 멋지다. 어? 저기 정웅 씨 그림이 있네? 인숙 씨 그림도 있고, 경희 씨 그림도 있어? 다들 잘 그리네. 이런 재주가 있었어. 좋아요, 진짜 좋아."

아마도 이러지 않았을까? 천진난만한 웃음을 터뜨리며 누구보다 즐거워했을 것 같다.

공채를 통해 2017년 3월부터 사무국장으로 일하다가 2022년 1월 제5대 원장으로 취임한 김광수 원장은 행정 전문가로서 안동성좌원의 미래를 꿈꾸며 그려 가는 젊은 일꾼이다.

"안동성좌원에는 정창근 원장님의 손길과 숨결이 그대로 남아 있습니다. 자신의 후임으로 강호도 원장님을 추천하셨는데, 이분은 한센인이셨어요. 자격이 안 된다며 계속 고사하던 강호도 원장님을 강권해서 사회복지사 공부를 시켜 일하게 하셨습니다. 자신감을 갖추도록 용기를 북돋워 주셨습니다. 덕분에 강호도 원장님이 열심히 역할을 잘 감당하셨지요. 그러다가 갑자기 간암으로 돌아가셨고, 뒤를 이어 그분의 부인인 신현숙 원장님이 취임하셨습니다. 남편의 뒤를 이어 10년 정도 원장직을 수행하다가 만 65세로 퇴임하셨어요. 그래서 2022년부터 제가 원장직을 맡게 되었습니다. 정창근 원장님은 제 롤 모델이자 멘토십니다. 그분이 걸어가신 길을 제가 뒤이어 걸어갈 수 있게 되어 너무 기쁘면서도 많은 부담이 됩니다."

안동성좌원의 10년 후, 20년 후를 묻자 그의 눈이 별처럼 반짝거렸다.

"현재 안동성좌원에는 남자 27명, 여자 72명, 총 99명의 어르신이 계십니다. 평균 연령이 83세예요. 향후 10년이나 20년 후면 한센인들이 거의 안 계실 수도 있습니다. 저희는 단 한 분이 남아 계실 때까지 최선을 다해 섬기는 것이 사명입니다. 그러면서 다음 사업 전환을 고민하고 있습니다. 안동성좌원이 접근성도 좋고 부지도 넓어 관계 기관과 잘 협의하고 연구하면 좋은 대안이 마련될 수 있을 것입니다. 지역 사회와 사회통합을 위해 요긴하게 쓰일 것이라고 믿습니다. 사회적 약자를 위한 공간이 될 수 있게끔 애를 쓰고 있습니다. 예전 성좌교회 예배당을 안동시와 협의해 문화 공간으로 전환해서 지역 예술가들이 활동할 수 있도록 한 것도 그 일환이지요. 작년에 반응이 워낙 좋아서 올해 두 번째 전시회를 하게 된 것입니다."

개막 행사 때 독도오페라단을 이끌며 안동대학교 음악과 외래교수로 활동 중인 권용일 단장이 부른 찬송이 생각난다. 새찬송가 412장이다.

"내 영혼의 그윽히 깊은 데서 맑은 가락이 울려 나네 / 하늘 곡조가 언제나 흘러나와 내 영혼을 고이 싸네 / 평화 평화로다 하늘 위에서 내려오네 / 그 사랑의 물결이 영원토록 내 영혼을 덮으소서."

미국의 워런 코넬(Warren Cornell, 1858-1930)이 작사한 이 곡의 원제목은 "놀라운 평화"(Wonderful Peace)다. 비 내리는 평일 오후 허름한 예배당에 울려 퍼지는 이 찬송을 들으며 생각했다. 세상과 불화할 수밖에 없는 슬픈 운명을 타고난 사람들이 살아가던 이곳에 놀라운 평화를 심기 위해 자신이 져야 할 무거운 짐을 마다하지 않고 묵묵히 지고 갔던 정창근 원장 같은 사람이 있었기에 지금 이들이 누리는 작은 평화가 있는 것이라고. 이곳이 별이 남겨진 공간이 될 수 있었던 것도 그처럼 빛을 품고 산 사람이 있었기 때문이라고.

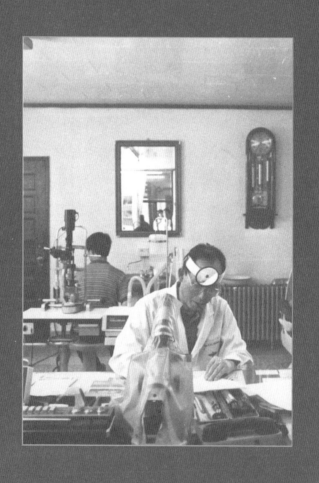

우리 R를
어려울 때
래서 31
있고 때란
育에이 ㅇ
호은도망
알아주늘

2

누가
선한 사마리아인인가?

—

차라리 내가
길거리에 나앉는 것이

정창근 원장이 여전히 환자들로 붐비는 병원에서 진료에 열중하면서 안동성좌원 원장으로서 한센인들을 돌보는 일에 매진하던 1997년 말, 대한민국 최대의 경제 위기로 일컬어지는 외환위기 사태가 터졌다. 나라가 부도 위기에 처하면서 국제통화기금(IMF)으로부터 자금을 지원받고 그들의 관리 체제로 들어가는 양해 각서를 체결한 것이다. 이로 인한 충격은 상상할 수 없을 만큼 컸다. 많은 기업이 단기간에 파산했고, 은행이 문을 닫았으며, 대량 해고와 실직이 꼬리에 꼬리를 물었다. 대출 금리는 가파르게 치솟았고, '한강의 기적'이라 불렸던 한국 경제는 빠르게 침몰했다. 기업의 도산은 가계의 파산으로 이어져 사회 불안이 가중되었다. 이 무렵 안동재활원 김윤동 이사장이 정창근 원장을 찾아왔다.

"장애인들을 위한 일이라고 무리하게 투자한 데다 갑자기 IMF 사태까지 벌어지는 바람에 도저히 감당할 수가 없게 되었습니다. 이대로 가면 파산을 면할 수가 없습니다. 저야 망하든지 감방에 가든지 상관없지만, 저 불쌍한 장애인들과 직원들은 어떻게 합니까? 길거리에 나앉을 수밖에 없습니다. 원장님이 안동재활원을 좀 인수해 주십시오. 제발 부탁드립니다."

정창근 원장은 난감했다. 지금도 병원 일에, 안동성좌원 일에 새벽부터 밤중까지 눈코 뜰 새 없는 나날을 보내고 있는데, 안동재활원까지 맡아서 할 자신이 없었다. 그런 데다 설령 시간이 나고 하고 싶은 의지가 있다 해도 그처럼 큰 시설을 인수할 만한 재력이 없었다.

안동재활원은 1968년 한국신체장애인 친목회로 시작되어 1979년 사회복지법인 안동재활원으로 발전한 성인 지체장애인 생활시설이다. 안동재활원을 설립한 초대 이사장 김윤동 씨는 1급 지체장애인이었다. 장애인들의 어려움을 잘 알고 있는 그였기에 누구보다 먼저 장애인들을 위한 일에 앞장서려 했으나 자금 사정으로 운영에 큰 어려움을 겪었다. 그는 1980년 안동시 옥동 988번지에 2,300여 평에 달하는 안동재활원 시설을 지어 운영해 오던 중 신도시 확장으로 주변 환경이 바뀌면서 1997년 안동시 서후면 이송천리 77-2번지에 2만여 평의 땅을 매입해 2천여 평 규모의 현대식 건물을 지어 이전했다. 이 과정에서 무리한 데다 뜻하지 않게 외환위기 사태까지 일어나는 바람에 파산 지경에 이른 것이다.

김윤동 이사장이 정창근 원장을 찾아온 것은 사실 느닷없는 일은 아니었다. 정창근 원장은 그 이전부터 안동재활원 이사를 맡아 인쇄 기계, 절단기, 장갑 짜는 기계 등을 희사해 장애인들의 재활과 자립을 물심양면으로 돕고 있었다. 언제 어디서든 가난하고 병들고 어려운 처지에 있는 사람을 보면 그냥 지나치지 못하고 선뜻 다가가 돌보고 도와주는 것이 그의 천성임을 너무 잘 알고 있었기에 안동재활원을 맡아서 운영할 적임자라고 생각한 것이다. 그러나 정창근 원장은 도저히 엄두가 나지 않았다. 아무리 생각을 거듭해도 무리였다. 이런 속을 아는지 모르는지 손사래를 쳤음에도 불구하고 김윤동 이사장은 자꾸만 찾아왔다.

"사정은 딱하지만… 시간도 없고 돈도 없는 제가 이 일을 맡는 것은 정말 어렵습니다."

"거듭 부탁드립니다. 아무리 생각해도 정창근 원장님밖에 없는데 어떻게 하겠습니까?"

실랑이가 계속되었다. 소식을 들은 주변 사람들까지 나서서 정창근 원장을 설득했다.

"장애인들이 길바닥에 나앉게 생겼다는데 어떡하겠어요? 도움이 절실히 필요한 장애인 시설에 집중적으로 봉사하는 것이 하나님이 우리에게 맡기신 마지막 사역이라고 생각해요."

고민을 거듭하고 있는 정창근 원장에게 용기를 불어넣어 준 사람은 이번에도 아내였다.

"복지시설의 식구들과 장애인들이 길거리로 내쫓기는 것보다 내가 길거리에 나앉는 것이 차라리 마음이 편하겠다는 생각이 들었어요. 그래서 한번 해 보자고 결심하게 된 것이지요."

아내의 말에 정창근 원장은 돕기로 마음을 정했다. 하지만 당시 안동재활원의 상황은 대단히 비관적이었다. 부채가 무려 22억 원에 달하는 데다 부실 공사로 인해 천장에 물이 새고 하수구가 막혀 오물이 복도까지 넘치는 등 수습해야 할 일이 한둘이 아니었다. 이런 안동재활원에 아무도 관심을 두지 않는 것이 어쩌면 당연했다. 도나 시는 물론 기업이나 종교 단체에서도 인수하겠다고 나서는 데가 없었다.

결심이 선 이상 그의 행동에는 거침이 없었다. 가진 돈을 다 끌어 모으고 모자란 돈은 자신의 병원을 포함한 전 재산을 담보로 은행에서 대출을 받아 22억 원에 이르는 엄청난 부채를 단 한 푼도 남김없이 모두 갚았다. 200명을 웃도는 장애인들의 생활 터전과 100명이 넘는 직원들의 보금자리를 지켜 낸 것이다. 나머지 일은 하나씩 바로잡고 정돈해 나갔다. 이즈음 그는 여러 신문 잡지와 가진 인터뷰에서 자신의 심정을 이렇게 밝힌 바 있다.

"돈으로 생기는 욕심의 싹을 잘라 버려 오히려 마음이 편해지더군요."

급한 불을 끄고 난 뒤인 2000년 1월 정창근 원장은 안동재활원 이사장으로 정식 취임했다. 몸이 열 개라도 모자란다던 사람에게 또 하나의 일거리가 주어진 것이다. 일복 하나는 타고난 셈이었다. 안동재활원을 맡게 되면서 정창근 이사장은 아내에게 도움을 요청했다.

"당신이 이 일을 좀 맡아봐요. 동정심만 갖고는 안 되는 일이니까 따로 공부를 좀 하는 게 좋을 것 같아요. 사회복지사 자격증을 따면 안동재활원 일을 하는 데 도움이 될 거예요."

그 뒤 조선자 여사는 환갑이 넘은 나이에 대학에 다시 들어가 사회복지학을 전공했다. 열심히 공부한 덕분에 사회복지사 자격을 취득했고, 안동재활원 상임이사로 일하며 남편을 도왔다. 일복 많은 남편 때문에 늘 덩달아 바쁜 그녀였지만, 가장 든든한 지원군이었다.

그즈음 안동재활원의 상황이 얼마나 급박했는지는 직원들의 증언을 통해 잘 알 수 있다.

"1997년 처음 이곳으로 이전했을 때는 여기가 허허벌판이었습니다. 과도기적인 문제가 많아서 불안했지요. 재단이 파산하면 저희는 직장을 잃고 장애인들은 다른 시설로 뿔뿔이 흩어질 수밖에 없었습니다. 게다가 공사가 완전히 날림이라 비가 오면 복도에 물이 새고 난리였습니다. 방에 텔레비전도 거의 없었고, 식당에 가면 보리밥에 시래깃국이나 겨우 먹었지요. 김윤동 전 이사장님이 정창근 이사장님을 많이 찾아가셨다고 해요. 그분은 전신마비인데다 후두암에 걸려 말씀도 제대로 하지 못했기에 종이에 글을 써서 의사를 전달하셨어요. 그런 과정을 거쳐 정창근 이사장님이 빚을 다 갚고 재단을 인수하게 됐다고 해서 얼마나 기뻤는지 모릅니다. 저는 어릴 때 정창근 이사장님 병원에서 진찰받은 경험이 있어 누구신지 잘 알고 있었습니다. 정말 안심이었어요.

요즘 새로 들어온 직원들은 이런 마음을 잘 모를 거예요. 지금은 시설이나 환경이 너무 좋아졌고, 장애인들은 물론 직원들에 대한 복지도 잘 되어 있으니까 예전에 어떤 어려움이 있었는지 모르지요. 만약 재단에 또 힘든 일이 생긴다면 저는 얼마든지 후원하고 도울 마음이 있습니다. 애착이 많으니까요. 제게 큰 힘이 되는 재단입니다. 일반 직장하고 다릅니다. 아무리 힘들고 어려워도 여기 나오면 장애인들과 접촉하면서 힘이 생겨요."

안동재활원 체육문화팀 홍정숙 팀장은 그때를 떠올리며 흥분한 듯 빠르게 말을 이어 갔다.

33년 차 직원이 겪었던 정창근 이사장은 어떤 사람이었을까?

"자기 재산을 다 처분해서 이런 재단을 인수한다는 것은 아무나 할 수 있는 일이 아닙니다. 기업처럼 이윤을 내는 곳도 아니잖아요? 사회에서 소외되고 힘들어하는 분들을 위해 희생하는 일입니다. 돈이 있어도 선뜻 나설 수 없는 일이지요. 이사장님은 안동성좌원에서도 수십 년 동안 봉사하셨잖아요? 정말 사랑이 많고, 신념이 강하고, 탁월한 분이십니다. 얼마든지 편안하게 사실 수 있었는데, 다 포기하고 이 일을 하셨어요. 여기 계신 장애인들에게 큰 의미를 가진 분이셨어요. 안동에서는 빛과 소금 같은 분이십니다. 그렇게 훌륭한 일을 하시면서도 내세우거나 권위를 드러내지 않으셨어요. 오직 소외된 분들의 생활공간을 가정처럼 만들어 주겠다는 생각뿐이셨습니다. 매일 새벽 안동재활원 뒷산을 산책하면서 직원들과 장애인들을 위해 기도하셨습니다. 진정 사랑하는 마음이 없으면 그러실 수 없지요.

같이 식사하면 얼마나 맛있게 잘 잡수시는지 몰라요. 명절 때는 집이나 고향에 가지 못하는 장애인들을 위해 고기를 사다가 파티를 하면서 위로해 주고 격려해 주셨습니다. 직원들에 대한 복지도 미리 알아서 다 챙겨 주셨지요. 안동에 사회복지시설이 50개가 넘는데, 안동재활원은 이직률이 거의 없습니다. 사회복지를 전공한 학생들이 취업하고 싶어 하는 기관 중 1순위입니다."

사회복지법인 안동시온재단 황대희 사무국장 역시 당시를 회상하며 만감이 교차하는 표정을 지었다.

"제가 1999년 6월부터 여기서 일했습니다. 처음 와 보니까 건물만 덜렁 있을 뿐 황량한 공사 현장 같았습니다. 빚도 엄청나게 많아서 전임 이사장님이 재정적으로 감당할 수가 없었습니다. 정창근 이사장님이 재단을 인수하시면서 처음 뵙게 되었습니다. 그분의 은혜가 아니었다면 저는 지금 이 자리에 없었을 것입니다. 재단이 바뀌면서 직원들, 특히 간부들은 다 그만두는 분위기였습니다. 그런데 정창근 이사장님이 그대로 있으라고 하셔서 계속 일할 수 있었습니다.

정창근 이사장님이 오신 뒤로 엄청난 변화가 있었습니다. 수리할 곳이 한두 곳이 아니고 불편한 것이 이루 말할 수 없었거든요. 그것들을 다 보수하고 개선하면서 거주인들과 직원들이 안전하고 편안하게 지낼 수 있도록 배려해 주셨습니다. 그러니까 다들 안정을 되찾게 되었지요. 공사 현장 같던 분위기가 사라지고 멋진 정원에, 조경에, 좋은 시설이 갖춰지면서 환경이 몰라보게 달라졌습니다. 저희는 정말 좋았지만, 정창근 이사장님은 참 고생이 많으셨습니다. 인생의 마지막을 어떻게 보면 저희를 위해서 희생하신 것이지요. 진짜 감사하게 생각합니다. 그분이 아니었더라면 다들 실직하거나 뿔뿔이 흩어져 고생을 많이 했을 것입니다."

정창근 이사장은 취임 첫해인 2000년 11월 재단 이름을 '안동시온재단'으로 바꾸었다. 성인 지체장애인 생활시설인 안동재활원과 중증장애인 요양시설인 안동요양원, 노인요양시설인 안동단비원, 직업훈련시설인 인교보호작업장을 아우르는 재단이었다. 파산 위기에 놓였던 사회복지법인이 안동을 대표하는 사회복지시설로 거듭난 것이다.

그렇다면 안동시온재단은 다른 기관이나 시설과 무엇이 다를까? 황대회 사무국장은 이런 이야기를 들려주었다.

"이곳에는 자유가 있습니다. 다른 곳과 비교하면 금방 느낄 수 있습니다. 상당히 편하고 자유롭습니다. 거주인들의 얼굴이 언제나 밝아 보인다고 합니다. 구속하는 것도 없고, 갇혀 있지도 않습니다. 거주인들이 하고 싶은 일을 하게 해 주는 것입니다. 사랑으로요. 정창근 이사장님 때부터 생겨난 원칙입니다. 그것이 얼굴에 나타난다고 합니다. 저희는 매일 생활하는 곳이니까 잘 모르는데, 외부에서 오신 분들이 보면 그렇다는 것입니다. 이것이 저희 자부심입니다. 중증장애인들은 직원들의 도움을 받지만, 그렇지 않은 분들은 얼마든지 자유롭게 생활합니다."

정창근 이사장의 장애인에 관한 철학은 매우 단순하면서도 많은 생각을 하게 만든다.

"열아홉 살이 넘어 성인이 되면 사람은 누구든 장애인이 될 수 있습니다. 여자들은 매일 피부 노화를 가리기 위해 화장을 하잖아요? 그리고 멀쩡한 사람이 불의의 교통사고로 장애인이 되기도 합니다. 이런 잠재적 장애인인 우리가 누구를 차별할 수 있다는 말입니까?"

국화꽃 향기에
취하는 계절

안동시온재단 입구에는 커다란 비석 하나가 자리하고 있다.

"더불어 사는 마을"

돌에 새겨진 글귀다. 안동시온재단이 어떤 곳인지 그리고 정창근 이사장이 안동시온재단을 어떤 생각으로 운영했는지 철학과 방향을 알 수 있게 해 주는 글이다. 정창근 이사장은 지체장애인, 중증장애인, 요양이 필요한 노인들이 배척과 차별 없는 곳에서 마음껏 자유를 누리며 행복하게 살기를 바랐다. 직원들과 봉사자들은 물론 모든 비장애인이 편견과 장벽 없이 이들과 어우러져 살아가는 세상을 꿈꿨다. '더불어 사는 마을'은 이를 반영한 문구다. 심벌마크도 이에 맞춰 만들어졌고, 계간으로 발행하는 소식지도 여기서 제호를 따왔다.

2001년 4월 안동시온재단 소식지 〈더불어 사는 마을〉이 창간되었다. 여기에는 경북 청소년 상담실에서 주관한 가족 사랑 캠프에 참가했다는 소식, 정월대보름을 맞아 전 식구들이 모여 즐거운 윷

놀이를 했다는 소식, 매월 마지막 날에는 식구들의 생일잔치가 열린다는 소식, 투명하고 합리적인 재단 운영을 위해 운영위원회가 발족했다는 소식 등이 실렸다.

정창근 이사장은 소식지 창간호에 쓴 글을 통해 자신의 심경과 포부를 밝혔다.

봄이 되어서 좋은 묘목들을 보내 주셔서 수백 그루를 심을 수 있도록 도움 주신 분들에게 감사드립니다. 작년에 사회복지법인 안동재활원의 운영권을 넘겨받아 사회복지법인 안동시온재단으로 명칭을 바꾸고 새로운 이사진을 구성하고 중책을 맡아 자원으로 봉사하시는 분들과 더불어 사는 마을을 가꾸어 가고 있습니다. 특히 안동성좌원 식구들의 열렬한 기도와 후원금은 너무나 값진 것이어서 눈시울을 적실 때가 많습니다. 사실 우리는 넉넉해서 남을 돕는 것이 아니고 꿈이 있으면 길이 있고 길이 있으면 물질과 해결책이 있음을 체험하였습니다. 아름다운 마음으로 남을 돕겠다는 뜻이 있으면 우리의 이웃은 우리가 생각하는 것보다 훨씬 선한 분들이 많음을 느끼게 하였습니다.

현재 저희가 하는 재활사업, 요양사업, 양로사업을 통하여 불신 사회를 믿는 사회로, 공생 부재의 사회를 신의와 우정의 사회로, 황금만능의 사회를 남과 더불어 사는 사회로 전환하는 데 큰 공헌을 하리라 믿습니다. 우리가 가진 물질은 내가 이 세상 떠날 때 모든 것이 끝나지만, 선한 씨앗은 영원히 자라서 좋은 꽃과 열매를 맺을 것이기 때문입니다. 우리는 평생 선한 꿈을 꾸면서 살기를 바랍니다.

이 글에서 뭔가 일맥상통하는 말을 발견했다. '봄', '묘목', '씨앗', '꽃', '열매' 이런 단어들이다. 정창근 이사장은 평생 사랑의 씨앗을 뿌리며 살았다. 꽃과 열매를 볼 수 있으면 좋겠지만, 직접 볼 수 없어도 좋았다. 후대에 꽃이 피고 열매가 맺혀 누군가 혜택을 보게 되리라 믿었다. 큰 나무가 되면 많은 꽃을 피우고 열매를 맺겠지만, 그렇지 않고 작은 나무가 되더라도 그에 걸맞은 규모로 세상에 이로움을 주리라 생각했다. 그렇기에 그의 삶은 늘 봄이었다. 어떤 고난과 역경이 닥치더라도 씨 뿌리는 그의 눈에 비친 세상은 항상 봄이었다.

안동시온재단에는 꽃과 나무가 참 많다. 어디를 가든 푸르른 나무와 예쁜 꽃들을 볼 수 있다. 철마다 다양한 꽃이 피어난다. 무궁화는 숙연해서, 배롱나무꽃은 싱그러워서 좋았다.

2003년 늦가을 한국기독공보 김훈 편집국장이 정창근 이사장을 인터뷰하기 위해 안동시온재단을 찾았다. 이때 정창근 이사장은 인터뷰를 마친 후 그를 안동재활원 건물 맞은편에 있는 비닐하우스로 데리고 갔다. 대체 뭐가 있기에 인터뷰하러 서울에서 내려온 기자를 데리고 비닐하우스로 들어가는 걸까 의아해하던 김훈 편집국장은 눈앞에 펼쳐진 광경에 깜짝 놀랐다. 온갖 종류의 국화들이 가득했기 때문이다. 은은한 국화꽃 향기가 코를 찔렀다.

"어때요? 대단하죠? 좋지요?"

정창근 이사장은 조선자 상임이사와 함께 활짝 핀 국화들을 손주 바라보듯 내려다봤다.

"이게 다 안동재활원에 있는 장애인들이 키우고 가꾼 국화들입니다."

안동시온재단이 꽃과 나무로 잘 가꿔지는 데 큰 역할을 한 사람은 안동재활원 박종만 원장이다. 안동 경안고등학교를 1회로 졸업하고 상경해 고려대학교에서 정치외교학을 전공한 그는 서울신문사 정치부 기자를 거쳐 모교인 경안고등학교 교장을 지내다 2000년 8월 정년 퇴임한 뒤 정창근 이사장의 권유로 안동재활원 원장을 맡게 되었다.

그는 먼저 어떻게 하면 거주인들이 살기 좋고, 일반 시민들도 찾아와 보고 싶은 시설을 만들 것인가를 고민했다. 그가 처음 견학한 곳은 오웅진 신부가 1976년에 창설한 충청북도 음성군에 있는 사회복지시설 꽃동네였다. 여러 가지를 배우고 깨달았지만, 아쉽게도 그가 기대한 만큼 꽃이 없었다. 문득 허허벌판 같은 안동재활원이 떠올랐다. 넓은 재단 곳곳을 아름답게 조경해 누가 봐도 기분이 좋아지고 다시 오고 싶은 곳을 만들어야겠다는 생각이 들었다. 푸른 잔디밭과 각양각색의 꽃들이 사시사철 피어나는 곱

디고운 안동시온재단. 상상만 해도 즐거웠다.

"우선 입구에 800여 평에 달하는 잔디밭 설계도를 만들어 보 았습니다. 잔디도 여러 가지 종류가 있음을 알게 되었습니다. 잔 디 전문가를 찾아보았습니다. 마침 경안고등학교 이도형 선생님 의 친구가 전문적으로 잔디를 한다고 해서 소개를 받았습니다. 장애인 시설에 필요한 것이라면 자기도 이 일에 참여하고 싶다 면서 1평에 1만 원 하는 것을 품값만 받고 잔디는 후원하겠다고 했습니다. 원래 800만 원이 드는데, 400만 원 품값만 주고 잔디를 모두 깔았습니다. 이도형 선생님과 친구분은 너무나 고마운 분들 이셨습니다. 3년 후 훌륭한 잔디밭이 되었습니다. 안동 시내 유치 원과 어린이집들의 소풍과 운동회 장소가 되었습니다."

박종만 원장은 2017년에 펴낸 자서전《그저 그런 사람》에서 당 시를 이렇게 회고했다.

묘목을 심는 과정에서도 잊을 수 없는 많은 일이 있었다.

"봄이 된 어느 날 고려관광 류진규 사장님과 식사를 함께 하면 서 이런저런 이야기 중 자기는 고향 밭에서 묘목을 6년 동안 심어 키운다고 자랑을 하였습니다. 마침 묘목을 기증할 분을 찾는 중이 라서 염치 불고하고 우리 장애인 시설이 허허벌판이라 많은 묘목 이 필요하니까 기증을 좀 해 달라고 간곡히 부탁하였습니다. 사장 님이 쾌히 허락하시면서 묘목 밭은 당신 어머께서 직접 관리하 시는데, 아마 좋은 묘목은 허락지 않을 것 같으니 오전 일찍 가서 마음에 드는 좋은 묘목을 골라서 필요한 만큼 가지고 가라고 하면서 오후에 어머니께 연락하겠다고 했습니다. 너무너무 고맙고 부끄럽기도 하여 나의 얼굴은 홍당무가 되었습니다."

그의 자서전에 나오는 일화다. 좋은 묘목을 얻기 위한 그의 노력은 종횡무진 이어졌다. 후배의 형수에게 전화해서 느티나무와 계수나무를 기증받았고, 친구 집 뜰에 있는 오래된 주목 두 그루를 기증받았으며, 잘 자란 소나무 세 그루가 있다는 소식을 듣고 달려가 1,000만 원에 달하는 가격을 500만 원으로 깎아 구입하기도 했다. 묘목을 증정받기 위한 그의 열정적인 활동에 감동한 주변 사람들이 자진해서 느티나무와 회양목 등을 기증하기도 했다.

증정에만 의존한 것은 아니었다. 매실나무 200그루, 모과나무 100그루, 춘향목 300그루 등을 순차적으로 구매해서 재단 여기저기에 심었다. 앞쪽에 있는 언덕과 뒷산으로 올라가는 입구에도 개나리꽃을 수천 그루나 심었다. 대규모로 묘목을 심을 때는 전 직원이 나와 일을 도왔다. 그때 심은 나무와 꽃들이 지금은 잘 자라 아름드리나무가 되고 풍성한 화초가 되었다. 매년 봄이 되면 안동시온재단으로 향하는 언덕은 개나리꽃 덕분에 황금빛으로 물든다.

2001년 봄부터 국화 재배가 시작되었다. 이를 위해 비닐하우스를 만들었다. 국화에 대해 잘 아는 전문가를 찾아가 국화 재배 방법을 배웠다. 거주인 중에 꽃을 좋아하는 사람을 선발해서 함께

땀 흘리며 국화를 심고 가꿨다. 어려움도 있었지만, 정성을 들인 만큼 국화가 잘 자라 주었다. 가을에 국화 축제를 할 정도가 되었다. 초록 잔디밭 위에 각양각색의 국화를 전시해 놓고 봉사자들과 후원자들을 초대해 깊어 가는 가을을 즐기며 서로에게 감사의 마음을 전하는 국화 축제는 이렇게 시작되었다.

늦가을이라는 시기에 맞게 국화 축제는 추수감사절 예배와 함께 열린다. 먼저 추수감사절 예배를 드리고, 국화 축제를 즐긴 다음, 함께 밥을 먹고 차를 마시며 국화 옆에서 이야기꽃을 피우는 것이다. 지역 주민까지 초청하면 수백 명이 넘는 사람들이 국화 축제를 즐기러 온다. 때에 따라 적절한 공연도 펼쳐진다. 이제 국화 축제는 안동시온재단을 대표하는 행사로, 지역 주민들과 화합하고 소통하는 상징이 되었다.

그런데 왜 하필 국화일까?

국화는 추위에 아주 강해 노지에서 월동이 가능한 여러해살이 화초다. 매화, 난초, 대나무와 더불어 사군자(四君子)의 하나로 여겨진다. 뜻을 굽히지 않는 지조와 절개를 군자의 가장 큰 덕목으로 여겼던 유교 사회에서는 어떠한 고난과 악조건 속에서도 꿋꿋이 꽃을 피우는 사군자가 선비들의 많은 사랑을 받았다. 이 때문에 음력 9월 9일은 중양절(重陽節)이라 하여 국화차나 국화전을 부쳐 먹으며 꽃놀이를 하는 명절로 삼았다.

안동의 정신적 지주로 일컬어지는 퇴계 이황 선생이 가장 사랑하고 즐겼던 꽃이 바로 국화다. 퇴계 선생은 국화와 대화를 나눌 정도로 국화를 사랑했다고 한다. 늦가을에 오롯이 피어나는 국화는 세상의 온갖 번잡스러움과 영화로움을 다 떠나 자신만의 향기를 풍기며 기품 있게 살아가는 의인을 상징한다. '평화, 지혜, 절개'라는 꽃말처럼 안동시온재단이 지향하는 바와 너무도 잘 맞아떨어지는 꽃이다. 기자 출신의 교육자였던 박종만 원장은 이 점을 충분히 고려했을 것이다.

매년 가을이면 수천 번 손길이 닿아야만 아름다운 색깔의 꽃을 피운다는 국화를 정성껏 화분에 담아 축제에 참석한 사람들에게 하나씩 나눠 준다. 국화는 거주인과 외부인, 장애인과 비장애인을 연결해 주는 가교다. 장애인들은 늘 받기만 하는 이들이 아니라, 마음을 담아 가꾼 국화, 즉 사랑을 나눌 줄 아는 사람들이라는 것을 알게 해 주는 매개체이기도 하다. 안동시온재단 거주인들의 국화 재배 솜씨는 이제 어떤 전문가 못지않다. 국화꽃으로 터널을 만들고, 평범한 보행로를 꽃길로 만든다. 형형색색 모양과 빛깔도 어느 화원 꽃보다 오채영롱하다.

안동시온재단 초창기에 박종만 원장이 묘목을 심고 국화를 가꾸느라 바쁠 때였다. 일이 많아 저녁 늦게까지 바깥에서 땀을 흘려야 했다. 그러고 있노라면 누군가 슬쩍 다가왔다.

"아이고, 이거 참 늦게까지 수고가 많으십니다. 이렇게 고생해서 어쩌나…."

정창근 이사장이었다. 안동성좌원 일과 병원 진료 외에도 지역 사회를 위해 여러 가지 맡은 일이 워낙 많아 분주하기 이를 데 없었지만, 일과를 끝내면 집에 들어가서 쉬지 않고 꼭 안동시온재단에 들러 박종만 원장과 직원들을 격려하며 칭찬을 아끼지 않았다.

장미나 백합은 한 송이만 있어도 화려하다. 국화는 여러 송이가 뭉쳐 있어야 풍성하고 아름답다. 튀거나 자신을 한껏 드러내지 않지만, 은은하고 다정다감한 인간미가 살가워 질리지 않고 슬그머니 곁에 다가가거나 옆자리를 내주고 싶은 국화 같은 사람. 정창근 이사장이 그런 사람이었다. 그가 건재할 때 사람들은 그를 보기 위해 국화 축제를 찾았고, 그가 부재한 이후 사람들은 그를 기억하기 위해 국화 축제를 찾는다. 늦가을이면 안동시온재단은 국화꽃으로 넘실거린다. 국화꽃 향기에 취한 듯하지만, 사실은 사무친 그리움에 취하는 것이다.

장애인도 얼마든지
스포츠를 즐길 수 있다

안동재활원과 안동요양원이 있는 건물 외벽은 참 운치 있다. 붉은 벽돌을 쌓아 올린 고즈넉한 담벼락 위를 파릇한 담쟁이덩굴이 암벽 등반을 하듯 달라붙어 있다. 20세기 한국 현대 건축을 대표하는 거장 김수근 선생의 "건축은 빛과 벽돌이 짓는 시"라는 말을 떠올리게 한다.

현관을 들어서면 오른편 유리 진열장 안에 가득 놓여 있는 각종 메달을 보고 깜짝 놀라게 된다. '무슨 메달이 저리도 많은 것일까? 누가 뭘 해서 저토록 많은 메달을 딴 것일까?' 궁금하지 않을 수 없다. 메달 아래쪽에는 누가 무슨 대회 어떤 종목에서 언제 메달을 딴 것인지 설명이 달려 있고, 메달 위쪽에는 목에 메달을 건 선수 사진이 걸려 있다. 잠깐만 살펴봐도 대단한 성적임을 알 수 있다. 2003년 전국장애인체육대회 보치아 단식 금메달, 2005년 전국장애인체육대회 보치아 단체 금메달, 2006년 쿠알라룸푸르 아태장애인 보치아 경기대회 체육포장, 2007년 전국장애인체육대회 보치아 단식 금메달, 2008년 한국스페셜올림픽 전국하계대회 보치아 금메달, 2009년 전국 론볼 동호인 최강전 단식 금메달, 2010년 보치아 국가대표 상비군 선발대회 은메달 등 수많은 대회에서 메달을 따지 않은 해가 거의 없었다.

그런데 경기 종목이 눈에 익지 않았다. 보치아와 론볼, 어떻게 하는 경기일까?

보치아(Boccia)는 뇌성마비 중증장애인과 운동성 장애인이 참가하는 종목으로, 개인전과 단체전이 있다. 일정 규격의 평평하고 매끄러운 바닥에서 6개씩의 파란색 공과 빨간색 공을 가지고 매회 흰색 표적구에 가장 가까이 던진 공에 대해 1점을 부가하며, 6회를 한 다음 점수를 합산하여 득점을 많이 한 팀이 승리한다. 공을 던지거나 굴리는 것은 어떤 방법으로든 가능하며, 공을 잡거나 던지기가 불가능할 경우 코치의 도움을 받아 마우스 스틱이나 홈통 등을 이용할 수 있다. 남녀 구분이 없는 혼성 경기로, 표적구를 먼저 던져 놓고 하는 것이 특징이다. 겨울 스포츠인 컬링과 비슷한 방식으로 진행되는 감각과 집중력을 겨루는 경기다. 1982년 덴마크에서 국제경기 종목으로 부상되었으며, 국내에서는 1987년 전국장애인체육대회에서 처음 치러졌고, 1988년 서울장애인올림픽대회에서 정식 종목으로 채택되었다.

이탈리아어로 '보치아'는 '공'이라는 뜻이다. 그러니까 보치아는 말 그대로 공 던지기 게임인 셈이다. 대한민국은 1988년 서울

장애인올림픽대회부터 2020년 도쿄 패럴림픽까지 9회 대회 연속 금메달 획득이라는 대기록을 수립했다. 개최국인 일본과의 결승전에서 승리하며 완성한 대기록이라 더 의미가 있다. "올림픽대회에 양궁이 있다면 패럴림픽에는 보치아가 있다"는 말은 그냥 나온 말이 아니다. 한국인의 공 던지기 실력은 명실공히 세계 최고다.

론볼(Lawn Bowls)은 잔디밭에서 공을 굴려 가며 하는 경기로, 일반인은 물론 장애인도 충분히 할 수 있는 정적인 운동이다. 표적이 되는 공인 '잭'을 먼저 굴려 놓고 다른 공을 가까이 굴려 겨루는 방식이다. 공이 완전한 구형이 아니라 휘어져서 굴러가기 때문에 포핸드나 백핸드 투구가 가능한 것이 특징이다. 승부는 어느 팀이 많은 수의 공을 표적구에 근접시키느냐에 따라 결정된다. 매회 점수를 합산하여 주어진 시간이나 정해진 횟수에 최다 득점자가 승리한다. 경기 방식은 참가 인원에 따라 개인전, 2인조, 3인조 및 4인조로 나누어져 있으며, 성별에 의해 남녀 그리고 혼성 경기로 분류하여 다양하게 경기할 수 있다. 야외에서 경기하면서 대화를 나누며 우의를 다질 수 있는 반면에, 상대방의 전략에 대비하는 냉철한 판단력과 고도의 집중력이 요구되는 운동이기도 하다.

장애인 경기로 시작된 것은 1960년 영국에서부터이며, 휠체어 론볼 선수가 장애인올림픽에 처음 참가한 것은 1968년 텔아비브 장애인올림픽 때다. 우리나라에서는 1987년 전국장애인체육대회에서 처음으로 시범 경기를 실시했고, 1988년 서울장애인올림픽

대회를 계기로 본격적으로 실시되었다. 현재는 장애인아시안게임의 정식 종목이며, 패럴림픽 정식 종목은 아니다. 대한민국 선수단은 2018년 자카르타 장애인아시안게임에서 출전한 모든 선수가 메달을 획득하는 쾌거를 이룬 바 있다.

정창근 이사장은 지체장애인과 중증장애인의 건강에 각별한 신경을 썼다. 자유롭고 편안하게 지낼 수 있도록 시설을 개선하고 복지를 증진하며 서비스를 보완하는 일도 계속해야 하지만, 이와 더불어 몸과 마음을 건강하게 함으로써 긍정적 사고방식으로 자신감을 가지고 살아가게 하는 것이 더욱 중요하다고 생각했다. 그래서 다양한 인문 강좌와 예술 활동을 펼쳐 나가는 동시에 모두가 스포츠에 참여하여 몸을 단련하도록 독려하고 지원했다. 그는 의사를 천직으로 알고 살아온 사람이었다. 건강의 중요성을 그 누구보다 잘 알고 있었다. 그래서 많은 거주인이 보치아와 론볼 등 장애인도 얼마든지 할 수 있는 운동에 동참하도록 했다.

"열두 살에 안동재활원에 입소해 1995년에 보치아를 알게 되었습니다. 처음에는 단순한 공놀이 정도로만 알고 있었는데, 시간이 지날수록 보치아의 매력을 느낄 수가 있었어요. 당시만 해도 컴퓨터 게임이나 오락이 흔치 않아 무의미한 시간을 즐겁게 보내기에는 보치아가 아주 좋은 오락이자 스포츠였습니다. 그러다 뇌성마비 형들을 따라 전국대회에 나가 실력을 쌓았습니다. 쿠알라룸푸르 아태장애인 경기대회를 앞두고는 더운 날씨에도 꾸준히 연습에 임했고, 덕분에 첫 경기에서 여유 있는 점수 차로 이겼습니다.

제일 기억에 남는 경기는 말레이시아 팀과의 경기였습니다. 이 경기에서 이겨야 조 1위로 올라가는 게임이었지요. 동점 상황이었고 마지막 던질 공을 제가 들고 있었어요. 제가 흰 공에 가까이 붙이지 못하면 우리가 지는 상황이었습니다. 마지막에 차분히 시간을 활용해서 던졌는데, 그 공이 흰 공에 가까이 가서는 착 달라붙는 거예요. 제가 생각해도 소름 끼치는 장면이었지요. 우리는 말레이시아를 꺾고 조 1위로 올라 동메달을 따고, 말레이시아는 단체전 금메달을 땄습니다. 정말 노력하고 최선을 다하면 안 되는 일이 없다고 생각하게 되었습니다. 많은 장애로 힘들어하는 분들에게 꼭 스포츠뿐만 아니라 자기가 하고 싶은 일을 최선을 다해 이루려고 노력하라는 말씀을 드리고 싶습니다. 꼭 이루어질 것입니다. 저는 '하면 된다!' 이렇게 자신 있게 말할 수 있어요."

2006년 말레이시아 쿠알라룸푸르에서 열린 제9회 아태장애인 경기대회에 참가해 보치아 종목에서 개인전 은메달과 단체전 동메달을 함께 획득한 윤대선 씨는 이런 소감을 남겼다.

2007년 2월 21일에는 안동시온재단 앞마당에 국제 규격에 맞춘 새로운 론볼 경기장이 개장했다. 그전에도 론볼 경기장이 있었지만, 국민체육진흥공단의 지원을 받아 야간 경기도 가능한 조명 시설 등을 추가하고 경기장을 대폭 넓혀 어떤 대회도 가능하도록 시설을 보강한 것이다. 그해 가을 제27회 전국장애인체육대회가 이곳에서 개최되어 텔레비전을 통해 전국에 중계되기도 했다. 이후 한마음 론볼·보치아 친선대회나 경북장애인생활스포츠 친선 경기대회 등 여러 대회가 여기서 치러졌다. 2013년 5월에 열린 전국생활체육대축전에서는 론볼 경기 3개 부문이 안동시온재단 론볼 경기장에서 거행되었다. 14개 시도에서 참여한 200여 명의 선수와 보호자들과 경기 관계자들은 새로 조성된 론볼 경기장을 보며 감탄을 금치 못했고, 진행 요원들의 능숙한 일 처리와 친절한 안내에 깊은 인상을 받고 돌아갔다.

"체력이 약한 가운데 있어 연습 과정에 힘든 점이 많았지만, 할 수 있다는 자신감으로 매 경기에 임했습니다. 승리의 금메달을 획득하고 보니 '나도 해 냈구나!' 하는 성취감에 기쁨을 감출 수 없었고, 함께 기뻐해 주신 원장님과 국장님 그리고 여러분의 축하에 큰 힘을 얻었습니다. 체력을 기르는 데 중점을 두고 훈련하며 기술을 더 연마해 계속 도전하고 싶습니다."

2007년 제27회 전국장애인체육대회 론볼 경기에서 금메달을 딴 안동요양원 김재준 씨는 메달을 들어 보이며 기쁜 표정을 감추지 못했다. 2007년부터 2011년 사이에 벌어진 전국 론볼 대회에서 안동시온재단 선수들은 금메달 7개, 은메달 9개, 동메달 6개를 휩쓸었다.

장애인들이 할 수 있는 경기는 이것뿐이 아니다. 보체(Bocce)

라는 경기가 있다. 흰 공을 던져 착지한 곳을 목표로 한 팀당 4개의 공을 굴리거나 던져 흰 공에 가장 가까이 간 공에게 점수를 주는 경기다. 3세트로 경기가 진행되며, 세트당 얻은 점수를 합산해서 많이 득점한 팀이 승리한다. 단식과 복식 경기가 있다. 보치아에서 유래된 운동이다. 컬링과 볼링을 합친 것 같은 종목으로, 공을 상대 팀과 한 번씩 교대로 굴리기 때문에 작전을 잘 써야 한다.

2011년에는 그리스 스페셜올림픽 세계하계대회에서 이상태 씨가 보체 종목에서 은메달을 목에 걸었다. 2급 지체장애인인 이상태 씨는 자신이 생활하는 방의 방장을 맡아 열심히 봉사에 힘씀으로써 정창근 이사장에게 봉사상을 받기도 한 모범적인 청년이다. 신체 어느 한쪽에 감각이 없어지고 근육 통제가 되지 않는 편마비와 언어장애를 앓고 있지만, 스포츠에 대한 열정만은 그 누구보다 대단하다. 국가대표에 선발될 무렵에 아버지를 여의고 어려운 시간을 보냈으나 운동에 매진함으로써 장애를 극복하고 자신감을 회복할 수 있었다.

2015년 미국 로스앤젤레스에서 열린 하계스페셜올림픽 세계대회에는 안동재활원 김진희 씨가 보체 종목 대표로 선발되어 출전했다. 지적장애, 언어장애, 지체장애를 가지고 있었지만, 기가 죽거나 좌절하지 않고 긍정적인 자세로 묵묵히 연습을 거듭한 성실한 청년이다.

큰 대회에 나가서 좋은 성적을 거두고 메달을 따는 것도 응원할 일이지만, 평소 꾸준한 운동을 통해 몸과 마음을 튼튼히 하면서 거주인들끼리 격의 없이 소통하고 화합하는 것은 더욱 권장할 일이다. 안동시온재단 론볼 경기장과 문화관 내 보치아와 보체 경기장에서는 거주인들이 수시로 모여 경기를 즐길 뿐 아니라 다채로운 모임들을 이어 간다. 안동시온재단에서는 지역 내 재가 장애인과 시설에 거주하는 장애인들이 자신에게 맞는 동호회 활동을 통해 자유롭게 심신을 단련할 수 있도록 문화관과 론볼 경기장을 언제든 개방하고 있다.

"그전에는 이 앞마당이 전부 고추밭이었고, 작은 론볼 경기장 하나가 있었습니다. 정창근 이사장님이 재단을 인수하면서 2007년에 규격에 맞게 제대로 만들었습니다. 1988년 서울장애인 올림픽대회 때 도입된 론볼은 장애인 재활을 위해 만들어진 경기입니다. 큰 근력을 쓰지 않아도 할 수 있는 좋은 운동이지요. 론볼, 보치아, 보체 이 세 종목은 경기 방식이 비슷합니다. 론볼은 지체장애인이나 시각장애인, 보치아는 뇌성마비, 보체는 지적장애인이 주로 하는 종목이에요. 안동시온재단 거주인들은 다 할 줄 압니다. 장애인올림픽이나 장애인대회 등에 나가서 우수한 성적을 거두었지요.

정창근 이사장님이 오신 이후 장애인들을 위한 재활 프로그램이나 외부 활동이 많이 늘어났습니다. 스포츠도 그중 하나지요.

성적이 좋으면 성과급도 받고 연금도 받습니다. 지적장애인을 위한 종목은 많이 없어서 저희가 직접 개발해서 가르칩니다. 정창근 이사장님이 적극적으로 권장하고 후원하셨어요. 신체 건강과 정서 함양을 위해 스포츠만 한 것이 없다고 하셨지요. 명예 이사장으로 물러난 뒤에도 대회가 있으면 꼭 오셔서 격려해 주셨습니다. 돌아가시기 얼마 전에도 경기가 있었는데, 오셔서 웃으시던 모습이 눈에 선하네요."

안동시온재단 스포츠 재활 사업의 역사인 홍정숙 팀장의 표정에는 만감이 교차하는 듯했다.

안동재활원과 안동요양원이 있는 붉은 벽돌 건물 외벽에는 구호 하나가 새겨져 있다.

"하면 된다."

구호나 표어를 별로 좋아하지 않지만, 안동시온재단을 갈 때마다 보게 되는 이 구호에는 묘한 끌림 같은 것이 느껴졌다. 일방적 선동이 아닌, 자발적 생의 의지와 강렬한 삶의 역동성이 엿보이기 때문이다. 거주인들의 얼굴마다 드러나는 유쾌한 에너지가 바로 그것이었다.

돼지는
행복해 보였습니다

기자들이 정창근 이사장을 인터뷰하기 위해 찾아오면 그는 주로 점심시간을 이용해 안동시온재단으로 데리고 갔다. 백 마디 말을 듣는 것보다 직접 가서 시설을 둘러보고 사람들을 만나 보라는 의미였다. 재단에 들어서면 정창근 이사장은 마주치는 직원이나 거주인들과 쉴 새 없이 눈 맞춰 인사하고 어깨를 두들기며 안부를 물었다. 점심때가 되면 그들과 함께 밥을 먹으면서 불편한 원생들의 식사를 도와주기도 했다. 꼭 친아버지와 자식 같았다. 정창근 이사장은 뭐든 잘 먹고, 많이 먹고, 빨리 먹었다. 워낙 바쁘게 살아온 탓이다. 2006년 가을, 그와 동행해 안동시온재단을 취재한 대기업 사보팀에게 그는 이런 이야기를 들려주었다.

"사실 제가 이곳에서 하는 일은 남에게 드러내기도 미약할 정도입니다. 저보다는 이곳에서 봉사하시는 선생님들이야말로 박봉임에도 불구하고 정성을 다하시니 정말 감사한 분들이지요. 정년 퇴임하고 봉사하러 오신 분들이 많습니다. 본인 집에 있는 에어컨을 이곳에 갖다 놓고 정작 자신은 에어컨도 없이 생활하시는 분도 있고…. 정말 대단한 분들이시지요."

정창근 이사장의 말대로 안동시온재단은 후원자들과 봉사자들에 의해 꾸려져 가는 곳이라고 해도 과언이 아니다. 정부의 지원과 재단의 출연이 있지만, 자발적인 후원과 봉사가 없으면 상당한 어려움을 겪을 수밖에 없다. 거주인들을 위해 헌신적으로 일하는 사회재활교사, 생활재활교사, 간호사, 물리치료사, 요양보호사, 사회복지사, 영양사, 조리사, 위생사, 사무직원 등이 있으나 그들의 또 다른 손과 발이 되어 줄 많은 후원자와 봉사자가 필요하다.

후원은 결연 후원, 일반 후원, 물품 후원 등이 있고, 개인이나 기업 혹은 단체를 통해 이루어진다. 동전을 돼지저금통에 모아서 가지고 오는 경우도 많다. 봉사는 산책해 드리기, 말벗해 드리기, 가족 되어 드리기 등 정서적 봉사가 있고, 이·미용 봉사, 환경 정리 봉사, 장애인과 어르신들 옷에 이름을 새겨 드리는 자수 작업 봉사 등이 있다. 시간이 흐르면서 봉사의 영역도 계속 변하는 중이다. 개인은 물론 교회, 학교, 기업, 기관 등의 참여도 상당하다. 재단에서는 소식지를 통해 후원 금액과 봉사 내용 등을 꼼꼼히 정리해서 공개해 오고 있다.

어린이들이 동전 가득 담긴 돼지저금통을 가지고 오면 누구라도 감동할 수밖에 없다.

"우연한 기회에 지역 사회 동전 모금 활동에 관해 듣게 되었습니다. 사회복지시설에 직접적으로 참여도 하고 관심도 가져 보는 좋은 기회로 생각하여 행복한 돼지저금통을 분양받아 우리 어린이들의 가정에 여름방학과 겨울방학 두 번에 걸쳐 나눠 주었습니다. 침체한 경기 속에서 마음의 넉넉함마저 굳어 버린 요즘, 얼마나 많은 동전이 모일까 기대는 하지 않았습니다. 방학이 끝나고 10원짜리 동전부터 1,000원짜리 종이돈까지 정성스럽게 모은 많은 저금통이 거둬들여졌습니다. 돼지가 얼마나 살이 쪘던지 옮기느라 무거웠지만, 고사리 같은 손으로 한 푼, 두 푼 모아 온 정성에 마음이 뿌듯했으며, 돼지는 행복해 보였습니다."

돼지저금통을 가져온 후원자는 경북 영주에서 어린이 스포츠센터를 운영하는 분이었다.

자신이 경영하는 고깃집에서 매번 고기를 따로 떼어 후원하고 있는 분도 있다.

"어느 날 안동시온재단에서 생활하는 장애인과 선생님들이 식사하러 오셨습니다. 몸이 불편한 장애인에게 사랑스러운 눈길로 음식을 먹여 주시는 선생님들을 보면서 가슴이 뭉클해짐을 느꼈습니다. 이 세상 사람들은 하나같이 나누고 베풀고 사랑하며 살길 원하지만, 삶에 짓눌려 마음을 닫고 살아 주위를 둘러보지 못하는 것이 현실입니다. 저 역시 내 삶이 우선이고 내 가족이 먼저였지만, 이제는 나보다 남을 먼저 생각하는 사람이 되려고 노력합니다. 행복한 인연을 만들기 위해 조금이나마 보탬이 되려는 생각에 고기를 후원하게 되었지요."

미용 봉사는 없어서는 안 될 요긴한 봉사 중 하나다. 미용 봉사자가 방문하지 않으면 매번 몸이 불편한 거주인들을 데리고 밖으로 나가 미장원과 이발소를 들러야 하기 때문이다.

"제 도움이 필요한 곳이 없을까 찾던 중 지인의 소개로 안동시 온재단을 소개받아 연을 맺게 되었습니다. 풋내기 미용사 시절 봉사한다는 명목으로 기술을 익히며 다닌 적도 있었지만, 많은 미용사가 그렇듯 혼자 큰 것처럼 그 고마움과 감사함을 까마득히 잊고 산 것 같았지요. 한 달에 한 번 시온 가족들에게 제가 줄 수 있는 가장 좋은 것을 나눌 수 있어 기쁩니다. 주는 기쁨보다 받는 기쁨이 더 커서 제 일상이 풍족해졌습니다. 덥수룩했던 머리 모양이 깔끔하고 단정해질 때 시온 식구들이 마음에 들어 하시며 '고맙습니다'라는 머쓱한 인사를 하실 때, 봉사하는 날이면 함께하는 점심식사 시간에 슬그머니 제 옆으로 휠체어를 밀며 다가와 '많이 드세요'라고 한마디 건네실 때 열심히 봉사하며 나누는 삶을 살아야겠다는 다짐을 하게 됩니다."

안동으로 이사한 지 얼마 되지 않았을 때부터 미용 봉사를 시작한 한 미용사의 이야기다.

자신의 전공이나 특기를 살려 공부를 가르치는 봉사를 하는 사람들도 있다.

"장애인은 비장애인을 경계하고 마음의 문을 닫고 산다는 고정 관념으로 처음 식구들을 만났을 때 걱정이 이만저만 아니었습니다. 제 성격이 수줍음이 많고 숫기가 없어 걱정을 많이 했는데, 다들 너무도 밝은 얼굴이었고 반갑게 맞아 주었어요. 첫 만남에서 부자유한 신체 때문에 발음에 관한 문제가 발생했습니다. 질문을 하는데 무슨 말인지 알아듣지 못해 말하는 사람도 답답하고, 못 알아듣는 저 역시 답답하고 미안했지요. 하지만 요즘은 서로 농담을 주고받을 정도로 익숙해졌고 가까워졌습니다. 제가 가르침을 주었다기보다는 배운 점이 더 많은 것 같습니다."

컴퓨터반에서 학생들을 가르쳤던 어느 봉사자의 고백이다.

"처음 몇 달은 청소 등 어디서나 할 수 있는 봉사를 하다가 몇 달이 흐른 후 재활원 식구 두 분과 수필 책을 짤막하게 읽고 거기에 대해 이야기할 수 있는 시간을 갖게 되었다. 처음에는 거부감도 없지 않았고 말도 잘 알아듣지 못했지만, 시간이 지나면서 우리보다 더 맑고 깨끗한 생각을 하고 있다는 것을 알게 되었고, 계속해서 좋은 이야기를 들을 수 있어 좋았다. 학교에 묶여 공부만 하는 우리에게는 새로운 것을 생각해 볼 수 있고, 보람도 느낄 수 있는 시간이었다. 앞으로 시를 쓸 때 더 깊이 생각할 수 있는 계기가 된 것 같아 감사드린다."

문학동아리에서 시를 가르쳤던 어떤 대학생 봉사자의 글이다.

"그저 빨리 시간이 지나기만을 바랐다. 어떻게 하면 그분들과 접촉을 줄일 수 있을까 생각했다. 그래서 나는 청소를 하게 되었다. 한창 복도를 쓸고 있는데, 한 장애인이 계속 뒤에서 나를 물끄러미 쳐다보는 것이었다. 왠지 겁이 났다. 잠시 후 그분은 나를 향해 웃음을 짓더니 같이 청소하기 시작했다. 도와주고 싶어서 망설이던 분을 나는 무슨 해코지나 하지 않을까 걱정한 것이다. 생각이 거기까지 미치자 내가 너무 부끄럽게 느껴졌다. 안동시온재단 사람들은 어딘가 잘못되고 비뚤어진 사람들이라고 생각했는데, 비뚤어지고 잘못된 사람은 바로 나 자신이었다. 선입견과 편견에 싸여서 자기밖에 모르는 그게 바로 나였다."

아무 생각 없이 따라왔다가 큰 깨달음을 얻게 된 군인 봉사자가 남긴 후기다. 봉사하는 데는 군인이나 소방관이라고 예외가 없다.

"항상 불을 꺼야 하는 직업을 가진 우리지만, 이날만큼은 시온 가족들의 가슴에 불을 지피러 가는 날이다. 바쁜 일상 속에서 마음의 여유조차 갖기 힘든 요즘 시온 가족들을 만나고 돌아오면 한가득 선물 보따리를 받은 듯 가슴이 찡하고 벅차다. 근무 시간이 각자 다른 팀원들끼리 쉬는 날마다 열정과 정성을 다해 준비한 곡을 이분들을 위해 무대에 올리면 그 어떤 무대보다 팀 스스로 자부심을 느끼게 된다. 대중가요에서부터 흥겨운 트로트, 경음악, 종교음악에 이르기까지 다양한 장르를 오가며 연주를 하면 흥에 겨워 관중석에서 일어나 어깨춤을 추는 어르신과 무대 가까이 다가와 열광적인 반응을 보이는 장애인의 모습에서 사람과 사람 사이에 살아가는 재미가 바로 이런 것이구나 느껴 다시 한 번 감사하지 않을 수 없다."

안동소방서 소방관들로 구성된 록 밴드인 파이어스의 한 구성원이 밝힌 소감이다. 화마와 싸우는 소방관들이 기타를 치고 드럼을 두드리며 장애인들과 독거 어르신들 앞에서 공연하는 모습은 상상만 해도 신이 난다. 열기가 후끈 달아오르는 무대 위의 봉사, 멋질 것 같았다.

가족 봉사팀도 있다. 부부가 아들딸을 데리고 함께 봉사하러 오는 것이다.

"1318 사랑의 열매 봉사 캠프 단원으로 안동시온재단을 찾은 것이 계기가 되어 한 달에 두세 번씩 가족과 함께 꾸준히 찾게 되었습니다. 참 어색하고 서툴렀던 시온에서의 첫 경험들이 떠오릅니다. 어느 날부터 저에게 따뜻한 차 한 잔과 함께 반가운 인사로 다가와 주신 인교보호작업장의 고마운 아저씨, 생활관에서 오랫동안 투병하시는 아저씨, 뇌성마비 장애를 극복한 열정적인 보치아 선수들과 감독님…. 돌아보니 떠오르는 모습들이 정말 많습니다. 이전에 저는 봉사는 어려운 이웃을 돕는 일이라고만 생각했습니다. 하지만 지금은 더불어 주고받는 것이라는 생각이 듭니다. 일방적으로 주기만 하는 것은 없다는 사실을 알았기 때문입니다."

어릴 때부터 봉사하는 부모를 보며 자란 아이들은 생각의 크기가 남다를 것이라 여겨진다.

후원과 봉사에는 한계가 없다. 하지 않아도 될 만큼 작은 것도 없고, 이제 그만해도 될 만큼 넘치는 것도 없다. 포장마차에서 핫도그를 튀기는 아주머니, 시장에서 찜닭을 요리하는 할머니, 작은 식당을 운영하는 아저씨, 폐지를 주워 파는 할아버지, 온종일 이집 저집 뛰어다니는 택배 기사 등 많은 사람이 후원자와 봉사자로 오랫동안 사랑을 실천하고 있다.

후원자와 봉사자를 바라보는 안동시온재단 직원들의 마음은 어떨까?

"제일 기억에 남는 후원자님이 계십니다. 그분은 안동시온재단에 후원하신 지 거의 10년이 되어 갑니다. 재일교포시고 70세가 넘어 보이는 여성분이십니다. 어떤 일을 하시는지, 우리 시설을 어떻게 아시는지, 후원 동기는 무엇인지도 잘 모릅니다. 단지 일년에 한 번씩 고국을 방문하셔서 안동에 있는 몇 개의 시설에 기부하신다는 것 외에는요. 택시를 타고 오셔서 밖에 세워 두고 후원금만 주시고 또 다른 곳에 가야 하신다기에 다급하게 매번 '안녕하세요, 감사합니다'라는 말씀밖에 드리지 못했습니다. 항상 건강하셔서 계속 뵙고 싶습니다."

안동재활원에서 기부 업무를 맡아보는 신정연 씨가 2009년 여름 소식지에 쓴 글이다.

"보상을 구하지 않는 봉사는 남을 행복하게 할 뿐 아니라 우리 자신도 행복하게 한다."

인도의 민족운동 지도자였던 마하트마 간디(Mahatma Gandhi, 1869-1948)는 이런 말을 남겼다.

"자원봉사란 다른 사람들에게 관심을 기울이며 그들을 위해 자발적으로 자신의 시간과 노력을 쏟는 것을 말합니다. 자원봉사 활동을 많이 하는 사람들이 하는 이야기가 두 가지입니다. '내가 행복합니다', '내가 가장 큰 수혜자입니다.' 자원봉사는 나의 행복을 위해 필요한 것입니다. 내가 주인인 곳을 스스로 보살피는 것은 너무나 당연한 일이기 때문이지요. 자원봉사는 우리 후손들에게 아름다운 세상을 남겨 주기 위해 반드시 해야만 하는 활동입니다."

한국 자원봉사 단체들의 대표기구인 한국자원봉사협의회 상임대표이자 한국 최초로 자원봉사 교육을 시작한 각당복지재단 이사장이기도 한 동아알루미늄 라제건 회장의 말이다.

누군가를 위해 아무 조건 없이 기꺼이 내 지갑을 열고 내 시간을 들인다는 것은 세상에 없던 사랑을 만드는 것이고, 내 생명을 나눠 주는 고귀한 일이다. 희한한 것은 받는 기쁨보다 주는 기쁨이, 받는 행복보다 주는 행복이 훨씬 더 크다는 사실이다. 안동시 온재단은 이 역설의 진리가 예전에도, 지금도 그리고 앞으로도 계속해서 증명될 뜨거운 삶의 현장이다.

팥빙수 한 그릇에
녹아 버린 마음

2022년 7월 19일 한여름 뙤약볕이 매서웠다. 안동시온재단 이곳저곳을 돌아보다가 안동재활원 사무실 게시판에 눈길이 갔다. 한 달 식단표가 걸려 있었다. 자세히 들여다보았다.

"조식-쌀밥, 소고기 뭇국, 우엉 조림, 쑥갓 겉절이, 김구이, 김치 / 중식-쌀밥, 근대국, 카레 채소 볶음, 오이 무침, 멸치 조림, 김치 / 석식-쌀밥, 들깨 미역국, 계란찜, 명란 무채, 멸치 조림, 김치."

하루 식단이었다. 이런 식으로 한 달 치 하루 세 끼 식단이 상세히 적혀 있었다. 도라지 볶음, 탕수육, 꽁치 조림, 닭곰탕, 청국장, 김치찌개 등 필자가 좋아하는 메뉴도 눈에 띄었다.

식단표 아래 재료의 원산지도 정확히 기재되어 있었다. 영양사가 정성껏 작성한 식단표였다. 회사나 관공서와 달리 이곳은 생활공간이기 때문에 아침, 점심, 저녁 세 끼를 모두 제공해야 하고, 1년 365일 하루도 식사를 거르는 날이 있어서는 안 된다. 몸이 건강하지 않은 장애인들이기 때문에 영양에 더 많은 신경을 써야 한다. 그러니 밥을 준비해서 먹이고 치우는 일이 보통 일은 아닐 것이다. 게다가 코로나 팬데믹 이후 조심해야 할 것들이 더 늘어났다.

마침 점심때가 되었다. 재활원과 요양원 식구들은 약간의 시차를 두고 한 식당에서 밥을 먹는다. 식판을 들고 배식을 받아 자리에 앉았다. 안동찜닭, 가지 냉국, 된장 양념으로 무친 고추, 멸치볶음, 김치 그리고 쌀밥이었다. 아주 맛있었다. 안동에서 먹는 안동찜닭 맛은 언제나 일품이다. 어릴 때 자주 먹던 시원한 가지 냉국은 아스라한 옛 추억을 되살려 주었다.

"여기 계신 분들은 전통적인 입맛을 가진 분들이 많아요. 그래서 쌀밥과 고기 반찬을 좋아하시지요. 건강을 생각해서 잡곡밥과 현미밥 그리고 채소를 많이 드시도록 권하는데, 그것보다는 쌀밥과 고기 반찬을 너무 좋아하세요. 그러다 보니 쌀밥과 고기 반찬이 많이 나옵니다."

함께 식사하던 안동요양원 박종환 원장의 설명이다.

식사를 마치고 오후 2시 무렵이 되자 외부에서 손님들이 하나둘 모여들기 시작했다. 로타리클럽 회원들이 팥빙수 봉사를 하는 날이라고 했다. 요리할 때 쓰는 하얀 모자를 쓰고 마스크와 장갑을 착용한 그들은 능숙한 솜씨로 식당에 자리를 마련한 후 식탁 위에 가져온 팥빙수 제조 기계와 각종 도구를 올려놓았다. 식탁 옆에 나란히 선 봉사자들은 커다란 컵에 제빙기로 간 눈꽃 같은 얼음을 담고, 그 위에 잘 삶은 팥을 얹고, 조심스레 연유를 붓고, 인절미를 올리고, 콩가루를 뿌린 다음, 과자를 놓아 예쁘게 장식까지 곁들였다. 이런 과정을 거쳐 먹음직스럽고 시원한 팥빙수 한 그릇이 완성되었다. 직원들은 만들어진 팥빙수를 쟁반에 담아 부지런히 2층에 있는 거주인들의 방으로 배달했다. 코로나 팬데믹 전에는 다 같이 식당에 모여 대화를 나누며 먹었지만, 그럴 수 없게 된 지금은 방으로 실어 날라야만 했다.

직원을 따라 2층으로 올라가 복도로 길게 이어진 각 방의 사정을 살폈다.

"와, 팥빙수다!"

소리를 지르며 좋아하는 사람도 있었고, 환하게 웃으며 크게 손뼉을 치는 사람도 있었다. 방 안에서 옹기종기 모여 앉아 팥빙수를 즐기는 한 청년에게 물었다.

"맛있으세요?"

"네, 맛있어요!"

우렁찬 대답이었다. 목소리와 표정에서 벌써 시원함과 달콤함이 느껴졌다. 워낙 더운 날씨라 팥빙수가 녹을까 봐 직원들은 땀을 뻘뻘 흘리면서 1층과 2층을 분주히 뛰어다녔다.

"올해로 7년째 '사랑의 빙수 나눔' 행사를 하고 있습니다. 안동 시온재단은 4년째 하고 있고요. 안동에 있는 사회복지시설 세 곳을 모두 돌며 봉사를 합니다. 오늘은 팥빙수 450개에서 500개를 만들 예정입니다. 저희 직원들도 참여하고 있습니다. 매일 손님만 대하다가 이렇게 필요한 곳에 봉사하게 되니 큰 보람을 느낍니다. 다들 맛있게 드셨으면 좋겠습니다."

로타리클럽 회원인 김영균 씨는 파리바게뜨 안동정하점 대표다.

"이렇게 직원들을 데리고 봉사하러 오시면 오늘 영업은 쉬는 겁니까?"

"아닙니다. 다른 직원들이 열심히 영업하고 있습니다."

머리가 허연 다른 회원이 안동에서 가장 매출이 높은 제과점 중 하나라고 귀띔해 주었다.

특이한 점은 빙수 나눔 봉사를 하러 온 사람들 모두 조끼를 입고 있었다는 것이다. 그런데 색깔이 제각각이었다. 로타리클럽 세 곳에서 연합으로 봉사하러 왔기 때문이라고 했다. 국제로타리 3630지구에 속한 서안동로타리클럽, 안동백조로타리클럽, 남안동 로타리클럽이 모인 것이다. 서안동은 파란색, 남안동은 형광색, 여성 클럽인 안동백조는 핑크색 조끼였다.

정창근 이사장은 국제로타리 3630지구 총재까지 지내며 누구보다 열정적으로 로타리클럽 활동을 했던 사람이다. 명예 이사장으로 물러난 뒤에도 로타리클럽에서 안동시온재단으로 봉사하러 온다는 소식을 들으면 지팡이를 짚고 나타나 후배들이 열심히 봉사하는 모습을 흐뭇한 얼굴로 지켜보다가 한 사람, 한 사람 격려한 뒤에 한데 어울려 기념사진을 찍곤 했다.

무더운 여름철 팥빙수가 인기라면 계절과 무관하게 선호하는 음식은 짜장면이다. 경북 청송 현동교회의 예사랑짜장선교회를 비롯해 안동시온재단을 찾아 짜장면을 제공하는 몇몇 봉사팀이 있다. 포항에 있는 RTD짜장선교회도 그중 한 곳이다. 포항에서 안동까지 짜장면을 만들어 주기 위해 온다는 것이 선뜻 이해되지 않지만, 사연을 알면 감동하지 않을 수 없다.

RTD짜장선교회 회장인 배형수 씨에게 어느 날 전화 한 통이 걸려왔다. 평소 알고 지내던 목사였다. 꼭 짜장면을 해 줘야 할 곳이 있다는 것이었다. 어디냐고 물었더니 안동시온재단이라고 했다. 배형수 씨는 안동이라는 말에 움찔했다. 너무 멀었기 때문이다. 게다가 300그릇 정도를 만들어야 한다고 했다. RTD짜장선교회는 한 번도 100그릇 이상 만들어 본 적이 없는 초보 회원들로 구성되어 있었다. 긴급 임원 회의를 소집해 머리를 맞댔다. 힘들다고 안 한다면 그게 무슨 봉사냐는 생각에 하기로 했다. 한 달 후 RTD짜장선교회는 재료를 준비해 안동시온재단을 찾았다. 짜장면 300그릇 이상을 만들어 맛있게 먹도록 하는 데 성공했다. 300인분이 넘는 면을 삶고, 짜장을 볶고, 제맛을 내는 것은 정말 어려운 작업이었다.

'그래, 이번 한 번만 해 주자. 눈 질끈 감고 고생 한번 제대로 하면 되는 거야.'

배형수 씨는 이렇게 생각했다. 힘도 많이 들었지만, 비용도 너무 많이 들었던 까닭이다. RTD짜장선교회 일행은 어쨌든 봉사를 잘 마쳤으니 돌아가려고 부지런히 짐을 꾸렸다. 그때였다. 짜장면 한 그릇을 맛있게 먹고 난 한 장애인이 그에게 다가와 물었다.

"정말 맛있게 먹었어요. 그런데 또 언제 와요?"

자신의 눈을 똑바로 바라보며 기대에 찬 표정으로 질문하는 그 장애인 청년에게 배형수 씨는 이제 다시는 오지 않을 것이라는 말을 도저히 할 수가 없었다. 정말 난감한 상황이었다.

"그래, 내년에 다시 올게."

배형수 씨 입에서는 자신의 속마음과 전혀 다른 대답이 튀어나오고 말았다. 포항으로 돌아오는 차 안에서 배형수 씨는 침울한 얼굴로 다른 회원들에게 이 사실을 고백했다. 하지만 다들 힘이 들고 비용이 들더라도 꼭 다시 오고 싶다며 그의 생각에 동의해 주었다. 땀 흘린 봉사 뒤에 얻을 수 있는 기쁨과 보람을 이심전심으로 공유한 것이다. 그 뒤 몇 년 동안 RTD짜장선교회는 해마다 안동시온재단을 찾아 짜장면 봉사를 했다. RTD짜장선교회가 다녀간 뒤 안동재활원의 한 거주인이 남긴 소감을 보면 그날 짜장면이 얼마나 맛있었는지, 배형수 씨가 왜 매년 이곳을 다시 찾지 않을 수 없었는지 알 수 있다.

"RTD짜장선교회 여러분이 저희 안동재활원을 방문해 주셨습니다. 짜장면도 만들어 주시고 신나게 찬양도 불러 주시고…. 거의 모든 식구가 두 그릇씩 뚝딱 비웠을 정도로 정말 맛있는 짜장면이었어요. 그런데… 우동은 안 되나요?"

　　2015년 5월 30일 오후 1시, 안동문화예술의전당 벚꽃 길에서 한국문인협회 안동지부 주관으로 시비 제막식이 거행되었다. 타원형의 검은색 돌 위에는 흰색 글씨로 유안진 시인의 "떡잎"이라는 시가 또렷이 새겨져 있었다. 안동이 고향인 유안진 교수는 서울대학교 교수이자 시인이며 수필가로 왕성한 활동을 해 온 문인이다. 안동시온재단에 오랫동안 후원을 하고 있었다. 30여 년 전 안동시온재단을 방문했을 때 한 장애인이 탈을 만들면서 조각칼로 자꾸 자기 손등을 찌르는 모습에 충격을 받아 주변에 있는 어려운 사람을 돕기 시작했다.

　　"떡잎"이라는 시를 통해, 시인은 언 땅을 뚫고 봄에 피어나는 두 쪽의 떡잎을 보며 생명의 경이로움을 노래했다. 남들이 뭐라고 평가하든, 주목하든 주목하지 않든 관계없이 강인한 생명력으로 자신만의 삶을 누리며 가꿔 가는 안동시온재단 가족들에게 꼭 맞는 시가 아닐까 생각했다.

　　"조용히 문을 여는 한 왕조를 본다 / 두 연인이 일으키는 어린 왕국이여 / 저마다의 인생은 영광과 비극의 대서사시 / 그 첫 장을 기록하는 떡잎 두 쪽 / 봄 아지랑이 황홀한 춤 앞세워 모든 인연이 움돋고 있누마는."

　　유안진 교수는 2021년 12월 중순 안동시온재단 후원금 계좌로

1억 원의 거금을 송금했다. 정은재 대표가 고마운 마음에 전화했더니 "어릴 적 제가 살던 안동은 몹시 추웠습니다. 장애인들이 겨울에도 춥지 않고 윤택하게 살았으면 좋겠습니다"라고 했다. 후원금으로 차량과 물리치료기를 구매했고, 장애인들에게 필요한 생필품을 샀다. 나머지는 장애인들의 여행 경비로 사용 중이다. 한번 찾아뵙겠다고 할 때마다 유안진 교수는 극구 사양하면서 이렇게 말한다.

"장애인들이 하나님입니다."

가장 많이 알려진 유안진 교수의 책은 수필집 《지란지교를 꿈꾸며》다. '지란지교'(芝蘭之交)란 격이 다른 두터운 벗 사이를 가리킬 때 쓰는 말이다.

"저녁을 먹고 나면 허물없이 찾아가 차 한 잔을 마시고 싶다고 말할 수 있는 친구가 있었으면 좋겠다. 입은 옷을 갈아입지 않고 김치 냄새가 좀 나더라도 흉보지 않을 친구가 우리 집 가까이에 있었으면 좋겠다. 비 오는 오후나, 눈 내리는 밤에 고무신을 끌고 찾아가도 좋을 친구. 밤늦도록 공허한 마음도 마음 놓고 열어 보일 수 있고 악의 없이 남의 얘기를 주고받고 나서도 말이 날까 걱정되지 않는 친구가….."

정창근 이사장이 꿈꾸는 안동시온재단의 모습도 이와 다르지 않았다. 각자의 처지는 조금 다르더라도 한 공동체로서 서로 보듬으며 흉허물 없는 친구처럼 지낼 수 있기를 바랐다. 정창근 이사장 자신이 그렇게 살아왔고, 그런 친구 같은 사람이었기 때문이다.

참기름과
할아버지의 웃음

안동시온재단은 성인 지체장애인 생활시설인 안동재활원과 중증 장애인 요양시설인 안동요양원 외에도 노인요양시설인 안동단비 마을, 직업훈련시설인 인교보호작업장을 아우르고 있다. 재단이 지금의 장소로 이전하던 1997년 12월 노인복지시설로 안동단비 원이 설치되었고, 재단 이사장이 바뀐 후 2003년 노인의료복지시 설로 전환했으며, 2013년 별관을 증축한 뒤 2014년 안동단비마 을로 명칭을 변경해 지금에 이르고 있다. 현재 65세 이상이 된 노 인 47명이 전문적인 치료와 상담을 비롯한 각종 생활 서비스를 받 고 있다. 안동단비마을 내에서는 간호사, 물리치료사, 요양보호사 등 직원 31명이 교대 근무하면서 노인들을 돌보고 있으며, 노인 장기요양보험 중 1, 2, 3등급을 받은 노인이 일정 절차를 거쳐 입 소할 수 있다.

'단비'란 꼭 필요한 때 알맞게 내리는 비를 가리킨다. '오랜 가 뭄 끝에 단비가 내린다'는 식으로 쓰인다. '단비마을'이란 '사람과 자연에 이로움을 주는 단비처럼 아름다운 삶을 이어 가는 노인들이 사는 마을'이라는 뜻이다. 단비 같은 좋은 서비스를 제공한다는 의미이기도 하다.

"정창근 이사장님이 안동시온재단을 맡으실 때 함께했던 초창기 임원 중에 지금은 저 혼자만 남아 있습니다. 그때는 파산 직전에 처한 이 재단을 꼭 살려야겠다는 일념만 가지고 이 일을 시작했습니다. 나무 한 그루, 꽃 한 포기 없던 폐허 같은 이곳을 이렇게 잘 만들고 가꿔 놓았으니 기적 같은 일이지요. 저는 안동시온재단에서 일하기 전부터 정창근 이사장님을 잘 알고 있었습니다. 이 지역에서는 모르는 사람이 없을 정도로 존경받는 분으로 안동의 성자라고 불리셨으니까요. 대기업 총수도 아닌데, 전 재산을 다 쏟아붓고 대출까지 받아서 쓰러져 가는 재단을 살려 내신 분이니 정말 대단하시지요. 힘들고 어려운 사람을 돕고자 하시는 정창근 이사장님의 정신이 워낙 숭고했습니다. 이사장님이 나는 병원에서 환자들을 진료해야 하기에 여기 들어올 수 없으니까 대신 와서 일을 좀 해 달라고 부탁하셔서 오게 되었습니다."

안동단비마을 황현주 원장은 지난 20여 년의 시간이 한순간 꿈속 같았다는 표정이었다.

안동단비마을을 둘러보면서 어머니 생각을 했다. 치매가 점점 심해지면서 걷는 것조차 힘들어진 어머니는 돌아가시기까지 몇 년 동안 노인요양시설에서 지내셨다. 시골에서 농사짓던 장모님

역시 노인성 질환이 겹쳐 노인요양시설에서 지내다가 세상을 떠나셨다. 그래도 어머니는 자유롭게 면회도 하고 여행도 가실 수 있었으나 장모님은 코로나 팬데믹 때문에 잠깐의 면회도 쉽지 않았다. 두 분 다 좋은 요양시설을 찾아 몇 번씩 옮겼던 기억이 있다. 그때 깨달은 것이 좋은 노인요양시설이란 환경이나 제도도 중요하지만, 노인들을 내 부모나 가족처럼 정성을 다해 돌봐 드리는 직원들, 특히 요양보호사의 역할이 중요하다는 것이었다. 그 점에서 황현주 원장은 안동단비마을이야말로 최고의 시설로 자부한다고 했다.

"제가 가장 중요하게 생각하는 것은 어르신들을 모시는 직원들의 태도입니다. 어르신들은 고객이십니다. 어디를 가든 고객은 특별 대우를 해 줍니다. 어르신들을 특별 대우해야 한다고 항상 강조합니다. 뭐든지 어르신 먼저라는 것이지요. 어르신이 계시니까 안동단비마을이 있는 것이니까요. 여기 계신 어르신들은 평균 연령이 88세 정도고, 100세 넘은 분도 계세요. 거의 다 치매가 있고 누워 계십니다. 이런 분들을 24시간 돌봐 드리는 일은 육체적, 정신적으로 대단히 힘든 일입니다. 아들, 딸, 며느리, 사위도 못하는 일을 저희 직원들이 지성을 다해서 하고 있습니다. 매일 세 끼 따뜻한 밥 먹여 드리고, 목욕시켜 드리고, 손톱, 발톱 깎아 드리고, 여가를 즐겁게 보내게 해 드리고, 말벗이 되어 드리고, 모든 것을 다 돌봐 드리지요. 가족이 있는 분이 많지만, 무연고 노인이 돌아가시면 화장해서 제 손으로 여기 뒷산에 수목장을 치러 드립니다."

직접 노인들을 돌봐 드리는 직원들의 생각은 어떨까?

"이유주 할아버지는 치매로 인해 배회가 심하고 인지가 되지 않아 때와 장소를 가리지 않고 아무 데나 실례를 하셔서 가끔 타 어르신들에게 싫은 소리를 들을 때도 있지만, 어린아이 같은 순수한 표정으로 웃고 계시는 모습을 보면 미워할 수 없는 할아버지이기도 하다. 몸의 중심을 제대로 잡지 못해 잘 넘어지셔서 병원 치료와 입원 등으로 할아버지에 대한 걱정이 많아졌고 마음 한구석이 짠해 왔다. 요즘은 아침에 출근해 방 문을 열면서 '아부지요!'라고 부르면 환하게 웃으면서 맞이하시는 할아버지로 인해 하루를 즐겁게 시작한다. 내가 방에서 나오면 같이 나와 내 뒤를 따라다니기도 하시고, 손이 닿지 말아야 할 부분에 손을 댔을 때 만류하면 말을 알아듣고 멈추시는데, 그럴 때면 '아버지, 고마워요'라고 칭찬도 해 주고 손을 꼭 잡아 주기도 한다. 할아버지의 순수한 웃음은 평생 잊을 수 없을 것이다."

요양보호사 김재관 씨가 쓴 이 글 제목은 "나의 아버지"다.

"저희 할아버지도 건강이 좋지 않아 올해 7월 병원에서 돌아가셨습니다. 그제야 저도 안동단비마을에 부모님을 모셔 둔 보호자들의 입장과 마음을 어느 정도 이해하고 공감하게 되었습니다. 훗날 내 부모님도 노약해지고 건강이 허락되지 않을 때 사회복지시설에 모신다면 자식 된 도리로 마음이 편치 않을 것이라는 생각을 하게 되었습니다. 어르신들의 보호자들의 입장을 충분히 이해하며 나의 직업에 좀 더 만족하고 성심을 다해 어르신들을 모신다면 나도 나와 같은 누군가를 믿고 내 부모님을 부탁할 수 있지 않을까 하는 생각도 해 보게 되었습니다.

저와 함께 생활하는 어르신 중 코에 L튜브를 하고 오른쪽 반신만 미약하게 거동하는 할아버지 한 분이 계십니다. 처음 뵈었을 때는 항상 경관식만 드시고 턱을 거의 쓰지 못해 저작 기능이 없다시피 한 상태였지만, 최근 여러 가지 훈련 및 강화를 통해 약간의 의사소통과 음식물 섭취도 가능한 상태로 건강이 호전되었습니다. 담당뿐만 아니라 안동단비마을 직원들의 노력이 맺은 결과물이라는 생각이 들었습니다. 어르신들이 직원들의 보살핌으로 건강이 좋아지고 기능이 회복될 때야말로 큰 보람과 성취를 느끼게 됩니다."

요양보호사 송창민 씨는 이런 애틋한 사연을 들려주었다.

"저는 원래 어릴 때부터 어르신들을 좋아했습니다. 보통 사람들이 어린아이를 대하면 기를 받고, 노인을 대하면 기를 빼앗긴다고 하는데, 그렇지 않습니다. 저는 어르신들을 밥 먹여 드리고 눕혀서 재워 드리면 기를 받고 힘을 얻습니다. 정반대지요. 뭐든지 마음먹기에 달린 것입니다."

황현주 원장은 노인을 상대로 하는 자신의 업무가 무척 즐겁다고 했다. 직접 운전하지 않는 황현주 원장이 어느 날 안동단비마을에 가기 위해 택시를 탔다.

"안동시온재단으로 가 주세요."

"아… 정창근 이사장님 계시는 거기 말씀이니껴?"

"네, 그런데 정창근 이사장님을 아세요?"

"알다말다요. 참말로 세상에 그런 분 없십니더."

"어째서요?"

"아, 그래 불쌍한 사람들 도와주시고 장애인들 보살펴 주시고… 그런 분이 없니더."

황현주 원장은 정창근 이사장의 선한 영향력이 택시 기사들에게까지 알려져 있다고 했다.

"정창근이비인후과의원은 안동에서 제일 잘되는 병원이었습니다. 언론에서는 안동에서 세금을 가장 많이 내는 병원이라고 했지요. 그런데 그런 병원을 운영하는 원장님이 다 낡아빠진 신발을 신고 다니셨습니다. 너무 닳아서 만질만질해졌더라고요. 그 모습을 보고 너무 놀랐습니다. 요즘 그런 신발을 신는 사람이 누가 있어요? 그렇게 검소하고 겸손한 분이셨지요. 식당을 가면 누구를 만나든 먼저 가서 인사하셨습니다. 자리에 앉아 인사한 것이 아니라, 일어나 찾아가서 인사하셨습니다. 누가 골목 안에 있으면 골목으로 들어가서 인사하고 나오셨습니다. 정말 존경할 만한 분이시지요. 벼는 익을수록 고개를 숙인다는 말이 저분을 두고 하는 말이구나 생각했습니다."

황현주 원장은 정창근 이사장의 미담을 쉬지 않고 이야기했다. 하지만 어색하지 않았다. 오랜 세월 묵묵히 지켜보며 축적한 경험담이기에 묵은 장맛처럼 찰지고 자연스러웠다.

정창근 이사장이 취임하던 해인 2000년 9월 안동시온재단 내에 직업재활시설인 인교보호작업장이 설치되었다. 중증장애인들에게 직업을 제공함으로써 고용의 기회를 부여할 뿐만 아니라 숙련된 각종 직업 훈련을 시킴으로써 스스로 자립할 수 있는 계기를 마련해 주기 위함이었다. 늘 누군가로부터 보호받고 도움을 얻는 존재가 아니라, 자신의 힘으로 일하고 돈을 벌어서 본인의 앞날을 개척해 나가고 가정도 이룰 수 있다면 그 이상 좋은 일이 없을 것이다. 자신감과 긍지, 보람과 성취감 등을 느끼는 것은 그 어떤 치료제보다 귀한 약이다.

처음에는 안동 지역 특산품인 탈 등 목공예품을 만드는 목각실, 각종 도장을 만드는 인장실, 명함이나 청첩장 등 다양한 인쇄물을 만드는 인쇄실이 운영되었다. 안동에서 생산되는 참깨로 만든 참기름도 대표 상품이다. 재래식 제조 공법으로 생산하는 순도 100%의 안동참기름은 인기가 많았다. 2012년에는 소비자만족최고명품브랜드 지방특산물 부문 대상을 수상하기도 했다. 인교보호작업장 근처에 가면 항상 고소한 참기름 냄새가 진동한다.

지금은 최신식 인쇄기와 제본기 등을 갖추고 인쇄업을 본격 가동 중이며, 안동참기름을 전국에 택배로 포장 판매하고 있고, 쇼핑백이나 자동차 부품 조립 등 임가공 사업도 진행하고 있다. 수익금 전액은 장애인들의 인건비를 포함해 중증장애인 직업재활 사업에 사용된다. 품질 면에서는 손색이 없지만, 아직도 장애인에 대한 편견이 사라지지 않았기 때문에 매출이나 수익이 만족할 만한 수준은 아니다. 그러나 노동을 통한 재활과 자립은 결코 포기하거나 소홀히 할 수 없는 부분이다.

"아들이 태어났을 때 의사 선생님이 저를 부르셨습니다. 신생아실에서 아들을 처음 본 순간 가슴이 쿵 내려앉으며 땡감 씹는 것 같은 느낌을 받았습니다. 다운증후군이라는 장애를 갖고 태어난 아이라고 하더군요. 아들은 첫돌이 지나고 두 돌이 지나도 기거나 서거나 걸을 생각은 안 하고 그저 젖꼭지나 빨며 누워서 방긋방긋 웃기만 했습니다. 세 돌이 한참 지나고 나서야 겨우 기어 다니더니 어느 날 '파파!'라고 한마디 하더군요. 언어치료센터에 매일 데리고 다니며 온갖 노력과 정성을 다해 키웠습니다. 특수교육 선생님의 방문 수업도 받았습니다. 건강을 위해 태권도도 가르쳤습니다.

고등학교를 졸업하고 2년 전공과 교육과정에서 안동시온재단 인교보호작업장에 현장 실습을 갔습니다. 실습을 마친 아들이 '아빠, 인교에 계속 다니고 싶어요' 하더군요. 그것이 인연이 되어 근로장애인으로 직장에 다닌 지가 벌써 6년이 되었습니다. 그사이 재단 측 선생님들의 따뜻한 배려와 세심한 맞춤형 반복 실습으로 자신의 타고난 역량과 기량을 발휘할 수 있게 되었습니다. 그동안 받은 월급은 장가를 간다면서 저축하여 목돈으로 불려 놓았고, 집안 어른 생신이나 가족 생일도 챙기며, 누나와 여동생에게도 의젓합니다. 지난 어버이날에는 사양하는 저희를 억지로 데리고 가서 저에게는 등산화를, 아내에게는 손가방을 선물해 주었습니다. 오늘도 이른 아침 씩씩하게 '엄마, 아빠, 갔다 올게요!' 인사하며 출근하는 아들을 바라보며 고마운 마음이 가득합니다."

인교보호작업장에서 일하는 장애인 아들을 둔 아버지가 재단으로 보내온 편지다. 땀 흘려 일하는 데서 얻는 기쁨은 본인에게도 큰 것이지만, 그 모습을 지켜보는 가족, 특히 눈물로 장애가 있는 자식을 키운 부모에게는 세상을 다 가진 것 같은, 뭐라 표현할 수 없는 감격일 것이다.

—

뜻밖에 찾아온
모진 시련과 고통

2012년 봄이었다. 정창근 이사장은 미국에 있는 작은아들에게 전화를 걸었다.

"사업하느라 바쁘겠지만, 들어와서 내 일을 좀 살펴 주면 좋겠다."

여간해서 자식들 일에 간섭하지 않고 자기 일은 자기가 알아서 하도록 믿고 맡기는 방식을 선호했던 정창근 이사장으로서는 이례적인 일이었다. 차남 정은재 씨도 평소와 다른 아버지 목소리에 뭔가 심상치 않은 일이 있음을 직감했다.

대학 졸업 후 군 복무를 마치고 미국 유학길에 올랐던 정은재 씨는 1993년 잠시 귀국해 박영아 씨와 결혼한 뒤 다시 미국으로 건너가 함께 컴퓨터공학 박사학위를 취득한 다음 단비소프트라는 컴퓨터 소프트웨어 회사를 창업해 경영하는 중이었다. 마침 4월에 계명대학교에서 세미나가 있던 박영아 씨는 그즈음에 귀국했고, 아내를 통해 사태의 심각성을 파악한 정은재 씨는 사업을 정리하고 집을 처분한 뒤 7월에 서둘러 한국으로 돌아왔다. 마침 딸 영지 양은 연구 중심 명문 대학인 텍사스 대학교 오스틴 캠퍼스에 입학해 기숙사 생활을 하고 있었기에 함께 오지 않아도 됐다.

미국에서 사업을 하며 살 생각이었던 이들 부부가 급하게 귀국한 것은 예인 때문이었다. 예인은 2003년 12월 안동시온재단 내에 설치한 근로작업시설이었다. 번 만큼 임금을 지불하는 인교보호작업장과 달리 최저임금을 100% 보장해야 하는 재가 장애인들로 구성된 회사 형태의 영리 조직이었다. 2004년 10월 예인 공장이 신축되었고, 이후 전기나 수로 시설의 어려움 때문에 2007년 2월 안동시온재단에서 차로 10여 분 거리에 있는 남후농공단지로 공장을 이전하게 되었다. 예인의 주요 생산품은 '이노 조인트'였다. 3년간의 기술 개발을 통해 개발한 이 제품은 타제품과 달리 원터치로 끼우고 뺄 수 있는 진일보한 이음관이었다. 세계 최초로 만들어진 획기적 제품이라고 했다. 농업용, 공업용, 수도용 파이프를 손쉽게 이어 주는 이 제품을 생산하기 위해 예인에는 30명의 재가 장애인들이 일하고 있었다.

정은재 씨가 들어와서 예인을 살펴보니 경영 상태가 너무 허술했다. 연구 개발에 주력해 혁신적인 제품을 개발하고 양질의 물건을 열심히 만들어 내는 것도 중요하지만, 결국 소비자에게 제품을 팔아서 대금을 회수해야 그 자금으로 회사가 돌아갈 텐데 판매 마케팅에 관한 대책이 잘 보이지 않았다. 시장의 원리를 이해하지 못한 채 연구 개발에 막대한 자금을 쏟아부으며 재료를 사다가 제품을 생산하기만 한 것이다. 인건비는 꼬박꼬박 나가야 하고 재료비와 유지비는 어김없이 지출되어야 하는데, 매출이 없으니 자금이 순환되지 않았다. 이 적자를 빚으로 메우고 있었다. 빚은 눈덩이처럼 불어나 30억 원을 넘어선 상황이었다.

사태가 이 지경에 이른 것은 수익이 나면 장애인들에게 혜택이 돌아가니 이보다 더 좋은 복지가 없다는 이상만을 좇아 팔리지 않아 쌓여 있는 제품을 자산으로 여기며 언젠가는 잘 팔리리라는 안이한 기대 속에 냉철하게 판단하고 대응하지 못한 예인의 몇몇 책임자들 때문이었다. 이들은 정창근 이사장이 사람을 의심하지 않고 무조건 믿고 맡기는 성품의 소유자라는 점을 이용하여 회사 상황을 제대로 알리지 않은 채 연구 개발과 생산을 밀어붙이면서 이사장과 이사회에는 장밋빛 청사진만 그럴듯하게 보고하곤 했다. 아무리 좋은 제품이라도 소비자들에게 선택받지 못하면 살아남을 수 없다는 냉혹한 시장 현실을 알지 못한 것이다.

안동시온재단 상임이사를 맡아 상황을 수습하게 된 정은재 씨는 정창근 이사장과 이사회에 이 사실을 정확히 보고한 후 예인의 문을 닫아야 한다고 건의했다. 계속 운영하다가는 빚만 늘어날 뿐 개선의 기미가 전혀 보이지 않았다. 잘할 것으로 믿고 맡겨 두었던 사람들의 회사 운영 실태를 분명히 알게 된 정창근 이사장은 안타깝지만 현실을 인정하고 중지를 모아 회사를 정리하기로 결심했다. 절차에 따라 2013년 12월에 예인은 폐쇄되었다.

정창근 이사장은 이즈음 사태를 해결하느라 분주한 자녀들을 앉혀 놓고 당부했다.

"모든 일에는 주님의 뜻이 있단다. 진정한 그리스도인이라면 어떤 상황에서도 감사의 조건을 찾아야 한다. 그래도 지난 10년 동안 30억 원이 넘는 돈으로 장애인 30명이 최저임금 이상 월급을 받으며 보람 있는 직장생활을 맛보지 않았니? 그게 얼마나 감사한 일이냐."

사업은 시작도 어렵지만, 접는 일도 보통 어려운 것이 아니다. 정은재 이사는 두 가지를 해결해야 했다. 하나는 엄청난 빚을 갚는 일이었고, 하나는 예인의 부실 원인을 제대로 밝혀내는 일이었다. 정창근 이사장은 평생 남을 돕기만 하며 살아온 사람이라 자신에게 빚이 있다는 사실을 견디기 힘들어했다. 비록 자신을 속이고 다른 사람이 진 빚이지만, 결국 모든 책임은 자신에게 있다고 생각한 그는 하루빨리 빚을 청산하고자 했다. 하지만 30억 원이 넘는 빚을 한꺼번에 갚는 것은 무리였다.

정은재 이사 부부는 다른 형제들과 상의해 합리적인 빚 청산 계획을 세웠다. 형제들이 일정액을 내서 돈을 마련하고, 합법적으로 예인을 처분한 자금을 더해 우선 급한 빚을 갚은 다음 나머지 빚은 시간을 두고 갚아 나가는 방식이었다.

예인의 부실을 밝혀내는 과정에서 복지사업장의 경영 상태가 드러났다. 안동시온재단에는 전임 이사장 때부터 운영되던 복지사업장이 있었다. 정부가 지정한 수의 계약 품목으로 수배전반, 상하수처리기계, 자동제어반 등을 생산해 공공기관, 지방자치단체, 조달청 등에 납품하는 일을 하는 곳이었다. 정창근 이사장은 안동시온재단의 안정적인 운영과 발전을 위해 튼튼한 수익 구조를 가진 조직이 있었으면 하고 바랐다. 향후 본인이 재단 일을 더 맡아볼 수 없게 되더라도 재정적으로 어려움을 겪지 않고 든든히서 가기를 원했던 것이다. 그래서 인교보호작업장, 예인과 별도로 기존에 운영하던 복지사업장도 계속해서 유지하고 있었다.

복지사업장은 적자를 내는 곳은 아니었다. 안정적인 공급처가 있는 까닭에 일정한 수익을 내고 있었다. 그러나 안동시온재단의 설립 취지에 맞게 윤리적으로 조직을 운영하는 것이 아니라, 온갖 편법을 동원해 비정상적인 영업을 하고 있었다. 복지사업장 책임을 맡은 사람은 이윤을 내기 위해서는 뭐든지 할 수 있다고 생각하는 사람이었다. 이미 여러 범죄 전력이 있던 그는 정창근 이사장에게 접근해 신임을 얻었다. 그런 다음 수익이 나면 일정 비율을 재단에 귀속시키는 조건으로 안동시온재단과 계약을 맺었다. 이후 그는 정창근 이사장이 자신의 큰아버지라고 거짓말하고 다니면서 상당한 자금을 자신의 계좌로 빼돌려 횡령했다.

정은재 이사는 두고 볼 수가 없었다. 일생 병든 사람을 치료하고, 가난한 사람을 도우며, 한센인들과 장애인들을 위해 헌신한 아버지의 명예를 실추시키고, 선량한 많은 직원을 곤경에 빠뜨리며, 재단의 자금을 횡령한 그를 그냥 놔둘 수는 없는 일이었다. 재단 관계자들과 협의해 그를 업무상 횡령 등으로 고소했다. 그러자 그는 검사 앞에서 취조받는 과정에서 정창근 이사장을 끌고 들어가 자신과 함께 정치자금법 위반의 공범이라고 진술했다. 그때부터 일이 이상한 방향으로 전개되면서 예기치 않게 정치적 사건으로 비화하였다.

2014년 6월 4일 제6회 전국동시지방선거가 치러졌다. 재선을 노리던 당시 안동 시장은 정창근 이사장을 찾아가 자신을 도와 달라고 말했고, 누구의 부탁이든 거절할 줄 모르는 정창근 이사장은 그러겠다고 했다. 그 바람에 정창근 이사장은 안동 시장 선거캠프의 공동선대위원장을 맡게 되었다. 이름만 올려놓았을 뿐 역할을 한 것은 전혀 없었다. 선거 결과 안동 시장은 재선에 성공했다.

그런데 횡령 혐의로 구속 수사를 받고 있던 복지사업장 책임자가 정창근 이사장의 지시로 선거 기간 중 안동 시장을 만나 1,000만 원의 불법 선거 자금을 건넸다고 검사에게 진술한 것이다. 정창근 이사장은 안동 시장에게 선거 자금을 갖다 주라고 지시한 일이 없었다. 상식적으로 시장에게 불법 선거 자금을 지원하려면 두 사람이 은밀히 만나 주고받으면 될 일이었고, 금액도 1,000만 원을 훨씬 웃돌았을 것이다.

그러나 일은 일파만파로 커졌다. 복지사업장 책임자의 횡령 혐의에 대한 수사를 맡은 담당 검사는 사건을 정치자금법 위반으로 확대하여 돈을 갖다 주라고 지시한 혐의로 정창근 이사장을 수사하기 위해 구속 영장을 청구했고, 법원에서는 이를 받아들였다. 어이없게도 구속 영장이 발부됨에 따라 정창근 이사장은 2015년 12월 중순 안동교도소에 수용되고 말았다. 불구속 상태로 수사해도 충분한 사건을 담당 검사나 판사가 상황을 종합적으로 깊이 들여다보지 않고 너무 섣부르게 판단한 것이다. 그때 정창근 이사장은 팔순의 고령이었고, 도주한다거나 증거를 인멸할 그 어떤 이유도 없었다.

불법 선거 자금을 지원한 일이 전혀 없었기에 그는 영문도 모른 채 난생처음 교도소에 갇히게 되었다. 정창근 이사장의 가족들은 경악했다. 믿을 수 없는 일이었다. 안동의 성자로 불리던 인물이 교도소에 갇혔다는 사실을 믿을 사람이 없었다. 그를 아는 모든 사람의 반응 또한 마찬가지였다. 재판이 열리기 전까지 수많은 사람이 법원에 탄원서를 제출했다. 눈물로 쓴 탄원서가 무려 4,000통이 넘었다.

안동교도소는 정창근 원장이 자신의 병원을 개원하던 1970년부터 재소자들을 위해 무료 진료 봉사를 다니던 곳이었다. "죄는 미워하되 사람은 미워하지 말라"는 격언을 실천한 것이다. 재소자들의 정서 교화를 위해 도서 2,000여 권을 기증해 교도소 안에 처음으로 도서실을 설치하기도 했다. 교도소장을 통해 이 사실이 법무부에 알려지면서 전국의 교도소에 도서실을 설치하라는 훈령이 내려지게 되었다. 이로 인해 1980년 12월 정창근 원장이 국무총리 표창을 받은 일이 있었다. 1984년에는 재소자 중 한 사람에게 무료로 인공 고막을 시술함으로써 오래 고통받던 청각장애에서 벗어날 수 있게 만들어 준 일도 있었다. 이렇게 끊임없이 사랑으로 선행을 베풀던 곳에 자신이 얼토당토않은 일로 갇히게 되었으니, 정창근 이사장이 받은 충격이 얼마나 컸을지는 짐작이 가고도 남는다. 자괴감이 밀려들었을 것이다.

재판이 진행되었다. 1심 선고는 대구지방법원 안동지원 형사부에서 2016년 8월 25일에 있었다. 복지사업장 책임자에게는 횡령 등이 인정되었고, 정창근 이사장에게는 정치자금법 위반 등이 인정되었으며, 안동 시장에게도 정치자금법 위반이 인정되었다. 동시에 징역형의 집행을 유예한다는 판결이 내려짐으로써 정창근 이사장은 약 8개월 만에 풀려나게 되었다.

하지만 당시 법정에서 이루어진 증인 신문을 보면, 예인과 복지사업장에 관계된 일부 책임자들이 얼마나 무책임하고 무능했는지를 잘 알 수 있다. 재판장 역시 어이가 없어 증인에게 정창근 이사장의 허락을 받지 않고 사업비 등을 임의로 차용한 사실과 회사 운영 상황에 대해 정창근 이사장에게 정확하게 보고하지 않고 숨긴 사실 등을 여러 차례 되묻고 추궁했다.

양측의 항소로 이루어진 2심 선고는 대구고등법원 제1형사부에서 2017년 1월 5일에 있었다. 법원은 원심 판결을 파기하고 복지사업장 책임자에게 횡령 등을 인정하여 징역형을 선고했고, 정치자금법 위반에 대해서는 증거 부족으로 무죄를 선고했다. 이에 따라 복지사업장 책임자는 법정 구속되었다. 3심 선고는 대법원 제2부에서 2017년 6월 15일에 있었으나 재판부는 상고를 모두 기각했다. 2심 판결이 확정된 것이다. 이로써 안동 시장은 짐을 벗고 시장직에 전념할 수 있게 되었고, 복지사업장 책임자는 죗값을 받게 되었지만, 정창근 이사장은 오랜 수감 생활로 건강이 나빠졌으며 긴 재판 과정에서 모진 고통을 겪어야만 했다.

결국 정창근 이사장은 의사로서 진료를 계속하기가 어려워졌고, 안동시온재단 이사장으로 일하기도 힘든 상황이 되고 말았다. 하는 수 없이 2018년 2월 18일 정창근 이사장이 명예 이사장으로 물러나면서 정은재 상임이사가 안동시온재단 대표이사로 취임했다.

울며 씨를 뿌리는 일의
고단함

정창근 이사장이 안동교도소에 수용되었을 때 계절은 한겨울이었
다. 정치적인 덫에 걸린 그는 독방에서 생활했다. 반사경을 머리
에 쓰고 종일 허리를 굽혀 구식 의자에 앉은 환자들의 귀와 코와
목구멍을 들여다보느라 허리 디스크가 생겨 수술을 받았을 정도
로 허리가 좋지 않은 상태였다. 아침에 일어나 벽에 기대고 앉아
있으려 하면 교도관이 다가와 말했다.

"어른, 똑바로 앉아야죠."

다른 사람을 불편하게 할 수 없었던 정창근 이사장은 교도관을 생
각해서 마루 위에 종일 꼿꼿한 자세로 앉아 있었다. 허리 건강은 점
점 나빠질 수밖에 없었다. 조선자 여사나 딸과 며느리들이 면회할 때
는 눈물바다가 되었다. 그때마다 정창근 이사장은 이들을 위로했다.

"나는 괜찮다. 예수님은 십자가까지 지셨는데, 내가 이 정도 고
난받는 게 무슨 대수겠니? 이곳 음식도 좋고 사람들도 정말 친절
해. 여기서 종일 조용히 기도할 수 있어서 참 좋아."

출소 당시 정창근 이사장의 건강은 급격히 악화한 상태였다. 그러나 그는 환자를 진료하겠다는 고집을 꺾지 않았다. 환자를 대할 때가 가장 행복한 사람이었기 때문이다. 그래서 병원을 열고 환자를 진료했다. 하지만 얼마 되지 않아 그는 쓰러지고 말았다. 뇌경색으로 입원한 것이다. 한 번 허물어진 육신의 건강은 좀처럼 회복되지 않았다. 이런저런 합병증이 계속 찾아들었다. 조금 나아지면 진료를 하고, 악화하면 병원 문을 닫는 일이 반복되었다.

일생을 살면서 시련 한 번 겪지 않는 사람은 없다. 선한 사람에게든 악한 사람에게든 고난은 예외가 없다. 어쩌면 이것은 자연의 이치이자 신의 섭리인지도 모른다. 그 시기가 언제인지 알 수 없고, 고통의 무게가 얼마일지 가늠할 수 없다는 것이 인간의 한계일 뿐이다. 중요한 것은 고난을 겪지 않으려 몸부림치거나 도망하는 것이 아니라, 어떤 자세와 마음으로 겪어 내느냐는 것이다. 폭풍을 만났을 때라야 비로소 그 사람의 진심을 알 수 있고, 내면의 깊이를 측량할 수 있는 법이다. 정창근 이사장은 갑작스레 들이닥친 모진 시련과 고통을 어떻게 견뎌 냈을까?

그는 누구도 원망하거나 비난하지 않았고 자신의 처지를 비관하지도 않았다. 다 감싸 안았다. 복식부기가 뭔지도 모르는 경영진과 자신의 이름을 팔아 돈을 빌리고 자신의 인감으로 말도 안 되는 계약서에 도장을 찍은 책임자들까지 끌어안았다. 검찰 수사가 시작되고 재판이 진행되자 이권이 걸렸던 사람들은 정창근 이사장이 이 일과 무관하다는 사실을 알고 있으면서도 이를 외면한 채 자신에게 유리한 진술을 하며 혼자 빠져나가려고만 했다. 그런 사람도 감싸 안았다. 심지어 회사를 나락으로 빠뜨리고 횡령을 일삼은 당사자까지도 포용했다.

철석같이 믿었던 사람에게서 어느 날 갑자기 배신을 당했을 때 그 고통과 상처는 이루 말할 수 없이 크고 깊다. 배신감에 치를 떤다는 표현은 겪어 본 사람이면 누구나 공감할 만한 감정이다. 보통 사람 같으면 그런 사람을 다시는 보고 싶지 않을 것이다. 그러나 정창근 이사장은 그러지 않았다. 그들을 용서하고 가엾게 여겼을 뿐 아니라 그들을 위해 기도했다. 믿음과 사랑의 DNA로만 가득 차 있는 사람이라고밖에 달리 표현할 길이 없는 사람이었다.

"명예 이사장님의 삶은 행복했을 것입니다. 아픔과 상처도 있었지만, 여한 없이 사람들을 사랑하시고 사랑받으셨으니까요. 예인과 복지사업장을 정리할 때 제가 정은재 대표에게 빚이 너무 많으니 빚잔치하고 끝내면 어떻겠느냐고 말했습니다. 그랬더니 남의 귀한 돈을 빌렸는데 어떻게 그렇게 하냐더군요. 그러고선 최선을 다해 빚을 다 갚더라고요. 그 아버지에 그 아들이라는 생각이 들었습니다. 그 후 재단 운영을 워낙 빈틈없이 하다 보니 지금은 안동시온재단이라고 하면 투명하고 대단한 곳이라고 다들 인정합니다."

안동단비마을 황현주 원장은 그 무렵의 일을 이렇게 기억했다.

'빚잔치'란 부도나 파산 따위로 빚을 갚을 능력이 없을 때, 돈을 받을 사람에게 남아 있는 재산을 빚돈 대신 내놓고 일시에 빚을 청산하는 일을 말한다. 손쉬운 방법이지만, 정은재 이사는 그렇게 하지 않았다. 이자까지 계산해서 남김없이 갚아 주었다. 세상 사람들은 어리석다고, 바보 같은 짓이라고, 그런다고 누가 알아주냐고 할지 모르나 정창근 이사장의 계산법은 그런 것이 아니었다. 이를 잘 알고 있는 정은재 이사가 아버지 뜻대로 처리한 것이다.

정창근이비인후과의원은 끝내 문을 닫아야만 했다. 건강이 회복되지 않은 까닭이다.

"장인어른은 너무 환자를 보고 싶어 하셨어요. 건강이 조금 나아졌다면 하실 수도 있었겠지만, 혹시라도 의료 사고가 날까 봐 그렇게 하시라고 할 수가 없었습니다. 정창근이비인후과의원 간판을 내리는 날 참 쓸쓸해 보이셨습니다. 폐업 신고도 처남이 보건소에 가서 했습니다. 장인어른이 굉장히 섭섭해하셨지요. 내가 아직 일할 수 있는데, 왜 폐업해야 하느냐고 말씀하셨습니다. 저도 의사지만 장인어른은 천직이 의사였어요. 가족 모두 안타까워했습니다."

장인의 병원이 있던 자리에서 성심치과의원을 운영 중인 큰사위 권영호 원장의 말이다.

정창근이비인후과의원 문을 닫은 후 가족들은 그 자리에 다른 이비인후과 의사가 와서 개원하기를 바라고 할 만한 사람이 있는지 수소문했다. 후배 의사가 그 자리에서 계속 이비인후과의원을 운영하는 모습을 보면 정창근 원장에게 약간이나마 위안이 되지 않을까 생각한 것이다. 그러나 아무리 기다려도 그곳에서 이비인후과의원을 개원하고 싶다는 의사가 나타나지 않았다. 텅 빈 병원을 바라보는 정창근 원장의 시름이 더 깊어지는 것 같았다. 어쩔 수 없이 권영호 원장의 성심치과의원이 들어서게 되었다.

여러 증세가 겹쳐 고생하던 정창근 명예 이사장에게 어느 날 다발성 뇌경색이 발생했다. 뇌 조직이 괴사하여 회복 불가능한 상태에 이른 것이다. 급히 안동성소병원에 입원해 치료를 시작했다. 처음 안동에 와서 진료를 시작했던 병원에 환자로 입원한 것이다. 코로나 팬데믹으로 열흘이나 가족들 면회가 이루어지지 못한 때도 있었다. 긴 투병이 이어지던 끝에 2022년 1월 28일 오전 7시 28분경 가족들이 모두 모여 있는 가운데 그는 자신이 그토록 믿고 사랑하는 하나님의 품에 안겼다. 매우 편안하고 행복해 보이는 영면의 순간이었다.

정창근 명예 이사장을 아버지로 혹은 할아버지로 알고 따르던 안동시온재단 식구들은 큰 충격과 함께 깊은 슬픔에 잠겼다. 이들에게 정창근 명예 이사장은 친혈육과 같은 존재였다.

"2001년 여기 올 때 제가 서른 살이었습니다. 밖에서 회사 다니다가 교통사고가 나서 다쳤거든요. 눈을 뜨니 장애인이 되어 있더라고요. 여기 와서 정창근 명예 이사장님을 만났습니다. 처음엔 낯설었지만 론볼 경기도 하고 참 좋습니다. 예전에는 경기장이 고추밭이었습니다. 선생님들이 일하면 제가 찬양을 하곤 했습니다. 정창근 명예 이사장님이 항상 비장애인들 앞에서 부끄러워하지 말라고 하셨습니다. 그 사람들과 동등한 존재라고 말씀하셨지요. 복지사업장 사건이 있을 때 식구들이 막 울었습니다. 그런 분이 아니라고 탄원서도 썼고요. 어떻게 그럴 수가 있는지…. 아침에 돌아가셨잖아요. 우리가 엄청나게 울었어요. 지금 많이 보고 싶습니다."

박청한 씨는 한숨을 쉬어 가며 그에 관한 기억을 끄집어냈다.

"저는 2002년 열다섯 살에 여기 들어왔습니다. 제가 남들처럼 걷지를 못합니다. 집에 가고 싶다고 했더니 정창근 이사장님이 '앞으로 여기가 네 집이다. 형도 있고 누나도 있으니 여기가 집이다. 내가 잘해 줄 테니 여기서 잘 살자'고 하셨습니다. 할아버지 같았어요. 정창근 이사장님은 새벽마다 여기 오셔서 뒷산에서 기도하셨습니다. 저는 매일 새벽기도 소리를 들었어요. 여기 계신 분들과 선생님들과 나라를 위한 기도를 하셨어요. 저를 만나면 '밥 많이 먹어라. 밥 많이 먹었냐?' 물어보셨어요. 많이 사랑하고 아껴 주셨지요. 저뿐만 아니라 식구들 다 그랬습니다. 정말 훌륭하신 분이었습니다."

임휘철 씨는 지금도 정창근 명예 이사장이 어디선가 나타날 것 같다고 했다.

"여기 온 지 오래됐습니다. 제 나이는 예순두 살이에요. 옛날에 정창근이비인후과의원에 가서 우리 어머니 코 수술을 해서 나았습니다. 우리 어머니가 아주 좋아하셨어요. 코가 굉장히 아팠거든요. 아직도 살아 계세요. 참 고마워요. 제가 여러 번 고맙다고 말씀을 드렸습니다. 정창근 명예 이사장님은 이 사회의 불쌍한 사람을 위해 좋은 일을 많이 하신, 우리 사회에 꼭 필요한 분이셨습니다. '열심히 잘 버텨라.' 이렇게 말씀해 주셨지요. 정말 훌륭한 분이셨어요. 어떻게 보답해야 할지 모르겠습니다. 제가 꼭 보답해야 해요. 살아 계시면 진짜 드릴 말씀이 많습니다."

말하기 어렵고 숨이 가빠 보였지만, 천세기 씨의 마음은 그때나 지금이나 변함이 없었다.

"사람이 대개 저 사람에게 한 번 당했다고 하면 그 사람을 다시는 상종하고 싶지 않잖아요? 아버지는 그렇게 많은 어려움을 당하셨는데도 얼마 뒤에 보면 또 그분하고 앉아 이야기를 듣고 계시더라고요. 어렵다고 하면 다시 도와주셨습니다. 저는 그 사람이 미워 죽겠는데, 아버지는 왜 저러실까 이해할 수가 없었습니다. 아버지는 항상 말씀하셨어요. '사람의 장점을 봐라. 장점은 무궁무진한데 단점을 보면 끝이 없고 관계가 끊어진다. 누구에게나 장점이 있다. 어떤 사람을 볼 때 거리를 두지 말고 장점을 먼저 봐라.' 아직도 제 마음에 이 말씀이 또렷이 남아 있습니다.

아버지가 가장 힘든 일을 겪으실 때부터 돌아가실 때까지 아버지와 함께했던 것이 저에게는 제일 소중한 시간이었습니다. 아버지의 연약함을 봤기 때문입니다. 뇌경색이 와서 많이 불편하셨을 때 제가 배변 등을 도와드리면 당연히 그냥 받으시면 되는데도 꼭 '미안하다. 고맙다' 그러셨어요."

아버지 말씀에 순종해 미국에서의 삶과 꿈꾸던 사업을 다 접고 귀국한 정은재 대표는 매일 안동시온재단을 돌며 아버지가 걸어갔던 길을 묵묵히 따라 걷고 있다. 이 또한 쉽지 않은 일이다. 사람들은 그에게서 그와 그의 아버지의 체취를 동시에 느낀다.

시련은 숙명이다. 어쩌면 인생은 상처투성이인지도 모른다. 그 뒤에 있는 무엇을 보았느냐에 따라 복이 될 수도 있고, 화가 될 수도 있다. 정창근 명예 이사장은 자신에게 닥친 시련 너머에 있는 복을 보았고, 몸과 마음이 상처로 얼룩질 때 가장 향기로운 꽃잎이 되었다.

구약성경 시편에는 "눈물을 흘리며 씨를 뿌리는 자는 기쁨으로 거두리로다"(126편 5절)라고 기록되어 있다. 신약성경 누가복음에는 "손에 쟁기를 잡고 뒤를 돌아보는 자는 하나님의 나라에 합당하지 아니하니라"(9장 62절)라는 말씀도 있다. 황무지를 개척하며 씨를 뿌리는 사람에게는 그만큼의 눈물과 고단함이 따르는 법이다.

제 8

여러 분들은

자기 일로는

기회

R.I. 리강

모

목표는 자

새벽을
깨운 사람

중학생 정창근,
형들과 다른 길을 가다

정창근은 1935년 1월 1일 경상북도 경산군 하양면에서 아버지 정
만춘 선생과 어머니 박순이 여사의 3남 2녀 중 막내로 태어났다.
사업가인 아버지 덕분에 비교적 유복한 가정에서 어린 시절을 보
낼 수 있었다. 부모님은 특정 종교를 가지고 있지는 않았던 것으
로 보인다. 하지만 기독교에 호의적이지도 않았다. 영남 특유의
전통적인 가치관을 가진 분들이었다.

아버지는 대구에서 포목점을 운영했다. 포목점은 베나 무명 따
위의 옷감을 파는 가게다. 입고 먹고 자는 것, 즉 옷과 음식과 집
은 인간이 살아가는 데 꼭 필요한 기본 요소다. 사람들은 그중에
서도 옷을 가장 중요하게 여겼다. 그래서 순서를 의식주로 매겼
다. 대충 먹고 허름한 데서 자더라도 사시사철 때에 맞는 옷을 입
지 않으면 살기가 힘들었다. 일제강점기 어려운 상황 가운데 대
구에서 포목점을 운영했다는 것은 수완이 남달랐다는 의미이기도
하다. 의류업은 국가적으로도 중요한 산업이었다. 6·25전쟁 이후

삼성 이병철 회장이 제일모직 공장을 완공했을 때 이승만 대통령
이 방문해 "의피창생"(衣被創生, 옷이 새로운 삶을 만든다)이라는 휘호
를 써 주기도 했을 정도다. 정만춘 선생은 포목점으로 자수성가
한 인물이었다.

문제는 성공한 아버지를 둔 자식들의 태도였다. 성공한 아버지
를 보며 교훈을 얻어 자기 분야에서 더 큰 성공을 이루는 자식이
있는가 하면, 아버지의 성공에 기대어 캥거루족으로 살면서 인생
을 허비하는 자식도 있다. 정창근의 두 형이 후자 쪽이었다. 누나
들은 일찍 출가해 타지에 나가 살았으나 두 형은 빈둥거리며 허구
한 날 술독에 빠져 살았다. 큰형은 정창근보다 열여덟 살이나 위
였다. 나이 차이가 많은 형들에게 뭐라고 말할 처지가 못 됐다. 두
형이 집안은 말할 것도 없고 자신들의 삶조차 돌아보지 않은 채 파
락호처럼 살아가니 부모님의 근심이 이만저만 아니었다. 가산을
탕진하는 형들 때문에 가세는 점점 몰락해 갔다.

'나는 형님들처럼 살지 않을 거야. 저렇게 인생을 낭비하며 살
면 안 돼.'

어린 정창근은 속으로 이렇게 다짐했다.

그는 대구로 나와 수창초등학교를 거쳐 계성중학교에 입학했
다. 서문시장 옆에 있는 계성중학교는 1906년 안의와(James E.
Adams, 1867-1929) 선교사에 의해 설립된 사립중학교다. 미국 북
장로교 선교사인 안의와는 1895년 가족과 함께 한국에 들어와 대

구·경북 지역 최초의 교회인 남문안교회(현 대구제일교회) 초대 목사로 일하다가 교회 내의 선교사 사택을 임시 교사로 사용하며 계성학교를 창립했다. 학교 안에 있는 아담스관은 대구광역시 유형문화재 제45호로 지정된 영남 최초의 신식 2층 건축물이다. 이 건물 중앙 외벽에 보면 "寅畏上帝智之本"(인외상제지지본)이라는 글자가 새겨져 있다. 학교 교훈인 구약성경 잠언 1장 7절 "여호와를 경외하는 것이 지식의 근본"이라는 말씀을 한자로 적은 것이다. 서양 개신교 선교사가 설립한 학교 분위기는 매우 경건하고 엄숙했다.

계성중학교 2학년 때였다. 어느 날 그의 집에 새로운 하숙생이 들어왔다. 경상북도 봉화 출신인 그 친구도 중학교 2학년으로 동갑내기였다. 한집에 사는 동기였으니 둘은 금세 친해졌다. 같이 밥도 먹고, 책도 읽고, 놀기도 했다. 그런데 하루는 그 친구가 이런 말을 꺼냈다.

"창근아, 나랑 같이 교회에 가지 않을래? 친구들도 많고 배울 것도 많아."

하숙생 친구는 목사의 아들이었다. 목사 아들에게 교회는 너무도 친숙한 곳이었겠지만, 정창근에게는 한 번도 가 본 적 없는 낯선 곳이었다. 그러나 이상하게 거부감 같은 게 생기지 않았다. 친구를 따라 교회에 갔다. 대구중앙교회였다. 1924년 대구제일교회에서 분립한 교회라고 했다. 교복을 입은 꽤 많은 학생이 기다란 나무 의자에 가지런히 앉아 있었고, 앞에서 한 사람이 열정적으로 이야기를 하고 있었다. 성경에 관해 가르치는 것 같았다. 나중에 알고 보니 학생들을 지도하는 전도사였다. 무슨 말인지 알아듣지는 못했지만, 아늑하면서도 진지한 열기 같은 게 싫지 않았다. 적극적이고 긍정적이며 사람들을 좋아하는 그의 성품과 교회의 예배와 모임에서 느껴지는 차분하고 유쾌한 분위기가 잘 맞은 것이다.

친구의 인도로 무심코 따라갔던 교회에서 좋은 인상을 받은 정창근은 친구와 함께 열심히 교회에 출석했다. 뭘 하나 하더라도 대충 하는 법이 없고, 깊은 생각 끝에 결심이 서면 주저 없이 행동으로 옮기는 그의 기질은 교회 생활에서도 그대로 드러났다. 누가 봐도 열렬한 그리스도인이 된 것이다. 책을 좋아하는 그였기에 교회에서 빌려온 성경책도 열심히 읽었다.

"형님들이 술에 빠져 가산을 탕진하면서 집안 형편이 안 좋아졌습니다. 저는 한량으로 노는 형님들을 보며 자극을 받아 열심히 공부했지요. 형님들처럼 되지 않으려면 공부에 매진하는 수밖에 없었습니다. 그러다가 친구의 권유로 교회에 나가게 된 것이 제 인생에 새로운 계기를 마련해 주었습니다. 만약 그때 교회에 나가지 않았더라면 저도 형님들처럼 됐을지 모르지요."

훗날 정창근은 그 시절을 회상하며 이렇게 말한 바 있다.

부모님은 막내아들이 성경책을 들고 교회에 다니는 것을 나무라거나 말리지 않았다. 큰아들과 작은아들이 자신들의 기대와는

전혀 다르게 사회 부적응자로 살아가는 것을 보면서 막내아들만
이라도 제대로 성장하기를 간절히 바랐기 때문에 학교에서 열심
히 공부하고, 친구들과 잘 어울려 지내며, 교회에 성실히 출석하
는 것을 대견스러워했다. 적어도 교회에 다니는 학생들은 불량스
럽지 않았고, 예의범절을 잘 지켰으며, 부모에게 순종하는 아이들
이라 생각했다.

"당시 저희 중·고등부를 지도해 주시던 선생님들도 모두 훌륭
한 분이셨습니다. 특히 중등부장이셨던 박준택 선생님(현재 육영 사
업을 하고 계심) 같은 분은 얼마나 열심이신지, 토요 모임이나 주일
예배에 한 번만 빠져도 손수 집으로 찾아와 상담도 하고 기도도 해
주곤 하셨습니다. 그런 선생님들의 영향으로 나이는 어렸어도 교
회 생활에 열심을 냈습니다."

1991년 9월호 〈빛과 소금〉 인터뷰에서 정창근은 중학생 때 일
을 기억해 냈다.

교회를 처음 나가던 해 여름, 정창근은 대구의 진산으로 불리는
팔공산에서 열린 여름수련회에 참가했다. 매주 예배당 안에서 모
이던 집회와는 달리 자연 속에서, 그것도 산중에서 열리는 집회의
열기는 어느 때보다 숙연하고 뜨거웠다. 그때만 해도 교회 다닌 지
좀 오래되었다는 사람, 기도깨나 한다는 사람은 산에 올라 기도하
는 것을 좋아했다. 기도원도 많았지만, 기도하기 적당한 너른 바
위나 소나무 그늘 같은 데는 정해 놓고 그곳만 찾는 사람들이 있

었다. 집중적으로 성경을 공부하고 기도에 전념하는 여름수련회 동안 정창근은 예수 그리스도를 구주로 고백하는 깊은 신앙 체험을 하게 된다. 인생의 대전환을 맞은 것이다.

1950년 2월 계성중학교를 졸업한 그는 같은 재단인 계성고등학교에 진학했다. 그해 발발한 6·25전쟁의 와중에도 의지를 꺾지 않고 어렵사리 학업을 이어 가던 그는 대구중앙교회에서 봉사부장에 이어 학생회장까지 맡게 되었다. 교회에 출석한 지 얼마 되지 않은 그에게 중책이 주어진 것은 교사들이나 학생들이 그의 성실함과 신실함을 눈여겨보았고 이를 인정했다는 의미였다. 가정에서든, 학교에서든, 교회에서든 책임감 있게 모범을 보이는 그에게 부모님은 교회 출석을 말리지 않는 차원을 넘어 이제는 빠지지 말고 교회 잘 다니라고 격려까지 해 주었다. 부모님의 반응이 호의적으로 변해 가는 것을 감지한 정창근은 차차 부모님에게도 함께 교회에 나가자며 권유하기 시작했다. 큰아들과 작은아들에게 기대할 것이 없다고 판단한 부모님은 유일한 희망인 막내아들의 뜻을 받아들여 마침내 교회에 나가기에 이른다.

중고등학생 시절 정창근은 자신의 인생을 규정지을 만한 두 가지 큰 덕목을 체득했다. 그것은 거창하게는 철학이라고 할 수도 있고, 소박하게는 습관이라고 할 수도 있다.

하나는 남을 돕는 즐거움에 눈을 뜬 것이다. 선행의 행복이 무엇인지 어렴풋이나마 알게 되었다는 뜻이다. 이는 부모님의 삶을 통해서였다. 그의 부모님은 대구에서 포목상을 할 때부터 어려운 사람을 외면하지 않고 손을 내미는 삶을 살았다. 가난이 일상이고 운명이었던 시절, 정창근의 부모님은 끼니를 잇지 못하거나 헐벗은 사람들, 너무 궁핍해 절실하게 도움이 필요한 사람들에게 남몰래 선행을 베풀었다. 이웃의 빚을 대신 갚아 주기도 하고, 도저히 변제 능력이 없는 사람의 빚을 탕감해 준 일도 여러 번이었다. 나혼자 잘 먹고 잘 사는 것이 행복이 아니라, 콩 한 쪽도 나눠 먹으며 모두가 잘 사는 게 행복이라는 사실을 터득한 분들이었다.

포목점을 운영해 애써 모든 돈을 두 아들이 탕진하며 허랑방탕하게 사는 모습을 보면서 재물에 대한 욕심을 버렸을 수도 있고, 막내아들을 따라 나간 교회에서 점점 신앙에 귀의하면서 믿음을 실천에 옮긴 것일 수도 있다. 이것이 소년 정창근에게 큰 본이 되었다.

또 하나는 새벽 시간의 소중함을 깨달은 것이다. 영국 작가 윌리엄 캠던(William Camden, 1551-1623)의 말처럼, 일찍 일어나는 새가 먼저 벌레를 잡는 것은 당연한 이치다. 각 분야에서 성공한 사람이나 이름을 남긴 위대한 인물들은 하나같이 부지런한 사람들이다. 게으른 사람, 소극적인 사람, 우유부단한 사람이 성공하거나 이름을 남긴 사례는 거의 없다. 정창근은 계성고등학교에 다닐때 새벽마다 대구중앙교회 교인들의 집을 돌면서 기독공보를 배달했다. 기독공보는 해방 이듬해인 1946년에 창간한 대한예수교

장로회 총회에서 발행하는 신문이다. 주간으로 발행하는 신문이었으나 교인들 수가 많고 지역이 넓었으므로 구역을 나눠 여러 날 배달을 해야 했을 것이다. 돈을 벌기 위해 한 일이라기보다는 봉사 차원에서 한 일이었다.

그러나 새벽에 일어나 신문을 배달하고, 새벽에 일어나 공부하고, 새벽에 일어나 기도하는 습관은 이때부터 몸에 배기 시작한 것으로 보인다. 새벽 일찍 일어나 기도하고 공부하고 봉사하는 습관은 이후 정창근의 삶을 설명하는 데 있어 빠뜨릴 수 없는 키워드가 되었다.

《아낌없이 주는 나무》의 저자인 미국 작가 쉘 실버스타인은 "일찍 일어나는 새"라는 시를 남겼다. 그는 시에서 "당신이 새라면 / 아침에 일찍 일어나야 한다. / 그래야 벌레를 잡아먹을 수 있을 테니까. / 하지만 만일 당신이 벌레라면 / 아주 늦게 일어나야 하겠지"라고 했다. 아침 일찍 일어나는 새가 될 것인가, 아니면 아주 늦게 일어나는 벌레가 될 것인가? 정창근은 일찌감치 새벽형 인간이 되기를 소망한 재바른 소년이었다.

제 꿈은
의사가 되는 겁니다

아직 6·25전쟁이 끝나지 않은 1953년 2월 계성고등학교를 졸업한 정창근은 경북대학교 의과대학에 진학했다. 경북대학교 의과대학은 1923년에 개소한 대구의학전문강습소를 모태로 시작되었으며, 대구의학전문학교, 대구의과대학을 거쳐 1952년 국립 경북대학교 의과대학으로 개편되었다. 전국에 의과대학이 몇 개 되지않던 시절 경북대학교 의과대학은 영남권은 물론 한강 이남에 있는 의과대학 중 가장 오랜 역사와 전통을 가진 대학이었으며, 제일 우수한 학생들이 모여드는 인재의 요람이었다.

이 대학을 목표로 공부하는 대구의 명문 고등학교 학생들이 많았지만, 입학할 수 있는 학생은 소수에 불과했다. 다른 학생들이 공부하는 시간에도 교회에 가서 예배드리고, 성경 공부 모임에 참여하고, 기도에 열심을 내던 정창근은 불리한 조건 속에서도 최선을 다해 우수한 성적으로 당당하게 합격을 거머쥐었다.

"저는 어려서부터 의사가 되는 것이 꿈이었습니다. 누가 저더러 커서 뭐가 되고 싶으냐고 물으면 망설이지 않고 의사가 될 거라고 대답하곤 했습니다. 슈바이처 같은 훌륭한 의사가 되고 싶었습니다. 계성고등학교에서 경북대 의대에 들어가기가 어려운 일이었는데, 우리 동기들은 여섯 명인가 일곱 명이 경북대 의대에 합격했습니다. 당시로서는 정말 대단한 일이었지요."

대학에 합격했을 때를 떠올리면 수십 년 전 일인데도 벅찬 감격이 순식간에 재생된다.

그가 가장 존경하는 독일계 프랑스 의사이자 사상가인 앨버트 슈바이처(Albert Schweitzer, 1875-1965)는 '밀림의 성자'로 불리는 인물이다. 60여 년 동안 아프리카에서 병들고 가난한 이들을 돌보던 그는 정창근이 의대생이 되기 전해인 1952년에 노벨 평화상을 받았다. 어떤 고난 속에서도 웃음을 잃지 않고 생명에 대한 외경을 실천한 슈바이처를 동경했던 정창근이 의사의 길로 접어들었다는 것은 이때부터 이미 그의 인생 방향이 정해졌음을 의미하기도 했다.

그런데 그가 대학에 입학할 즈음인 1953년 2월 17일, 3년째 이어지는 긴 전쟁으로 인해 남발된 통화와 급등하는 인플레이션을 수습하기 위해 전격적으로 화폐개혁이 단행되었다. 당시 전란으로 생산 활동이 위축되고 거액의 군사비가 지출되면서 인플레이션 압력이 날로 더해지는 가운데 세원 포착마저 어려워 세수가 감소함에 따라 재정 적자가 갈수록 심화했다. 이와 같은 상황에서 인플레이션을 조기에 수습하고 체납 국세의 일소 및 연체대출금 회수 등을 목적으로 대통령 긴급명령에 따라 제2차 긴급통화조치가 실시된 것이다. 이에 따라 화폐 단위는 원에서 환으로 바뀌었고, 화폐의 교환 비율은 100원이 1환으로 변경되었다.

화폐개혁이 서민들의 생활에 미치는 영향은 대단했다. 따라서 대학 입시가 연기되어 3월 10일에 입학 시험을 치른 후 4월에 입학하는 진풍경이 벌어지기도 했다. 광복 이후 그때까지 대학 입시는 대학별로 자체 시험을 통해 학생들을 선발하는 형태로 치러졌다. 1954년에 들어서서야 비로소 국가 차원에서 관리되는 대입 제도가 도입됐다. 1954년부터는 대학입학국가연합고사가 시행되어 이를 통과한 학생만 대학별 고사를 치를 수 있었다.

어렵사리 입학한 대학이었지만, 시국이 시국이다 보니 캠퍼스 안은 하루도 뒤숭숭하지 않은 날이 없었다. 지루하게 이어지던 정전 협상이 드디어 매듭지어질 기미가 보이자 대학생들은 거리로 뛰쳐나와 격렬하게 협상 반대 시위를 벌였다. 이승만 대통령의 주장대로 북으로 밀고 올라가 통일을 이루어야 한다는 것이었다. 하지만 대학생들이나 국민 대다수의 바람과 달리 1953년 7월 27일 유엔군과 북한군, 중국인민지원군 대표 사이에 정전 협정이 체결되었다.

전쟁이 시작된 이후 대구에는 고려대학교, 부산에는 서울대학교, 연희대학교, 이화여자대학교 등이 내려와 있었다. 이들 대학 모두 정전 협정이 조인된 다음 시차를 두고 다시 서울로 올라갔다. 전쟁의 포성은 멎었으나, 아무것도 얻은 것 없이 폐허와 상처만 남은 처참한 전쟁이었다.

경북대학교 의과대학 제27회 동기생인 낙타연합정형외과의원 김경수 원장은 기록과 수집의 달인이다. 세월이 흐르다 보면 예전에 쓰던 물건이나 문서, 기록물, 사진 같은 것이 없어지기 마련이다. 필요 없을 것 같아 버리기도 하고 이사하거나 방을 정리하면서 자연스레 사라지기도 한다. 그러나 김경수 원장은 어지간해서다 모아 둔다. 그의 집과 병원은 박물관이다.

2009년 5월 2일부터 3일까지 경주 코모도호텔에서 경북대학교 의과대학 제27회 동기생들의 졸업 50주년 기념 모임이 있었다. 이때 옛 추억을 생생히 떠올리게 하는 작은 기념 책자 한 권을 만든 주인공이 김경수 원장이다. 그 안에는 당시 강의 교재, 현역 병적 편입통지서, 의사 국가고시 합격증서, 은사와 졸업생 사진 등이 실려 있었다. 동기생 중 누구도 가지고 있지 않았던 것을 오직 그만이 가지고 있었다. 그 가운데 압권은 그가 공개한 일기장이다.

"경북대학교 의과대학 의예과 시험장은 삼덕동 사범학교 양철지붕 판자 건물에서. 영어 시험에 'Take care (   ) you.' 구두 시험장은 의과대학 본관에서. 김기수 교수님은 철 100그램과 종이 100그램을 떨어뜨릴 때 어느 게 더 먼저 떨어지나? 그 이유는?"

"합격자 발표는 경대 교정. 벽에 두루마리로. 그날은 바람이 몹시 불며 봄비는 오고 있었고, 일부가 떨어져 날아가 다시 사다리 놓고 몇 사람이 붙었고, 땅은 몹시 질퍽질퍽."

"입학금은 1만 8,000환. 대구 본청 앞 금융조합(지금은 신한은행) 한 줄로 길게 서서."

"4월 6일 처음으로 등교 도중 신천교에서 이중길 군과 만나서 청운의 뜻을 품고 가다."

전쟁의 혼란 중에 치러진 을씨년스러운 입학 시험과 대학생이 된 청년들의 부푼 꿈이 글 사이사이에 오롯이 담겨 있다. 이후 일기장의 대부분은 공부, 시험, 실습에 관한 내용이다.

그러면 정창근의 대학 생활은 어땠을까?

2020년 6월 지역 잡지인 〈안동〉에서 정창근 원장을 인터뷰해 크게 소개한 적이 있다. 그때 이동백 시인이 정창근 원장을 만나 대학 시절 이야기를 하면서 이런 질문을 던졌다.

"꿈을 이루셨고 의사로 장래도 보장되었으니 대학 생활이 상당히 낭만적이었겠네요?"

정창근 원장의 대답은 그의 질문과는 전혀 다른 방향이었다.

"그렇지 않았습니다. 오히려 공부하느라 놀 여유가 없었지요. 다른 학문과는 달리 한 과정, 한 과정이 중요해서 하나라도 놓치면 안 되는 게 의학이거든요. 열심히 한 결과 성적이 열 번째쯤 들었습니다. 그래서 인턴 과정을 대구 동산기독병원에서 시작했습니다."

정창근은 의대생으로서 치열하게 공부에 전념하면서도 대학생답게 신앙적으로 더욱 성숙한 단계에 진입했다. 금식기도도 하고 YMCA에 나가 적극적으로 활동하기 시작한 것이다.

"예과 2학년 때 교회 부흥사경회를 앞두고 홀로 일주일 전부터 금식기도에 들어간 적이 있습니다. 마침 방학 중이라 일주일 내내 교회에서 금식하며 지냈습니다. 그때 받은 은혜의 성령 체험은 놀라운 것이었지요. 그때서야 비로소 내가 왜 이 세상에 태어났으며, 왜 의대에 오게 되었는가를 절실히 깨달을 수 있었습니다. 하나님이 저를 당신의 도구로 쓰길 원하신다는 귀한 부르심도 이때 받았습니다. 그때 제 마음 가득 물결치던 참 평안과 기쁨은 지금도 잊을 수가 없습니다."

〈빛과 소금〉 인터뷰 당시 윤세민 기자에게 했던 고백이다.

예과 2학년이면 공부하느라 정신이 없을 때고, 이제 겨우 스무 살이 되었음에도 교회에서 먹고 자며 일주일 동안 금식기도를 했다는 것은 대단한 일이 아닐 수 없다. 금식기도는 물 외에는 아무것도 먹지 않으면서 기도하는 것을 뜻한다. 금식은 목숨을 건 절박한 행위다. 정치인이 자신의 이념이나 철학을 관철하기 위해, 노동자가 생존을 위한 수단을 얻어 내기 위해, 종교인이 박해와 탄압에 저항하기 위해 금식할 때 그는 더 소중한 가치를 위해 기꺼이 자기 생명을 내놓는 것이다. 금식기도는 자기 부정과 고행이기에 인간이 신에게 드리는 기도 중에 가장 결연하고 엄숙한 기도다. 모세나 다윗 등 성경에 나오는 많은 인물이 절체절명의 순간에 금식하며 기도했다.

스무 살 청년 정창근에게 무슨 절실한 사정이 있었기에 일주일 동안 금식기도를 했던 것일까? 유추해 보자면, 조국의 암담한 현실과 가족의 말 못 할 아픔과 자신의 알 수 없는 미래를 위해 그토록 뜨겁게 기도할 수밖에 없었을 것이다.

YMCA(Young Men's Christian Association, 기독교청년회)는 1844년 영국 런던에서 조지 윌리엄스(George Williams, 1821-1905)가 12명의 청년과 함께 산업혁명 직후의 혼란한 사회 속에서 젊은이들의 정신과 영적 상태의 개선을 도모하고자 설립한 기독교 평신도 운동 단체다. 유럽 각국으로 급속히 전파된 이 단체는 1855년 프랑스 파리에서 세계 YMCA 연맹을 결성했다. 우리나라에는 1903년 서울YMCA의 전신인 황성기독교청년회가 창설되며 활동을 시작했다. 일제강점기 때는 독립운동에 큰 영향을 끼쳤고, 물산장려운동, 계몽운동, 농촌운동 등을 전개했으며, 해방 후에는 전쟁구호운동, 청소년운동, 민주화운동 등을 꾸준히 이끌어 왔다.

정창근은 경북대학교 YMCA에 들어가 매주 성경 공부 모임과 기도 모임에 빠지지 않고 참석했다. 같은 고민을 하는 또래들이었기에 모임 분위기는 언제나 열기가 넘쳤다. 이들은 내면을 다지고 훈련하는 데 그치지 않았다. 밖으로 나가 이웃을 돕고 사회를 계몽하는 일에 앞장섰다. 농촌을 찾아가 일손을 거들었고, 무의촌을 다니며 의료 봉사 활동을 펼쳤다. 신앙으로 똘똘 뭉친 젊은이들이었기에 무슨 일을 하든지 손발이 척척 맞았다. 진정한 배움이란 아는 것에 그치지 않고 삶으로 실천하는 것이며, 올바른 봉사란 내가 하고 싶은 일을 하는 것이 아니라 남들의 필요를 찾아서 하는 것이라는 사실을 이때 온몸으로 깨닫게 되었다.

모든 것이 열악하고 어지러웠던 시기에 예과 2년, 본과 4년 동안 같이 공부하며 동고동락했던 사이인 만큼 의대 동기생들의 우정은 대단히 끈끈했다. 훗날 정창근이 안동성좌원 원장과 안동시온재단 이사장으로 활동할 때 물심양면으로 많은 도움을 주었던 이들이 의대 동기생들이다. 정창근 원장이 지역 사회에서 인류애와 박애 정신을 묵묵히 실천하고 있다는 소식은 비단 동기생들뿐만 아니라 의과대학 동창회 전체에도 알려졌다. 이에 따라 2009년 제7회 안행대상 시상식에서 정창근 원장을 의료봉사 및 사회공헌 부문 수상자로 결정했다.

안행대상은 경북대학교 의과대학 동창회에서 평생을 학술 연구과 의료봉사 및 사회공헌에 이바지해 국가와 사회 그리고 의료계 발전에 뚜렷한 업적을 남김으로써 모교와 동창회의 명예를 드높인 동문에게 수여하고자 2003년에 제정된 상이다. 수상자는 동창회 및 학교 관계자들과 함께 사적 제442호로 지정된 고풍스러운 경북대학교 의과대학 본관 앞에 모여 각명식을 거행한다. 자랑스러운 동문 이름을 새겨 넣은 원통형의 금속 조형물을 설치하는 것이다.

1959년 6년 동안의 학업을 마치고 졸업한 뒤 50년 만에 상을 받기 위해 다시 찾은 모교를 둘러보며 그는 감개무량한 표정을 지었다. 꼭 가슴 뛰던 그날로 되돌아간 것 같았다.

"모교 동창회에서 수여하는 귀한 상을 부족한 제가 수상하게 됨을 무한한 영광으로 생각합니다. 제27회 동기생으로서 졸업 50주년을 맞이하고 의료인의 후반기를 장식하는 때에 이 상을 받으니 사회에서 받는 어떤 상보다 귀한 것으로 여겨집니다. 선배 교수님들이 직접 심사해서 제게 이런 상을 주시니 마치 부모님께 사랑받는 것처럼 따뜻함이 느껴졌습니다. 일생을 통해 봉사의 정신으로 일관되게 살 것을 이 상을 계기로 다시 한 번 다짐합니다."

수상 소감을 말하며 자신의 이름이 새겨진 조형물을 바라보는 그의 눈가가 촉촉이 젖어들었다. 파란곡절 속에 지내 온 지난 50년 세월이 마치 엊그제 일인 듯 또렷이 떠올랐다.

대구에서 원주를 거쳐
안동으로

1959년 봄 경북대학교 의과대학을 졸업한 정창근은 대구에 있는
동산기독병원에서 수련의 생활을 시작했다. 대한민국 남자라면
누구나 그렇듯 대학을 졸업하면 군대에 가야 했다.

그 시절 의대를 마친 청년이 군대에 가는 방법은 두 가지였다.
하나는 종합병원에 가서 인턴과 레지던트 과정을 마친 다음 전문
의 자격증을 따고 대위 계급장을 단 채 군의관으로 입대하거나 전
역하면서 전문의 자격증을 따는 것이고, 다른 하나는 의대를 졸업
하자마자 중위 계급장을 단 채 군의관으로 입대해 군대에서 인턴
과정을 거친 후 일정 기간 복무하고 나와 종합병원에서 레지던트
과정을 거쳐 전문의 자격증을 따거나 아예 군대에서 레지던트까
지 마치고 전역하면서 전문의 자격증을 따는 것이었다. 스물다섯
살에 의과대학을 졸업했다면 인턴과 레지던트 5년을 마치고 군대
3년을 다녀오면 서른세 살쯤 되는 것이 일반적이었다.

의과대학을 졸업하고 의사 국가시험에 합격하여 면허를 취득

한 일반의로서 전공과목이 정해지지 않은 채로 종합병원에서 모든 진료 과목을 순회하며 기초적인 의학 기술을 익히는 1년 차 의사를 수련의 또는 인턴(Intern)이라고 한다. 특정 전공과목을 정한 채 종합병원에서 계속해서 수련을 받는 2-5년 차 의사는 전공의 또는 레지던트(Resident)라고 부른다. 이 과정이 끝나면 전문의 자격을 취득한다.

당시 대구에는 의과대학이 경북대학교 한 곳뿐이었고, 졸업 후 인턴과 레지던트로 수련받을 수 있는 종합병원은 경북대학교병원과 동산기독병원 두 곳뿐이었다. 정창근은 성적이 우수해 어느 병원이든 선택할 수 있었으나 망설이지 않고 동산기독병원을 선택했다. 서양 선교사들이 설립한 기독교 계통의 병원이기 때문이었다.

미국 북장로교 의료 선교사인 장인차(Woodbridge O. Johnson, 1869-1951)는 대구 약전골목 안에 있는 작은 초가집에 '미국약방'을 개설해 약을 나누어 주다가 1899년 '제중원'(濟衆院)이라는 간판을 내걸며 본격적인 진료 활동을 시작했다. 미국약방과 제중원은 대구·경북 지역 최초로 서양 의술이 펼쳐진 곳이다. 제중원은 미국인 선교사 호러스 알렌(Horace N. Allen)이 고종에게 건의해 1885년 한양에 세워진 최초의 근대식 의료 기관인 제중원과는 한자까지 똑같지만, 전혀 별개의 의료 기관이다. 1906년 현재의 동산동으로 이전해 나환자 구제 사업과 풍토병 치료, 천연두 예방 접종, 사회 보건 계몽에 힘쓰며 우리 민족이 겪는 고난과 아픔을 함께 나누었다. 1911년 동산기독병원으로 개명한 뒤 종합병원으로 발전을 거듭하다가 1980년 의과대학 설치 인가를 받고 계명기독대학과 합병하면서 계명대학교 의과대학 부속 동산의료원으로 개칭했다. 현재 계명대학교 동산병원, 대구동산병원, 경주동산병원을 아우르고 있다.

인턴 기간이 끝난 뒤 정창근은 자신의 전공을 주저 없이 안과와 이비인후과로 정했다.

"그때는 안과와 이비인후과가 합쳐져 있었습니다. 별로 인기를 끌지는 못했지요. 하지만 저는 일찍부터 안과와 이비인후과를 전공하려고 결심하고 있었습니다. 안과는 눈을 밝게 해 주는 의술이고, 이비인후과는 귀, 코, 목 등을 치료해 주는 의술이잖아요? 성경을 보면 예수님이 눈이 안 보이고 귀가 어두운 사람들을 불쌍히 여겨 고쳐 주시는 장면이 많습니다. 성경을 읽으며 그런 부분을 유심히 봐서인지 저도 의사가 되면 눈과 귀를 치유하는 사람이 되고 싶었습니다. 보지 못 하는 사람을 볼 수 있게 해 주고, 듣지 못 하는 사람을 들을 수 있게 해 주는 일이 얼마나 의미 있고 복된 일입니까? 그래서 전공을 안과와 이비인후과로 정한 것입니다."

의사가 되고 싶었던 이유도, 전공을 택한 이유도 한 가지였다. 돈을 많이 벌어 집안을 일으키고 호의호식하며 출세하기 위함이 아니라, 가난한 사람, 불쌍한 사람, 힘없는 사람, 병마와 씨름하는 사람을 위로하고 치료하여 밝고 소망 가득한 세상으로 인도하기 위해서였다.

그러나 레지던트 시절, 그는 남달리 혹독한 수련 과정을 거쳐야만 했다.

"그 당시에 동산기독병원 안·이비인후과 과장이 백준기 선생님이었어요. 연세대학교를 나온 분인데, 엄청나게 깐깐한 분이었지요. 실력은 참 좋았지만, 성격이 아주 괴팍했습니다. 대개 인턴이나 레지던트에게도 서로 존대를 했는데, 그분은 반말하고 화도 잘 냈습니다. 우락부락했지요. 그분 밑에서 4년 동안 수련을 했어요. 힘이 좀 들었을 겁니다."

낙타연합정형외과의원 김경수 원장의 증언이다.

힘든 일이 있거나 조용히 기도하고 싶을 때 정창근은 청라언덕을 올랐다. 동산기독병원 옆에 있는 청라언덕에는 구한말과 20세기 초 우리나라를 찾아와 교회와 학교와 병원을 세운 개신교 선교사들이 살던 주택과 잠들어 있는 묘소 그리고 3·1운동 기념 계단, 대구 최초로 심어진 사과나무, 대구제일교회 등이 자리해 있다. 마음이 맑고 깨끗해지는 듯한 고요한 공간이다. 언덕 위 선교사들 주택의 벽면이 푸른 담쟁이덩굴로 뒤덮여 있어 '푸를 청'(靑), '담쟁이 라'(蘿) 자를 써서 '푸른 담쟁이덩굴'이란 뜻의 '청라언덕'이라 불리게 되었다.

"봄의 교향악이 울려 퍼지는 청라언덕 위에 백합 필 적에 / 나는 흰 나리꽃 향내 맡으며 너를 위해 노래, 노래 부른다."

청라언덕을 거닐 때면 어디선가 이 노래가 들려오는 듯하다. 우리나라 최초의 가곡으로 알려진 "동무 생각"이라는 이 노래는 1922년 작곡가 박태준(1900-1986)이 스물세 살, 시인 이은상(1903-1982)이 스무 살 때 만든 노래다. 이 곡은 박태준의 애틋한 첫사랑 이야기를 바탕으로 만들어졌다.

박태준이 계성중·고등학교의 전신인 계성학교에 다닐 때 같은 교회에 다니는 여학생을 짝사랑했다. 교회로 향하는 길목인 청라언덕에서 날마다 그녀가 지나가는 모습을 바라보며 애를 태웠다. 하지만 그 후 그녀가 말없이 유학을 떠나 버려 이야기도 제대로 나눠 보지 못한 채 애틋한 첫사랑의 기억으로 남고 말았다. 훗날 이 이야기를 들은 이은상 시인이 노래 속에서나마 사랑을 이루라며 써 준 가사에 박태준 작곡가가 곡을 붙여 탄생한 노래가 바로 이 곡이다. 청라언덕과 청춘의 첫사랑이 어우러진 명곡인 셈이다.

"동무 생각"을 떠올리며 청라언덕을 거닐던 정창근에게 노랫말과 똑같은 첫사랑이 찾아왔다. 같은 병원에 근무하던 한 처자를 눈여겨보게 된 것이다. 그녀의 이름은 조선자였다. 1938년생으로 정창근보다 세 살 연하인 그녀는 계명대학교 간호대학의 전신인 동산기독병원 부설 간호부 양성소를 졸업하고 동산기독병원에서 전문 마취 담당 간호사로 일하고 있었다. 독실한 그리스도인인 데다 성실하고 아리따우며 마음씨가 고운 그녀에게 호감을 느낀 그는 기회를 봐서 자신의 속내를 고백했고, 가까이서 지켜보며 정창근이라는 남자를 믿음직스럽게 여기고 있던 그녀 역시 그가 싫지 않았기에 고백을 받아들이면서 두 사람 사이는 가까워졌다. 예나 지금이나 사내 연애는 수월치 않은 법이다. 조심스럽게 교제를 이어 가던 두 사람은 1961년 4월 4일 조선자의 고향인 경상북도 영천군 화남면 삼창리에 있는 삼창교회에서 결혼식을 올렸다. 신랑 정창근은 스물일곱 살, 신부 조선자는 스물네 살이었다.

결혼 이듬해 경사가 있었다. 큰딸 은경이 태어난 것이다. 1962년 5월 21일 대구시 인교동에 살 때였다. 대구, 특히 청라언덕은 정창근에게 잊을 수 없는 곳이었다. 중학생 때 처음 신앙을 갖게 된 곳이고, 고등학교에 다니며 의사의 꿈을 키웠던 곳이며, 의과대학생으로서 6년 동안 치열하게 학업에 매진한 곳이고, 인턴과 레지던트 시절 숱한 고달픔과 피곤함을 달래던 곳이며, 평생의 반려자이자 인생길의 든든한 동무인 아내를 만난 곳이고, 말 그대로 눈에 넣어도 아프지 않은 첫아이 은경이 출생한 곳이기 때문이다.

하지만 그에게 고향 이상의 의미를 지니고 있던 대구를 떠나야 할 시간이 다가오고 있었다. 동산기독병원에서 레지던트 과정을 마친 그가 군대에 가야 했던 것이다. 1963년 그는 아내와 딸을 데리고 강원도 원주로 향했다. 제121후송병원에서 군의관으로 복무하기 위해서였다. 입대 당시 계급은 대위였다. 군대는 언제 무슨 일이 벌어질지 모를 위험이 있기에 늘 긴장해야만 했다. 6·25전쟁이 멈춘 지 얼마 되지 않은 때라 전방이나 후방이나 병영의 분위기는 삼엄하기 이를 데 없었다. 원주로 이사한 뒤 아내 조선자는 딸을 돌보며 원주기독병원 마취과에서 일했다. 선교사들이 설립한 원주기독병원은 나중에 연세대학교 원주세브란스기독병원이 되었다. 두 사람 다 고된 하루하루였지만, 은경이는 무럭무럭 자라 주었다.

또 한 번의 경사가 있었다. 1964년 2월 13일 이번에는 아들이 태어난 것이다. 아내가 근무하고 있는 원주기독병원 분만실 밖에서 초조한 표정으로 기다리고 있던 정창근의 귀에 요란한 아이 울음소리가 들렸다. 한참 있다가 담당 의사가 나오면서 활짝 웃으며 말했다.

"축하드립니다. 아들입니다."

"아이고, 감사합니다. 수고 많으셨습니다."

"그런데 끝이 아닙니다. 곧 또 다른 아기가 나올 것 같습니다."

"네?"

큰아들이 태어나고 나서 약 45분 뒤에 산통 끝에 작은아들이 태어났다. 아들 둘이 한꺼번에 생긴 것이다. 은혁과 은재 형제였다. 그는 쌍둥이를 낳느라 고생한 아내에게 달려가 위로를 건넸다. 그 날부터 정창근은 두 형제가 서로 양보하고 배려하며 의좋은 형제가 되기를 그리고 자신과 아내가 자식을 편애하는 부모가 되지 않기를 기도했다.

　전역을 얼마 남겨 놓지 않은 1965년 10월 4일, 큰 사고가 터졌다. 그날 베트남 파병을 앞두고 강원도 홍천군 인근에서 군인들이 수류탄 투척 훈련을 하고 있었다. 그런데 훈련 도중 한 이등병이 안전핀을 뽑은 수류탄을 놓치는 실수를 저질렀다. 수류탄은 중대원들을 향해 데굴데굴 굴러갔다. 터지면 부대원들 상당수가 죽거나 크게 다칠 위험천만한 상황이었다. 그 순간 훈련을 감독하던 중대장 강재구 대위가 수류탄 위로 몸을 날렸다. 요란한 폭음과 함께 그의 몸은 산산조각이 났지만, 주변에 있는 몇 사람만 부상했을 뿐 나머지 부하들은 모두 목숨을 구할 수 있었다. 스스로 몸을 던져 수류탄을 덮침으로써 부하들을 구한 것이다. 강재구 대위의 나이는 스물여덟 살이었다.

　그의 유해는 제2야전병원에 안치되었고, 부상한 병사들은 제121후송병원으로 긴급 이송되었다. 꽃다운 나이에 장렬히 산화한 강재구 대위에게는 태극무공훈장과 소령 계급이 추서되었고, 육군장을 치른 뒤 국립서울현충원에 안장했다. 정창근은 자신이 근무하는 병원으로 이송된 병사들을 치료하면서 강재구 소령의 살신성인에 대해 많은 생각을 했다. 사회에 나가 의사로서 자기 이름을 내걸고 환자들 앞에 섰을 때 어떤 자세로 일할 것인가를 다시 한 번 추스르고 다짐하는 값진 기회였다.

　1966년 정창근은 군 복무를 마치고 전역했다. 6년간의 의과대학 생활, 5년간의 인턴과 레지던트 생활, 3년간의 군의관 생활을 전부 끝내고 전문의 자격을 취득해 사회에 첫발을 내딛게 된 것이다. 이제 그는 명실상부한 의사였다. 그의 곁에는 사랑하는 아내와 딸 하나, 아들 둘이 있었다. 바야흐로 가장의 책무를 다해야 할 시점이었다. 그는 당연히 대구로 가고자 했다. 다른 곳은 생각해 본 적이 없었다. 그러나 그를 간절히 기다리고 있는 곳은 대구가 아니라 안동이었다. 그는 다시는 대구로 갈 수 없었다. 안동에 뼈를 묻게 된 것이다.

—

서른다섯 살에
장로가 되다

전역을 앞둔 정창근은 두 가지 선택지를 놓고 고민했다. 다시 종합병원으로 들어가 조금 더 경력을 쌓을 것인가, 아니면 곧바로 개업해서 자기 병원을 시작할 것인가 하는 것이었다. 그러던 차에 경북대학교 의과대학 선배인 허정호 선생에게서 연락이 왔다.

"얼마 후면 전역이지?"

"그렇지 않아도 전역한 뒤 어떻게 할지 고민하고 있습니다."

"고민하지 말고 안동성소병원으로 와. 실은 내가 급하게 미국으로 유학을 떠나게 됐어."

안동성소병원 안·이비인후과 과장으로 근무하던 허정호 선생이 자신은 갑자기 미국으로 공부하러 가게 되었으니 와서 후임으로 일해 달라는 부탁이었다. 미국 유학도 축하할 일이고 자신에게 그 같은 제안을 해 준 것도 고맙지만, 안동은 한 번도 생각해 본 적 없는 고장이라서 선뜻 대답할 수가 없었다. 그래서 아내와 의논해보겠다고 대답한 다음 전화를 끊었다.

그런데 어느 날 제121후송병원으로 손님이 한 분 찾아왔다.

"무슨 일로 오셨지요?"

"네, 저는 안동성소병원 서무과장 강오전이라고 합니다."

"아 네…, 허정호 선배님이 이야기했던 건으로 오신 건가요?"

"그렇습니다. 정창근 선생님을 꼭 우리 병원에 모시고 싶어 이렇게 찾아뵈었습니다."

강오전 과장의 설득은 끈질겼다. 그에 따르면 안동성소병원은 동산기독병원과 마찬가지로 개신교 선교사들이 세운 병원이었다. 1909년 미국 북장로교 선교사들이 안동으로 들어올 때 의료 선교사들도 동행했다. 그 일원이던 선교사 별의추(Archibald G. Fletcher, 1882-1970)가 화성동에 있는 선교사 임시 주택에서 맨 처음 진료를 시작했고, 뒤를 이어 여러 의료진이 동참하면서 안동 지역 진료 활동이 활기를 띠게 되었다. 이것이 안동성소병원의 시작이다. 성소의 '성'(聖) 자는 '거룩하다'라는 뜻으로 '성부', '성자', '성령'에 사용되는 한자이며, '소'(蘇) 자는 '예수'를 가리킬 때 쓰는 글자이면서 '되살아나다'라는 뜻을 가졌다. 그러니까 병원 이름을 풀이하자면 '거룩한 예수' 혹은 '예수의 능력으로 되살아나다'라는 의미였다.

갈수록 환자가 늘어나면서 병원을 신축하게 되어 안동성소병원은 안동을 대표하는 병원으로 성장했다. 하지만 일본이 태평양전쟁을 일으키면서 병원이 폐쇄되었다가 해방 후 잠시 개원했고,

6·25전쟁으로 인해 병원 건물이 전부 파괴되기에 이르렀다. 그러다가 1953년에 애린진료소라는 이름으로 다시 병원 문을 열게 되었다. 이때부터 경안노회에서 안동성소병원에 이사를 파견하게 되었고, 안동교회에서 이사와 이사장, 병원장이 계속 배출되었다. 안동성소병원이 안동교회 바로 옆이라서 병원 의료진과 선교사들이 모두 안동교회에 와서 예배를 드렸다. 안동교회가 석조 예배당을 지을 때는 안동성소병원 의사들과 선교사들이 팔을 걷어붙이고 지원하기도 했다. 경북 북부 지역을 대표하는 의료 기관인 안동성소병원과 안동 지역의 어머니 교회인 안동교회는 의료와 선교로 지역 사회를 섬기는 아름다운 공동체였다.

여기까지 설명한 강오전 과장은 자신도 안동교회 집사라고 말했다. 대도시인 대구보다는 소도시인 안동에 와서 마음껏 의술을 펼치면서 함께 아름다운 신앙생활을 하자고 권했다. 정창근의 마음이 흔들렸다. 어떤 선택을 해야 좋을지 열심히 기도하는 수밖에 없었다.

그가 원주에서 군의관으로 있을 때 출석했던 교회는 대구중앙교회와 같은 교단인 원주제일교회였다. 제121후송병원에 먼저 와 있던 대학 선배인 박영관 소령의 권유로 다니게 되었다. 그는 대구중앙교회에서 함께 신앙생활 하던 사이였다. 낯선 곳에서 믿음의 동지를 만난 것은 행운이었다. 박영관 소령은 찬양대 지휘를 했고, 정창근 대위는 찬양대장으로 봉사했다.

대구에서 안동으로 마음의 방향이 바뀌자 그는 원주제일교회 이석근 목사를 찾아갔다.

"전역하면 안동성소병원에 가서 일해 볼까 합니다. 목사님 생각은 어떤지요?"

"안동성소병원이요? 아, 생각 잘하셨습니다. 안동성소병원, 정말 좋은 병원입니다."

"안동성소병원을 아십니까?"

"선교사님들이 세우신 병원 아닙니까? 게다가 안동교회 김광현 목사님도 계시고요."

"김광현 목사님이요?"

"굉장히 훌륭한 목사님입니다. 안동에 가면 무조건 김광현 목사님을 찾아가십시오."

이석근 목사는 정창근과 가족을 위해 간절히 기도해 주었다. 그런 다음 김광현 목사를 만나면 전해 주라며 추천서를 써 주었다. 지금은 드문 일이지만, 그때만 해도 부득이한 사정으로 교회를 옮길 때는 다니던 교회 담임목사가 앞으로 출석하게 될 교회 담임목사에게 추천서를 써 주는 것이 관례였다.

길이 정해졌다. 병원은 안동성소병원, 교회는 안동교회였다.

안동성소병원 안·이비인후과 과장으로 일하게 된 정창근은 같은 병원 마취과에서 근무하게 된 아내 조선자와 함께 안동교회를 찾아가 김광현 목사에게 인사했다. 그리고 이석근 목사가 써 준 추천서를 건넸다. 추천서 내용은 알 수 없지만, 제121후송병원에 복무하고 원주기독병원에 재직하면서 원주제일교회에서 3년 동안 신실하게 신앙생활을 한 이 부부의 모습이 정확히 적혀 있었다면 김광현 목사로서는 대단한 일꾼들이라 여겼을 것이 틀림없다.

미국 북장로교 선교사 오월번(Arthur G. Welbon, 1866-1928)은 1909년에 설치된 미국 북장로교 안동선교부 대표로 임명되어 안동으로 내려왔다. 이후 그는 시골에 있는 마을들을 하나씩 방문하면서 전도에 온 힘을 쏟았다. 이 무렵 대구와 경북 지역에서 선교하면서 계성학교를 설립했던 안의와 선교사가 풍산면에 사는 교인 김병우를 당시 전도지나 복음서를 짊어지고 다니며 팔던 매서인(賣書人)으로 정해 안동에 파송하여 대석동에 있던 다섯 칸짜리 초가를 사들여 서원을 개점하고, 교인들을 모아 예배를 드리도록 했다. 그래서 1909년 8월 8일 둘째 주일 이곳에 모여 처음 예배를 드렸는데, 이날이 바로 안동교회의 창립일이다.

처음 8명이 예배를 드렸던 안동교회는 1년 뒤 75명 넘게 모일 정도로 부흥했다. 이어 오월번 선교사와 함께 안동선교부에서 복음을 전하던 조사(助事, 선교사의 활동을 보좌하던 과도기의 직분) 김영옥이 평양 조선예수교장로회신학교를 졸업한 후 1911년 초대 목사로 부임하고, 1913년 매서인 김병우가 초대 장로로 선출되면서 안동교회는 점점 안정된 틀을 잡아 나가게 되었다. 오월번 선교사는 창립 때부터 목사가 없던 안동교회에서 지도 선교사로 일하다가 김영옥 목사가 부임하자 동사목사(同事牧師, 동등한 자격과 권리를 갖춘 2인 이상의 목사가 같은 교회에서 함께 시무할 때 사용하는 명칭)로 섬기며 당회장을 역임했다.

한국에서 유학의 전통이 가장 강한 안동에서 외래 종교인 기독교가 이토록 화려하게 꽃을 피운 것은 오월번 선교사의 끝없는 기도와 노력의 결과였다. 그는 관할 지역 교회의 설교를 선교사가 독점하지 않고 한국인 조사와 영수에게 맡겨 스스로 성장할 수 있도록 배려했다. 이런 배경 속에 안동교회는 유교의 본고장인 안동시 한복판에 세워져 그동안 단 한 번의 분열이나 갈등 없이 숱한 고난의 세월을 견디며 민족 복음화의 역사를 이어 왔다. 일제 강점기 때는 일제의 총칼로부터 교회와 고장을 지키며 독립운동에 앞장섰고, 6·25전쟁 전후로는 공산당으로부터 복음과 자유를 지키기 위해 목숨을 걸었으며, 한국 교회 중흥기인 1960-1970년대에는 교파와 교단을 초월하여 안동 지역 복음화를 위해 손발을 걷어붙였다.

정창근은 안동교회가 마음에 들었다. 목회자도 교인들도 열정이 넘치고 순수하며 소박했다. 안동성소병원의 근무 환경도 좋았다. 아내와 아이들도 안동 생활에 만족하는 것 같았다. 안동에 정착하면서 그는 매일 새벽기도회에 참석했다. 주일 아침과 저녁 예배, 수요 예배, 철야 기도회, 구역 모임 등 교회에서 진행되는 모든 예배와 모임에 빠지지 않았다. 십일조 등 각종 헌금도 제때 정확히 드렸다. 한 치의 흐트러짐도 없는 그의 신앙생활은 교인들의 본이 되기에 충분했다. 사람을 좋아하는 그는 친화력도 뛰어났다. 외지에서 온 의사인 그가 조금이라도 으스대는 태도를 보였다면 안동 사람들과 금방 친해지기 어려웠을 것이다. 신분이나 외모로 사람을 구분하고 가리지 않는 그는 모든 사람과 어울려 친하게 지냈다. 원주제일교회에서 집사로 일했던 정창근은 안동교회에 온 지 얼마 되지 않아서 집사 직분을 받았다.

정창근 집사가 새벽기도회와 예배 때마다 빠뜨리지 않고 드린 기도가 있었다. 적절한 시기에 대구로 돌아가 공부를 계속할 수 있게 해 달라는 기도였다. 학문에 뜻이 있던 그는 교수가 되고자 했다. 환자 진료는 교수가 되어서도 얼마든지 병행할 수 있지만, 공부는 젊을 때 하지 않으면 어려웠다. 안동성소병원도 좋고 안동교회도 참 좋았으나 이런 목표가 있었기에 마냥 눌러앉아 있을 수는 없었다. 그래서 더욱 열심히 교회에 가서 기도를 드렸다.

그러나 그럴수록 교인들의 그에 대한 신망은 높아만 갔다. 김광현 목사는 그를 주목했다. 그때만 해도 의사는 사회적으로 존경받는 엘리트층이었다. 새벽기도회에 빠지지 않고 모든 예배마다 꼬박꼬박 참석하는 젊은 의사는 흔치 않았다. 거기다 소탈하고 겸손하기까지 하니 눈여겨보지 않을 수 없었다. 피폐해진 나라와 지역 사회를 위해 자신과 함께 교회 부흥을 이끌어 갈 인재를 절실히 필요로 했던 김광현 목사에게 정창근 집사는 흠잡을 데 없는 재목이었다. 1968년에는 안동성소병원이 재단법인으로 출범하면서 김광현 목사가 초대 이사장에 추대되었다. 두 사람은 병원과 교회에서 자주 만나 여러 문제를 의논하는 사이가 되었다.

1969년 1월 5일 안동교회에서 열린 공동의회에서 정창근 집사는 전격적으로 장로에 선출되었다. 1차 투표에서 최고 득표로 가결된 것이다. 공동의회란 세례 교인들로 구성된 교회 최고 의결 기구를 가리킨다. 그가 안동교회에 출석한 지 3년 만이었다. 그의 나이는 서른다섯 살, 만으로 서른네 살이었다. 요즘 같으면 도저히 있을 수 없는 일이 벌어진 것이다. 자유의사에 따른 교인들의 무기명 투표 결과였다. 김광현 목사가 영향력을 행사한 것이 아니었다. 그럴 분도 아닌 데다 안동교회 문화는 그런 분위기와 거리가 멀었다. 교인들 모두 시대에 맞는 젊은 일꾼을 필요로 했고, 정창근 집사는 장로가 될 충분한 그릇이라고 여긴 것이다.

정창근 집사는 당황스러웠다. 장로가 되면 대구는 포기해야 했다. 교수가 되는 것도 어려웠다. 하지만 교회와 교인들을 섬기라고 하나님이 맡겨 주신 사명과 직분을 마다할 수는 없었다. 안동에 온 지 3년밖에 되지 않았고, 교회와 교인들에 대해서도 아직 모르는 것이 많은데, 이런 막중한 역할을 과연 감당할 수 있을지도 걱정이었다. 연세 많은 어르신들이 많은 교회에서, 그것도 전통과 예절을 중시하는 안동의 어머니 교회에서 30대 중반에 장로로 불리는 것은 고시에 합격하고 검사가 된 20대 청년을 영감이라고 부르는 것처럼 어색한 일이기도 했다.

새벽마다 간절히 부르짖으며 기도한 끝에 그는 마침내 하나님의 뜻을 확인할 수 있었다.

"하나님은 사람이 어디서 사느냐가 아니라, 어떻게 사느냐가 중요한 것임을 새삼 일깨워 주셨습니다. 한 교회의 장로로 피택됐다는 것은 그 교회가, 또 그 교회가 속한 지역에서 저를 필요로 하고 쓰고자 한다는 것임을 가르쳐 주셨지요. 그것은 바로 하나님이 저를 필요로 하고 쓰고자 하신다는 뜻이었습니다. 저는 부족한 저를 하나님이 부르셨다는 사실에 감동하지 않을 수 없었습니다. 제 삶을 주관하시는 하나님께 감사하며 찬양을 드렸습니다."

그는 장로로 선출되었던 당시의 부담과 감격을 〈빛과 소금〉에 이렇게 밝힌 바 있다. 대구로 돌아가겠다는 생각도, 교수가 되고 싶다는 꿈도 접었다. 이때부터 그는 진짜 안동 사람이 되었다. 그가 있을 곳은 안동이었고, 그가 섬겨야 할 사람들은 안동 사람들이었다.

하루 두 번
새벽기도를 드리다

"제가 안동성소병원에서 과장으로 있다가 1969년 7월 20일 안동 교회에서 장로로 장립이 됐습니다. 저의 집은 대구입니다. 안동에 잠깐 있다가 다시 대구에 가서 교수가 되고 싶었는데, 김광현 목사님이 저를 주저앉혀 버리셨습니다. 다른 데 가지 말고 여기서 일하라고 말이지요."

2006년 여름 《안동교회 이야기》라는 책을 쓰기 위해 안동에 머물며 정창근 장로를 만났을 때 그는 이렇게 말하면서 파안대소했다. 16년이 훌쩍 지나 그가 세상을 떠난 뒤 그의 일대기를 추적하다 보니 그때 더 많은 이야기를 나누지 못한 것이 너무도 아쉽기만 하다. 당시 그의 말과 표정에서 두 가지를 읽었다. 대구에 가서 교수가 되지 못한 데 대한 아쉬움이 하나였고, 김광현 목사와 안동교회에 대한 무한한 사랑과 신뢰가 다른 하나였다. 필자는 분명히 후자의 기쁨과 보람이 전자의 미련과 아쉬움을 덮고도 남는 것 같다고 느꼈다.

장로(長老, Elder)는 개신교 교회에서 목사(牧師, Pastor)와 함께 당회를 구성해 교회 운영에 참여하는 평신도 최고의 직급을 가리킨다. 장로의 지위와 역할은 시대에 따라 차이가 있다. 구약 시대에는 지혜와 덕망이 있는 이스라엘 각 지파의 대표자나 원로들, 신약 시대 유대교에서는 산헤드린 공회 회원들이나 유대교의 지도자들, 초대교회에서는 교회를 다스리고 교인들을 양육하는 지도자들을 지칭했다. 현대에 와서는 교회에서 선출된 교인들의 대표 성격을 띤다. 장로교회 헌법상 목사는 설교하고 치리하는 장로요, 장로는 행정과 권징을 맡아 보는 장로다. 그러나 목사는 교회에서 사례비를 받으며 전임으로 사역하는 성직자이고, 장로는 다른 직업을 갖고 일하면서 틈틈이 교회에 나와 비전임으로 사역하는 평신도다. 같은 면도 있고 다른 면도 있지만, 내용이나 형식에 있어 엄연히 구분되는 지위에 있다.

　장로의 역할과 사명에 대한 정창근의 철학은 확고했으며 은퇴할 때까지 단 한 번도 변하지 않았다. 그것은 장로란 목사와 경쟁하거나 목사를 견제하는 사람이 아니라, 목사를 돕고 목사가 소신껏 목회할 수 있도록 지원하는 사람이라는 것이었다. 교인들에 대해서도 권위 의식에 사로잡혀 대접받으려 하고 앞자리에 앉기를 바라며 훈계하기를 좋아하면 안 되고, 누구에게라도 먼저 다가가 인사하고 어려운 처지에 있는 사람을 살피며 낮은 자리에서 모든 교인을 예수 그리스도의 마음으로 대접하고 섬기는 것이 장로가 해야 할 일이라고 믿었다.

정창근 장로는 긍정의 사람이었다. 담임목사가 목회적 차원에서 고민해 결정한 사항이나 당회나 제직회에서 교회를 위해 결론을 내린 사안에 대해서는 어떤 어려움이 따른다 해도 불평하거나 비판하지 않고, 반드시 잘될 것이라고 긍정하면서 의욕을 가지고 일을 성사시켰다. 이런 긍정의 에너지는 교인 전체에게 '무슨 일이든 할 수 있다'는 강한 믿음을 심어 주었다.

정창근 장로는 행동의 사람이었다. 가만히 있으면 교회에 난처한 일이 생기거나 이런저런 구설수가 생겨날 조짐이 보일 경우, 먼저 나서서 문제가 확산하지 않도록 조용히 해결했다. 잡음이 날 일이 없었다. 곤란한 일을 당한 교인이 있으면 다른 사람들이 알기 전에 미리 도움을 주든가 함께 해결책을 찾아냄으로써 낙심하고 시험에 빠지지 않도록 신중히 조치했다.

정창근 장로는 화평의 사람이었다. 교회에서 회의할 때 날카롭게 반응하거나 예민한 태도를 보이는 사람이 있으면 재빨리 나서서 좋은 방향으로 이야기가 전개되도록 중재하거나 다른 화제를 꺼내 얼굴 붉히는 일이 없게 만들었다. 사적인 자리에서도 다소 불편한 대화가 튀어나오면 신속하게 유쾌한 대화로 주제를 바꿈으로써 어색한 장면이 연출되지 않도록 했다.

정창근 장로의 큰아들과 막내 사위는 목사다. 목사로서 아버지가 어떤 장로였다고 생각하고 있을까? 가족들이 바라본 아버지 정창근이 아닌 장로 정창근의 실제 모습은 어땠을까?

"아버지는 담임목사님을 항상 긍정적으로 잘 섬기셨습니다. 담임목사님의 목회 방침에 언제나 '예스!' 한다고 하셨습니다. 교회에 선교사님들이나 손님이 오셔서 모셔야 할 때 늘 아버지가 대접하셨습니다. 담임목사님의 요청에 '노!'라고 한 적이 없었다고 하셨습니다."

큰아들 정은혁 목사의 대답이다.

"장인어른이 선임 장로로 안동교회를 오랫동안 섬기셨지만, 교회 안에서 자신의 목소리를 높이거나 군림하려는 모습을 보이신 적은 전혀 없었습니다. 교회에 행사가 있거나 건축이 진행되거나 예산 집행이 필요할 때는 힘써 헌금하셨고, 손님이 방문하시면 자원해서 대접하셨습니다. 항상 담임목사님에게 순종하면서 온 힘을 기울여 교회를 섬기신 분입니다."

막내 사위 송재현 목사 역시 이렇게 말했다.

그렇다면 목사 아내의 눈에 비친 정창근 장로의 면모는 어땠을까?

"아버님은 장로는 목사가 행복하게 목회할 수 있도록 돕는 사람이라는 생각이 아주 분명하셨습니다. 제 남편 정은혁 목사에게 '나는 간혹 목사님의 의견이 나와 다르더라도 내가 목사님 뜻에 맞추려고 한다. 장로는 그래야 한다'고 늘 말씀하셨습니다. 목사 아내로서 목회 현장에 함께 있다 보니 아버님 같은 장로님이 얼마나 귀한지를 더 실감하게 됩니다."

큰며느리 박현희 씨의 응답이다.

"어린 시절 병원에 앉아 있으면 선교사님이나 시골 교회 목사님이 찾아오시는 일이 많았습니다. 그땐 어려서 잘 몰랐지만, 작은 이민 교회를 섬기는 목회자의 아내로 사는 지금 생각해 보면, 아버지는 선교사님들과 시골 교회 목사님들이 서슴없이 다가올 수 있는 장로님이셨던 것 같습니다. 도움이 필요한 곳이 있으면 외면하지 않고 손을 내민 분이셨습니다."

막내딸 정은영 씨의 말을 듣는 동안에는 아늑한 시골 교회와 시골 병원 풍경이 떠올랐다.

장로가 된 뒤 정창근은 더욱 바빠졌다. 개원을 준비하는 동시에 경북대학교 대학원에서 박사학위 논문까지 써야 했기 때문이다. 안동에 뿌리를 내리게 된 이상 조금이라도 빨리 자신의 이름을 걸고 개원을 해야 의사로서 지역 사회와 긴밀히 연결되며 활동 반경을 넓힐 수 있다고 판단했다. 그리고 교수가 되는 꿈은 접었다 하더라도 늦기 전에 박사학위까지는 끝을 내는 것이 자신의 실력도 쌓으면서 공부에 대한 미련을 털어 낼 수 있는 길이라고 생각했다. 상상을 초월할 만큼 바빴지만, 그때만 해도 젊었기에 그 많은 일을 감당할 수 있었다.

오랜만에 또 한 번 기쁜 일이 생겼다. 1970년 6월 13일 막내 은

영이 세상에 나온 것이다. 아직 안동성소병원에서 일할 때였다. 안동에서 태어난 딸이라 각별하게 느껴졌다. 초등학교에 다니던 언니 은경과 유치원에 다니던 오빠 은혁과 은재가 뛸 듯이 기뻐했다.

은영이 태어난 지 얼마 되지 않은 1970년 8월 15일 정창근 장로는 정창근안·이비인후과의원을 개원했고, 1971년에는 경북대학교 대학원에서 "Parathion 中毒의 血液學的 硏究"라는 논문으로 의학박사 학위를 받았다. 명의로 소문이 자자하던 그가 박사학위까지 취득했다는 이야기가 퍼지자 병원은 환자들로 발 디딜 틈 없이 붐볐다. 병자들을 불쌍히 여기고 치료해 주시던 예수의 사랑을 조금이라도 닮아 가려 애쓰며 환자들을 긍휼과 자비의 마음으로 돌보다 보니 효과가 놀랍게 나타났다. 가벼운 질환은 한 번만 진료해도 어려움 없이 치유되었고, 고질적인 만성 질환자나 중증 환자도 그가 진료하면 빠른 속도로 병세가 호전되었다. 특이한 진료법을 개발하거나 특효약을 처방한 것도 아니었다. 그것은 의사 정창근에게 임한 하나님의 은총이었다. 그에게는 주님이 주신 사랑의 청진기가 하나 더 있었던 셈이다.

1975년부터 정창근 장로는 매주 금요일 오후, 진료 도구와 약을 챙겨 안동성좌원을 방문해 한센인들을 치료했다. 그러면서 안동성좌원에 있는 성좌교회 새벽기도회에 참석하기로 결심했다. 겉으로 드러난 병을 치료하는 것도 중요하지만, 그들의 내면에 있는 마음의 병을 감싸 안고 위로하며 치유하는 것이 더 중요한 일이라고 생각했다. 그들이 새벽마다 무슨 기도를 하는지, 무엇을 위해 간절히 부르짖는지, 눈물 흘리며 애통하는 기도 제목이 무엇인지 알아야 한다고 생각했다. 그래서 새벽마다 성좌교회를 찾아가 그들과 함께 기도했다.

다행히 성좌교회 새벽기도회 시간이 안동교회 새벽기도회 시간보다 빨랐다. 새벽 3시 30분쯤 일어나 준비해서 차를 몰고 성좌교회 새벽기도회에 참석한 다음, 빨리 차를 돌려 안동교회로 가서 새벽기도회에 참석했다. 하루 두 번씩 새벽기도회에 참석하는 그의 일과는 2006년 안동성좌원 원장직에서 물러날 때까지 단 하루도 거르지 않고 30년 넘게 계속되었다.

"장로님은 새벽기도를 꼭 두 번씩 드리셨습니다. 성좌교회 새벽기도회에 먼저 갔다가 마치고 오는 길에 안동교회 새벽기도회에 가셨지요. 시간이 오래 걸려도 반드시 그렇게 하셨습니다. 저는 두 번 다 같이 갈 때도 있고, 안동교회 새벽기도회만 가고 성좌교회 새벽기도회는 못 갈 때도 있었지만, 장로님은 두 교회 다 빠짐없이 가셨습니다. 그 긴 세월 변함이 없으셨지요."

누구의 증언보다 신빙성 있는 조선자 여사의 말이다.

그리스도인이라면 대부분 공감할 것이다. 새벽기도회에 나가는 것이 얼마나 어려운 일인지를. 매일 새벽기도회에 나가는 것은 고사하고, 매년 부활절과 성탄절을 앞두고 열리는 특별새벽기도회에 나가기 위해 스마트폰 알람을 맞춰 놓고 일찍 잠자리에 들어도 새벽에 알람이 울리면 일어나야 할지, 그냥 자야 할지 수없이 고민해야 겨우 이불을 박차고 나올 수 있다. 새벽기도회 시간이 4시든 5시든 상관없다. 일찍 일어나는 일은 매번 고통과 고뇌의 순간이다. 그런데 새벽기도회를 두 번씩이나 30년 넘게 드렸다는 것은 상상할 수 없는 일이다.

"아버지는 몸 자체가 정해진 시간표에 맞춰져 있었습니다. 정교한 삶의 트랙 안에서 움직이신 분이지요. 새벽 3시 30분이면 어김없이 일어나 안동성좌원에 가서 새벽기도를 드리시고, 곧바로 안동교회에 가서 새벽기도를 드리셨습니다. 외람되지만 저는 속으로 이렇게 생각했어요. '왜 저러시지? 아니, 하나님과 나누는 깊은 대화는 한 번이면 되지 꼭 두 번씩 해야 하나?' 저는 오랫동안 외국에 있었기 때문에 당시 아버지의 마음을 잘 몰랐습니다. 나중에 아버지를 가까이 모시면서 차츰 이해하게 되었지요.

아버지는 새벽마다 한센인들과 함께하는 기도의 힘을 알고 계셨습니다. 기도 중에 울고 있는 분이 계시면 다가가서 무슨 걱정이 있느냐고 물으셨어요. 그들의 아픔에 동참하고 싶으셨던 거예요. 그들과 똑같은 입장에서 살고 싶어 하셨습니다. 국가가 운영되는 것도, 교회가 유지되는 것도, 우리 가족이 살아가는 것도 다 그분들의 기도 덕분이라고 말씀하셨습니다. 기성 교인들의 기도

보다 한센인들이 드리는 기도가 훨씬 더 절박하고 애끓는 기도였어요. 어렸을 때 아버지를 따라 가끔 성좌교회 새벽기도회에 가면 정말 엄청난 소리로 울부짖는 기도가 굉장히 충격적이었습니다. 매일 두 번씩 드리는 새벽기도는 다른 사람들에게도 선한 영향을 끼쳤지만, 아버지 자신에게 훨씬 많은 영향을 끼쳤을 것입니다."

정은재 대표는 아버지가 두 번씩 드렸던 새벽기도의 의미를 이렇게 이해하고 있었다.

그러면 안동성좌원 원장을 그만둔 뒤에는 안동교회에서만 한 번 새벽기도를 드렸을까? 그렇지 않다. 정창근 장로는 새벽기도의 사람이었다. 안동교회에서 새벽기도를 드린 후 안동시온재단으로 가서 뒷산을 걸으며 홀로 기도했다. 주님과 일대일 대면이었다.

"새벽 4시에 일어나 우리 안동교회에 가서 예배 드리고, 6시 10분쯤 안동시온재단에 가서 7시까지 뒷산을 걸어 다닙니다. 요즘 웃으면 좋다고 해서 그냥 크게 웃으며 '주여' 하고 다니는 것이지요. 아무도 없으니까 마치 내 정원 같지 않겠어요? 그 시간이야말로 온전히 제 시간입니다."

정창근 장로가 2007년 6월 월간 〈기독교 사상〉과의 인터뷰에서 했던 말이다.

그는 30대 중반에 장로가 된 다음 노년에 거동이 불편해질 때까지 50여 년 동안 매일 두 번의 새벽기도를 드렸다. 기도하기 위해 살았고, 기도 때문에 살았던 기도의 사람이었다.

안동 최초로
부부 장로가 탄생하다

지난 2005년 11월 15일 서울시 종로구에 있는 한국교회100주년 기념관에서는 "교회법과 교회 내의 갈등 해소"라는 주제를 가지고 교회법 세미나가 열렸다. 이 자리에 참석했던 안동교회 임만조 장로는 다음과 같은 의견을 발표하여 장내를 숙연하게 만들었다.

"안동교회가 오랜 역사에도 불구하고 갈등과 분쟁이 거의 없었던 것은 교회가 늘 열린 분위기를 유지했기 때문입니다. 그리고 목회자와 평신도 사이에 격의 없는 좋은 관계를 유지해 왔기 때문입니다. '훌륭한 지휘관에 좋은 참모'라는 말이 있듯 목사와 장로가 항상 친구처럼 사이좋게 지내 왔습니다. 당회의 의사 결정 과정도 중지를 모아서 원만하게 처리하고, 토론과 대화를 통해 되도록 전원 일치에 이르게 하여 모두가 기쁘게 참여하는 당회를 만들어 왔습니다. 혹시라도 갈등의 기미가 보이면 중진들이 긴밀히 의논하여 조정함으로써 조기 진화를 해 왔습니다. 거기에는 상호 신뢰와 이해 및 양보의 미덕이 꼭 필요하고, 용서와 관용이 있어야 합니다. 냉철한 판단과 참고 견디는 인내는 필수적이라고 하겠습니다."

임만조 장로의 말은 사실이었다. 지금껏 필자의 눈으로 관찰한 안동교회의 모습은 이와 다르지 않다. 안동교회의 문화는 굉장히 독특하다. 전통과 예절을 중시하는 유교적 지역 문화 위에 사랑과 관용이라는 기독교적 교회 문화가 접목되어 온고지신(溫故知新), 즉 옛것을 익히고 그것을 미루어서 새것을 아는 문화가 만들어진 것이다. 고지식한 선배들의 의견을 존중하고 따르면서도 후배들의 혁신적이고 파격적인 의견도 과감히 수용할 줄 아는 교회다.

"제가 신학대학원을 졸업하고 첫 사역을 시작한 곳이 안동교회입니다. 2008년 초에 전도사로 부임했습니다. 제 고향이 경남 하동이라 안동에 대해서는 잘 알지 못했습니다. 그런데 첫 번째 주일에 어떤 백발의 장로님이 오시더니 몸이 좋지 않아 이사 오는 날가 보지 못했다면서 미안하다고 90도로 인사를 하시는 거에요. 새파랗게 젊은 전도사한테 말이지요. 깜짝 놀랐습니다. 너무 황송해서 어쩔 줄 몰랐습니다.

안동교회에서 일하면서 쭉 지켜보니까 우리 교회가 정말 좋은 목회 전통과 토양을 가지고 있습니다. 목회자에 대한 존경과 예우가 교인들의 몸에 배어 있습니다. 누가 가르쳐서가 아니라, 어른들과 선배들을 보면서 자연스럽게 체득한 것입니다. 담임목사님이나 부목사님들이 소신껏 사역할 수 있도록 묵묵히 협조합니다.

제가 10년 동안 교인들로부터 '목사님, 그러면 안 됩니다' 하는 소리를 한 번도 들어 본 적이 없습니다. 당회나 제직회도 거의 30분을 넘지 않습니다. 길어질 일이 없지요. 대부분 만장일치입니다. 속으로 다른 의견을 가지고 있더라도 교회 전체가 덕을 세우도록 말하지 않고 참고 기다립니다. 교인들은 장로님들을 믿고, 장로님들은 목회자들을 믿는 것입니다. 이렇게 110년을 쌓아 온 전통과 문화, 이것은 절대로 간단하지 않습니다. 뭘 해도 안 될 수가 없는 교회입니다."

2017년 가을 어느 날 만났던 김인태 목사는 필자에게 이렇게 말한 적이 있다. 그는 예배와 행정을 맡아 10년째 안동교회를 섬기는 중이었다. 10년이 지났는데도 안동교회의 이와 같은 문화가 매번 신기하기도 하고 경이롭기도 한 듯했다. 목회자에 대한 존경과 예우가 교인들의 몸에 배어 있는 교회, 교인은 장로를 믿고 장로는 목사를 믿는 것이 상식처럼 자연스러운 교회, 목사와 장로가 친구처럼 서로를 배려하고 이해하는 교회, 안동교회는 그런 교회였다.

안동교회가 이런 문화를 만들고 지켜 올 수 있었던 것은 정창근 장로 같은 일꾼들을 꾸준히 배출해 왔기 때문이다. 담임목사는 물론 젊은 부목사들과 전도사들에게도 깍듯이 예의를 갖추는 것, 선배 장로들의 의견을 언제나 경청하고 따르는 것, 후배 장로들에게 본이 되는 삶을 살면서 그들의 생각을 충분히 반영하려 귀 기울이는 것, 이것은 결코 쉬운 일이 아니다.

정창근 장로가 안동성소병원 과장으로 처음 왔을 때 중학생이던 소년이 있었다. 정창근 장로의 사택 길 건너편에 살던 소년은 정창근 장로를 보면서 '나도 저렇게 멋있는 어른이 되고 싶다'고 생각했다. 병원에서나 교회에서나 정창근 장로는 모든 사람을 사랑과 진심으로만 대한 참 신앙인이었다. 그 소년이 지금은 안동교회 선임 장로가 되었다. 황혜원 장로의 이야기다.

"안동성소병원 앞마당과 뒤에 있는 숲이 저희 어릴 때 놀이터였습니다. 제가 중고등부 때 임만조 장로님이 교회학교 선생님이셨습니다. 저는 만 50세 되던 해인 2003년에 장로가 됐습니다. 그때 어른들이 제게 밥을 사 주면서 말씀하셨습니다. '벙어리 3년, 귀머거리 3년, 소경 3년'이라는 속담이 있듯이 어떤 것을 보고 듣든지 말하지 말고 신중히 하라고 하시더군요. 우리 교회는 선배 장로님들이 말씀하시면 후배 장로들이 다 순종하고 따릅니다. 속으로는 다른 의견이 있지만, 선배님들이 말씀하시니까 따르는 것입니다.

정창근 장로님이 모범을 보이셨어요. 제가 막내로 당회에 가서 보니까 어떤 중요한 이슈가 있을 때마다 선임이었던 정창근 장로님이 앞에 나서서 상황 정리를 참 잘하셨습니다. 저는 뭐라고 할 것도 없이 잘 따랐지요. 진짜 큰일 많이 하셨습니다. 우리가 모르게 숨어서도 일 많이 하셨지요. 어떤 부서를 맡으면 그 부서에 관한 일은 정말 확실하게 하셨습니다. 교회에 무슨 문제가 있으면 정창근 장로님이 모든 일을 제쳐놓고 우선 교회 일부터 해결해 놓은 다음 다른 일을 보셨지요. 저절로 머리가 숙어지는 분이셨습니다. 그런 장로님을 모시고 있었다는 것이 감사하고 행복한 일이었습니다."

환하게 웃으며 먼저 다가가 인사하는 사람, 좋고 인자한 장로. 정창근 장로는 언제나 이런 모습이었지만, 야단을 치고 화를 낸 적도 있다고 한다. 황혜원 장로가 직접 겪은 일이다.

"예전에 우리가 청년일 때 교회 안에도 소위 운동권 세력이 있었습니다. 안동교회에서 모이기도 했는데, 때로는 좀 과격한 면도 있었지요. 그 청년들로 인해 어떤 문제가 벌어지면 정창근 장로님이 불러서 이해를 시키기도 하고 바로잡아 주기도 하셨습니다. 그래도 정 안 되면 불려가서 꾸중도 들었습니다. 꾸중을 들으면서도 '아, 나도 장로님처럼 열심히 봉사하는 삶을 살면 나중에 장로가 될 수 있겠지' 하는 생각을 했습니다. 정말 배우고 싶었습니다.

한참 뒤에 장로님이 은퇴하시고 나서 일입니다. 어느 날 당회에 한 번 들어오셨습니다. 안동에 있는 경안신학대학원대학교 재정이 어려워 각 교회에서 후원을 받아야 하는 상황이 되었으니 안동교회가 먼저 나서서 본을 보이자고 말씀하셨습니다. 그때 어떤 장로님 한 분이 다른 의견을 내셨습니다. 장래가 보이지 않는 학교에 우리가 왜 이렇게 후원을 많이 해야 하냐는 것이었지요. 그러자 정창근 장로님이 화를 내셨습니다. '어떻게 그런 말을 하느냐. 교회는 선교사를 후원하고 목회자를 길러 내는 곳인데, 그런 일을 어떻게 마다하느냐. 이럴 수가 없다.' 아주 단호하셨습니다. 저희도 깜짝 놀랐습니다. 교회가 지켜 가야 할 원칙과 본질에서 벗어나는 모습은 두고 보지 못하셨습니다. 세상을 향해 봉사하고 섬기는 일에 있어서 후배들이 다른 길을 갈 때는 참지 못하고 화를 내시더라고요. 아무튼 그날 후배 장로들이 혼이 많이 났습니다."

안동에서의 시간은 시위를 벗어난 화살처럼 빨리 지나갔다. 정창근 장로는 병원 일에, 교회 일에, 안동성좌원 일 등으로 1년이 어떻게 지나갔는지도 모를 만큼 눈코 뜰 새 없는 나날을 보냈다. 그러던 1999년 아내 조선자 권사가 안동교회 공동의회에서 장로로 선출되는 일이 벌어졌다. 정창근 장로가 안동에 온 지 3년 만에 장로가 된 이래 30년이 흐른 뒤였다. 여성이 장로가 된 것은 안동교회 역사상 처음이었고, 안동 전체를 통틀어서도 최초였다. 지금도 그렇지만, 그때는 더더욱 교회 안에서 여성의 지위는 낮았고 권한은 제한적이었다.

1994년 9월 8일, 서울 소망교회에서 열린 대한예수교장로회 제79회 총회에서 안동교회 김기수 목사는 통합 교단 총회장에 취임했다. 이후 그는 개혁과 함께 화해와 일치를 위해 온 힘을 쏟았다. 그중 하나가 교회 안에서 여성의 지위와 권한을 회복하는 일이었다.

교회에서 여성 교인들이 차지하는 비중이 절대적이었음에도 당시까지 여성은 장로와 목사가 될 수 없었다. 감리교가 1933년에, 한국기독교장로회가 1956년에 여성 안수를 시작했지만, 장로교단은 오랫동안 완고함을 유지하고 있었다. 1932년 안동교회가 소속된 경안노회에서 여자 장로 선거와 여자 기도권에 대한 문의가 거론된 바 있었고, 1933년 제22회 총회에서 함남 노회장이 여자에게도 장로 자격을 주자고 건의했으며, 1970년부터는 여러 노회에서 여자 장로 안수를 건의해 총회에 상정되었으나 찬반 투표에서 번번이 부결된 바 있었다. 제79회 총회에서도 역시 24개 노회를 통해 이 안건이 의제로 올라왔다. 김기수 목사는 찬반 의견이 팽팽한 사안이라 도무지 결론이 나지 않으리라 생각하고 총회장 직권으로 찬반 토론 없이 가부를 묻는 투표를 강행했다. 그 결과 여성 안수 안건이 전격적으로 가결되었다.

김기수 목사는 초대교회의 전통을 이어받아 여성에게도 장로나 목사가 될 수 있게끔 안수함으로써 더 많은 여성 지도자가 배출되어야 한다는 굳건한 소신을 품고 있었다. 그의 설득과 노력이 열매를 맺어 제79회 총회에서 여성 안수 안건이 통과될 수 있었다. 그 순간 모든 여전도회 관계자들은 환호성을 지르며 눈시울을 붉혔다. 62년이나 이어져 온 오랜 현안이 비로소 해결된 것이다. 이후 법제화를 거쳐 지금은 당연한 것으로 여겨지는 여성 안수가 본격 시행될 수 있었다.

여성이 장로와 목사로 안수받아 활동할 수 있게 된 데는 김기수 목사의 공이 지대했고, 이런 추세에 따라 안동교회에서도 조선자 권사를 장로로 선출하기에 이른 것이다. 이미 1983년 권사로 선출되어 여전도회 등에서 활약하던 조선자 권사는 1999년 6월 1일 장로로 장립이 되었다. 최초의 부부 장로가 탄생하는 순간이기도 했다.

"김기수 목사님 때였습니다. 안동교회뿐만 아니라 안동 시내에서 처음으로 여성 장로가 됐어요. 부담이 많이 됐지요. 솔직히 말하면 제가 장로가 되어야겠다는 생각을 가져 본 일이 없었습니다. 그런 정신으로 하지를 않았지요. 원주에서 안동으로 와서 안동교회에서 행복하게 신앙생활 하면서 여전도회 일을 했습니다. 그런데 어쩌다 보니까 장로가 됐어요. 나중에 몇 년 시간이 지나니까 여성 장로가 한 명, 두 명 더 나와서 조금 낫게 되었지요. 처음에는 조심스러워서 어쩔 줄 몰랐어요."

2022년 여름, 몸이 다소 쇠약해진 조선자 장로는 그때를 떠올리며 빙긋이 웃어 보였다.

정창근 장로가 30대 중반의 나이에 장로가 된 것도 파격적인 일이었지만, 조선자 장로가 장유유서와 남녀유별이 가장 심한 고장일 것이라는 선입견을 주기에 충분한 안동에서 여성으로서는 처음으로 장로가 되었다는 것도 대단히 파격적인 일이었다. 그만큼 조선자 장로 역시 교인들로부터 많은 신임을 얻고 있었다는 의미다. 그 뒤로 두 사람은 나란히 당회에 참석했다. 정창근 장로는 선임 장로였고, 조선자 장로는 막내 장로였다. 여성에게 문턱이 높은 한국 교회 풍토에서 부부가 함께 당회에 참석하는 모습은 여간해서 보기 힘든 풍경이다.

"정창근 장로님은 의사로서 정말로 꿋꿋하게 신앙을 지켜 온 분이십니다. 교회 안에서뿐 아니라 사회적으로도 굉장히 존경받는 분이셨지요. 성자라고 해도 과언이 아닐 정도입니다. 조선자 장로님 역시 대단한 분이셨습니다. 누군가를 돕고 봉사하고 헌신하는 일에는 남편 못지않으셨으니까요. 그러니까 장로가 된 것이지요. 안동교회가 시골에 있지만, 편협한 교회가 아니고 상당히 개방적인 교회니까 그 일이 가능했던 것 같아요. 두 분 다 훌륭한 분이셨습니다. 목사님하고도 친구처럼 잘 지내셨던 것처럼 두 분 사이가 친구처럼 뜻이 잘 맞았던 것 같아요."

대학 선배였던 정창근 장로와 워낙 마음이 잘 통해 친형제처럼 지내 온 임만조 장로는 정창근 장로에 관한 자료를 잔뜩 가져다주며 이렇게 말했다. 이야기를 마친 뒤 안동교회 주차장 쪽으로 총총히 걸어가는 그의 뒷모습이 몇 년 전 봤던 것보다 왠지 더 허전해 보였다.

—

꿈에도 잊을 수 없는
얼굴들

정창근 장로의 56년에 걸친 안동에서의 삶은 곧 안동교회와 함께 한 삶이었다. 의사로서 평생 병원에서 환자들을 진료했고, 안동성좌원과 안동시온재단을 통해 사회적 약자들을 돌봤으며, 로타리클럽과 YMCA 등에 참여해 이웃 사랑을 실천했지만, 그 토대가 된 것은 안동교회에서의 신앙생활이었다. 원장, 이사장, 총재, 회장, 대표, 장로 등 그의 이름에 따라붙는 직함이 여러 개였지만, 그는 장로로 불리는 것을 가장 좋아했고, 자신이 장로로 호명되는 데 대한 엄중한 책임감과 무게감을 한시도 잊은 적이 없었다.

안동교회에서의 정창근 장로의 신앙생활은 세 목사와의 동행이기도 했나. 꿈에서도 결코 잊을 수 없는 얼굴들이었다.

한때 안동교회에는 원로목사 두 명에 담임목사 한 명이던 시절이 있었다. 은퇴한 원로목사가 있는데, 담임목사가 정년이 차서 은퇴함으로써 또 원로목사가 된 것이다. 유례없이 두 원로목사를 모시게 된 교회에서는 비록 헌법 조항에는 없으나 두 분을 구별하기 위해서 상원로목사와 원로목사로 호칭할 것을 결정했다. 김광현 상원로목사와 김기수 원로목사 그리고 김승학 담임목사가 그 주인공이었다. 두 원로목사는 각각 교단 총회장을 지낸 한국 교회의 거인 같은 존재였다. 이 세 목사가 함께 예배에 참석하는 모습은 안동교회만의 독특한 풍경 가운데 하나였다. 지금은 두 어른 모두 안 계셔서 이런 장면을 볼 수 없지만, 두 분이 정정하실 때만 해도 특별한 일이 있을 때나 절기 예배 혹은 기념 예배를 드릴 때면 담임목사가 사회를 보고, 원로목사가 설교하며, 상원로목사가 축도하는 광경을 종종 볼 수가 있었다. 교인들은 그런 모습을 보는 것만으로도 더할 수 없는 감동과 은혜를 받았다.

당시 잘 모르는 사람 중에는 이 세 목사가 정말 할아버지, 아버지, 아들인 줄 아는 사람들도 있었다. 성(姓)도 같고, 어찌 보면 생김새도 비슷하고, 다들 목사이고, 한 교회를 오랫동안 섬기다 보니 그렇게 보는 것도 무리는 아니었다. 최근 교계는 물론 여론의 따가운 비판과 손가락질 속에서도 한국의 일부 교회에서 부자 사이에 목회 세습이 버젓이 자행되고 있는 것이 현실이니 자칫 오해를 살 수도 있는 일이었다.

하지만 안동교회의 3대 목회는 전혀 그런 것이 아니었다. 아무런 혈연이나 지연이 없는 목회자들 사이에서 신앙적으로 자연스럽게 세대교체가 이루어지면서 만들어진 독특한 현상이었다. 이들은 비록 육체적으로는 다른 핏줄을 타고 태어났지만, 영적으로는 아브라함과 이삭과 야곱처럼 한 하나님과 한 교회와 한 성도들을 섬기는 친할아버지와 친아버지와 친아들의 관계라 해도 결코 과언이 아니었다.

김광현 목사는 1913년 9월 22일 경북 의성군 봉양면 삼산동에서 태어났다. 평양 숭실전문학교를 거쳐 평양 조선예수교장로회 신학교와 일본 고베중앙신학교를 졸업하고, 1943년 1월 17일 서른 살 젊은 나이에 안동교회 담임목사로 부임하여 1979년 12월 31일 조기 은퇴할 때까지 37년 동안 안동교회를 섬겼다.

정창근 장로가 안동교회에 다니기 시작한 1966년 가을에 김광현 목사는 제51회 교단 총회장으로 선출되었다. 이때 김광현 목사는 자신을 총회장에 추대하려는 총회 대의원들의 뜻에도 불구하고 다른 사람에게 세 번씩이나 양보한 끝에 마지못해 총회장에 올랐다. 그는 정치적인 사람이 아니었다. 신학자라고 해야 어울릴 인물이었다. 총회에서 의견이 분분할 때면 김광현 목사가 마이크를 잡고 나지막한 목소리로 "많은 좋은 의견이 있지만, 하나님 말씀에 비추어볼 때 이러이러한 방향으로 결정하는 게 옳은 것 같습니다"라고 하면 분위기가 갑자기 조용해지면서 회의가 마무리되었다고 한다.

김광현 목사가 교단 총회장으로 있을 때 목사의 정년을 70세까지로 제한하는 규정을 마련했다. 그전에는 딱히 연령 제한이 명문화되어 있지 않아 정년이 천차만별이었다. 하지만 김광현 목사는 이런 규정을 만들었음에도 "70세도 너무 많으며, 나는 65세가 되면 물러나도록 하겠다"라는 이야기를 기회 있을 때마다 했다. 그러고는 본인의 선언대로 65세가 되기 1년 전 당회에 은퇴를 선언했으며, 곧바로 후임 목사를 초빙하도록 했다. 당회에서는 워낙 전임자의 발자취가 크다 보니 후임자를 초빙하는 일이 쉽지 않았다. 그래서 1년을 더 일한 뒤 66세가 되던 1979년 12월에 파란만장했던 목회를 마감하고 은퇴했다.

안동교회에서는 은퇴한 김광현 목사를 위해 예배당 옆에 아담한 사택을 마련해 개인 소유로 등기까지 해 주었다. 37년이나 목회하며 자신의 전 생애를 바쳐 오늘의 안동교회를 있게 한 산증인이니 그만한 정도는 기꺼이 받아도 누가 뭐라고 할 사람이 없었다. 그는 사택에서 아내와 함께 어머니를 모시고 살았다. 최의숙 권사는 시어머니가 무릎 관절을 다쳐 출입이 어렵게 되자 1983년 94세를 일기로 소천하실 때까지 10년 동안 수종을 들며 극진히 모셨다. 어머니가 돌아가시자 김광현 목사는 틈만 나면 자녀들에게 이렇게 일렀다고 한다.

"언젠가 우리가 하늘나라로 가게 되면 그 즉시 이 집을 교회 앞으로 귀속시켜야 한다."

그는 무소유를 실천한 목회자였다. 오직 신앙 외에는 자식들에게 아무것도 물려준 것이 없었다. 그는 노환으로 병석에 눕게 되자 아들들을 시켜 예배당 옆 사택을 기어코 안동교회 앞으로 등기 이전시켰다. 그가 더 많이 소유하고자 한 것은 주님을 향한 사랑뿐이었다.

안동에서 가장 큰 교회였으나 워낙 어려운 시절이었고, 또 김광현 목사가 교회 재정을 일일이 들여다보지 않는 분이었기에 교회 살림은 늘 쪼들릴 수밖에 없었다. 심지어 담임목사 사례비도 제때 드리기 힘든 때도 있었다. 그런 때면 정창근 장로는 자신의 사비를 들여 모자라는 교회 재정을 조용히 채워 놓곤 했다. 돈에 연연해하지 않는 정창근 장로의 무소유에 가까운 정신과 몸에 밴 근검절약의 태도는 김광현 목사를 통해 더욱 확고해졌다고 할 수 있다. 실제 나이도 아버지뻘이었지만, 정창근 장로는 김광현 목사를 신앙의 아버지로 여겼다.

김기수 목사는 1933년 6월 19일 경북 영주군 장수면 반구리에서 태어나 장로회신학대학을 졸업하고 일본과 미국에서 유학한 후, 1980년 1월 1일 안동교회 담임목사로 부임하여 24년을 목회하다가 2003년 12월 14일 은퇴하였다. 김광현 목사와는 딱 스무 살 차이다.

김기수 목사는 사랑으로 모든 것을 끌어안는 목회자였다. 그의 어른 모시는 원칙은《예기》(禮記)에 나오는 "출필곡 반필면"(出必告 反必面)과《논어》(論語)에 나오는 "도리시재 효제무타"(道理是在 孝弟 無他)라는 말로 압축된다. 전자는 '집을 나갈 때는 반드시 이를 아뢰어 허락을 받고, 나갔다 들어와서는 꼭 얼굴을 뵙고 다녀왔다는 인사를 드려야 한다'는 뜻이고, 후자는 '사람이 살아가는 도리가 바로 여기에 있으니 부모에게 효도하고 형제끼리 우애하는 것보다 더 큰 것은 없다'는 의미다. 사람들은 이를 김기수 목사의 '효도목회 철학'이라 불렀다.

실제로 김기수 목사는 대구나 서울 등지에 다녀올 일이 있으면 집을 나서기 전에 김광현 목사를 꼭 찾아뵙고 무슨 일로 언제까지 어디를 다녀오겠다는 말씀을 드리고 길을 떠났고, 돌아와서는 다시 찾아가 어디서 무슨 일을 하다가 돌아왔는지를 자세하게 말씀드렸다고 한다. 부모의 마음을 편안하게 만들어 드리는 것이 효도라고 한다면, 자식이 집을 드나들 때 이를 상세히 아뢰는 것만큼 부모의 마음을 편안하게 해 드리는 일이 또 어디 있겠는가? 김기수 목사는 그렇게 한가한 분이 아니었다. 개신교 최대 교단인 대한예수교장로회 통합 교단 총회장과 장로회신학대학교 이사장, 한국기독교총연합회 대표회장 등을 지낸 분이니 보통 바쁜 것이 아니었지만, 안동교회에서 목회하는 동안 한 번도 이 원칙을 어겨 본 적이 없었다.

김기수 목사는 교회 안에 분열이란 있을 수도 없고, 있어서도 안 되는 것이라는 확신을 간직하고 있었다. 그는 교회가 끝없이 쪼개지고 나뉘며 대립하는 상황을 차마 두고 볼 수가 없었다. 형제자매가 잠깐만 싸워도 부모의 마음이 찢어지듯 아픈데, 주님의 몸인 한 교회끼리 사사건건 반목을 일삼는다면 하나님의 마음이 어떨까 생각하면 견디기 힘들었다. 그는 사람과 교단과 교회를 끌어안고 포용하는 것이 자신에게 주어진 사명임을 깨달았다.

"목사가 가는 대로 교회가 가고, 교회가 가는 대로 민족이 간다."

김기수 목사는 이 말을 자주 했다. 교회는 사회와 민족을 위해 신선한 바람을 불러일으켜야 할 사명이 있다는 의미였다. 그는 전임자인 김광현 목사에 이어 열렬한 에큐메니컬 운동(Ecumenical Movement, 기독교의 다양한 교파를 초월해 모든 교회의 보편적 일치 결속을 도모하는 신학적 운동)의 기수였다. 그만큼 그는 사회와 민족 앞에 열려 있는 인물이었다.

정창근 장로는 김기수 목사의 안동교회 24년 담임 목회를 처음부터 끝까지 함께하며 웃음도, 눈물도 같이 나눈 사이였다. 사람을 섬기고, 사랑으로 모든 것을 감싸 안으며, 화해와 일치를 앞장서서 실천하는 그의 신앙관은 김기수 목사와의 교유를 통해 철저하게 다져졌다.

"정창근 장로님은 안동교회의 보배 중의 보배입니다. 굉장히 바쁘신 분이지만, 언제나 그 바쁨을 주님의 사업과 영광을 위해 쓰시는 귀한 분이십니다. 바쁜 가운데서도 전도와 선교에는 늘 일등이십니다. 해외 선교를 나갈 때면 교회 예산으로 한다고 그렇게 말려도 약품이나 전도 용품, 여비 등을 모두 자비량으로 당신이 직접 준비하십니다. 정말이지 목회자나 교인 모두에게 용기와 소망을 주는 보배 장로님이십니다. 하나님이 귀하게 쓰시는 종입니다."

김기수 목사는 생전에 〈빛과 소금〉과의 인터뷰에서 정창근 장로에 대해 이렇게 평했다.

김승학 목사는 1960년 10월 26일 서울시 마포구 아현동에서 태어나 한양공대와 대학원을 졸업한 뒤 장로회신학대학원을 거쳐 미국 유학을 마친 후 2003년 12월 14일부터 지금까지 안동교회 담임목사로 사역 중이다. 이 지역 출신이 아닌 만큼 안동교회와 지역 사회를 더 객관적으로 바라보면서 열정을 불어넣고 새로운 비전을 세워 가는 일에 매진하고 있다.

전임 목회자 두 분의 자취와 흔적이 워낙 크고 넓어 후임자로서 부담감이 만만치 않았을 것이다. 그런데 안동교회에는 일종의 텃세랄까, 떠보기 같은 것이 하나도 없었다. 교인들은 두 원로목사에게 했던 것과 똑같이 김승학 목사에게 존경과 사랑을 표했고, 모든 것을 받아들이면서 새로운 목회 방침에 전적으로 순종했다. 이 지역 출신도 아닌 젊은 목사가 부임해서 100년이 넘은 오래된 교회의 목회 방향과 제도를 새롭게 바꿔 나가도 백발이 성성한 장로, 권사들이 한마디 불평도 없이 묵묵히 이를 따랐다. 바로 오늘의 안동교회를 있게 한 전통이고 문화이며 저력이었다. 그 앞에는 정창근 장로 같은 든든한 거목들이 서 있었다.

김승학 목사는 꿈과 비전으로 불타오르는 사람이다. 어른을 잘 섬기고 늘 웃으며 허리를 낮추고 겸손한 자세를 취하지만, 그 속에는 용광로보다 더 뜨거운 열정이 넘치고 있다. 그 꿈과 비전은 다름 아니라 안동을 복음화해 안동 전체를 예수 마을로 변화시키겠다는 것이다. 안동을 민족 복음화의 성지로 만들겠다는 것이다. 110여 년 전 평양에서 불타오른 성령의 불길이 안동에 뿌리를 내린 것처럼, 이제는 안동을 통해 이 민족과 세계를 성령의 불길로 불타오르게 하겠다는 것이다. 그의 뜨거운 심장은 담임 목회 20년이 되도록 식지 않았다.

"안동을 벗어나 대구나 서울 등 외지를 가실 때면 꼭 교회에 들러 저를 만나 어디 다녀오겠다고 말씀하시고, 제가 기도해 드리면 곧바로 출발하셨습니다. 조금 멀리 가실 때면 거의 예외 없이 그 바쁘신 분이 반드시 저에게 왔다 가셨지요. 요즘 그런 분이 어디 있겠어요? 정말 존경스러운 어른이셨습니다. 목사로서 존중받는 기분이었어요. 정창근 장로님의 아들도 목사지만 주의 종에 대해 언제나 깍듯하셨습니다. 아들뻘 되는 사람인데도 진심으로 예우해 주셨어요."

김승학 목사는 지금도 정창근 장로가 활짝 웃으며 자신의 방으로 불쑥 들어올 것만 같다고 했다.

정창근 장로의 56년에 걸친 안동교회에서의 신앙생활은 이 세 목사와의 아름다운 동행이었다. 아버지 같았던 김광현 목사, 친구 같았던 김기수 목사, 아들 같았던 김승학 목사. 그는 이들을 진심으로 따르고 아끼고 섬겼다. 이들과 함께였기에 그는 정말 행복한 장로였다.

4

미안해요
그리고 고맙습니다

내 인생의
키다리 아저씨

교정이 넓은 대학에서 특정 건물을 찾아가는 것은 쉬운 일이 아니다. 정문에서 멀거나 오르막길 혹은 언덕 위에 있는 건물이라면 더욱 그렇다. 이화여자대학교 법학관은 정문을 지나 오른쪽으로 난 오르막길을 꽤 걸어가야 나타났다. 6월 초인데도 날씨가 더웠다. 코로나 팬데믹으로 마스크까지 써야 하니 땀이 줄줄 흘렀다. 건물 안에 놓인 의자에 앉아 한참 부채질을 한 뒤 땀이 식은 다음 일어섰다. 법학전문대학원 김유환 교수 연구실 문을 조심스레 두드렸다. 커다란 체구의 김유환 교수가 활짝 웃으며 맞이했다. 목소리가 바리톤이었다.

"제가 초등학교 4-5학년 무렵 축농증을 앓았습니다. 그래서 정창근 장로님 병원에 가서 치료를 받았지요. 그때는 그냥 훌륭한 의사 선생님으로만 알고 있었습니다. 우리 집이 무척 가난했어요. 공부 잘하는 아이들은 대구에서 유학했지만, 저는 그럴 수 없었습니다. 평준화 1기였기에 추첨으로 경안중학교에 들어갔습니다. 교목 선생님이 전부 교회에 다니도록 교회를 배정해 주셨습니다. 저는 안동 동부교회로 배정되었으나 조금 다니다 그만두었습니다.

어느 날 교목 선생님이 부르시더니 안동교회를 가라고 하시더라고요. 거기 가면 장학금을 준다는 거예요. 그래서 안동교회를 나가기 시작했습니다. 장로님들이 출연해서 만든 장학금이었는데, 한 학기에 5천 원을 받았습니다. 그걸 아버지에게 갖다 드리면 굉장히 좋아하셨어요. 그러다가 중학교 졸업할 때쯤 정창근 장로님이 한 학년에 한 명씩 전교 1등만 뽑아 따로 장학금을 주셨습니다. 저하고 2학년 한 명, 1학년 한 명, 총 세 명이 뽑혔지요. 정확한 금액은 생각이 안 나는데, 5천 원보다 많은 금액이었습니다. 고등학교는 시험을 쳐서 안동고등학교에 들어갔습니다. 정창근 장로님이 고등학생 때도 계속 장학금을 주셨습니다. 장로님 개인이 주신 장학금이었습니다."

안동교회는 사람을 키우는 교회다. 6·25전쟁으로 국토가 폐허로 변했을 때 안동교회가 주목한 것은 인재, 즉 사람에 대한 투자였다. 안동교회는 경안노회를 중심으로 힘을 모아 경안학원 설립에 공헌했고, 안동유치원을 신축했으며, 학생들을 선발해 장학금을 지급했다. 지금까지 안동교회에서 장학금을 지급한 학생들은 2,300여 명이 훨씬 넘는다. 장학위원회 기금은 교회 예산과는 별도로 운영되며, 매년 장학주일을 정해 헌금을 기금으로 적립하고 있다. 장학주일이 되면 미리 준비하고 있다가 정성껏 헌금하는 교인들이 많다. 정창근 장로는 장학위원회에 큰 기금을 내놨지만, 개인적으로도 많은 학생에게 장학금을 지급해 왔다.

"중3이 되니까 아버지가 상고를 가라고 하셨습니다. 아비가 돈이 없어 대학 공부를 못 시키니 상고에 갈 수밖에 없다는 것이었지요. 서울에서 대학 다니던 형님까지 저보고 상고를 가라고 했습니다. 학교 성적은 전교 1등이었거든요. 고민이 많았지만, 인문계 고등학교에 진학했습니다. 그리고 예비고사를 치르고 본고사를 봤고 서울대 법대에 합격했어요. 그때 정창근 장로님이 내가 학비를 줄 테니 대학에 다니라고 하셨습니다. 4년 동안 한 학기에 20만 원씩 장학금을 받았어요. 첫 학기 입학금과 등록금 9만 7,500원은 아버지가 대 주셨습니다. 그 후로는 아버지에게 10원 한 장 받지 못했고, 정창근 장로님이 주신 돈으로 학교를 다녔습니다. 부족한 돈은 장학금을 받아 충당했고, 과외 공부 아르바이트도 했지요. 학교 다니면서 돈 문제로 너무 걱정을 많이 해서 '걱정 병'에 걸린 적도 있습니다. 몸이 안 좋아 병원에 갔더니 의사 선생님이 '걱정 병'이라고 하더라고요. 정창근 장로님이 아니었다면 저는 대학을 다닐 수 없었을 것이고, 지금의 저도 없었을 것입니다. 그 은혜를 늘 잊을 수가 없습니다."

정창근 장로가 김유환 교수에게 준 것은 장학금만이 아니었다.

"방학 때 안동에 가면 밥도 사 주시고 좋은 말씀도 해 주셨습니다. 장로님은 어떤 의미에서 저의 키다리 아저씨였지요. 야고보는 '행함이 없는 믿음'은 죽은 믿음이라고 했는데, 장로님의 믿음은 늘 행함과 함께하는 믿음이었습니다. 애써 마련한 재물을 선한 일에 쓰기 위해 매진하셨습니다. 사람이 한순간 남을 위해 재물을 나눌 수는 있지만, 평생 그 일을 하기는 쉽지 않지요.

저는 어떻게 하면 장로님이 베풀어 주신 은혜를 갚을 수 있을까 생각했습니다. 장로님처럼 가난한 학생에게 장학금을 주고 싶었습니다. 2011년에는 사외이사도 하고 수입이 조금 괜찮았거든요. 그래서 이화여대 신학대학원에 다니는 가난한 학생 두 명에게 입학할 때부터 졸업할 때까지 장학금을 주었습니다. 2,500만 원인가 됐을 거예요. 당시 장학금 이름을 '정창근 장로 기념 장학금'이라고 붙였습니다. 학교에서 정창근 장로님이 어떤 분이시냐고 묻더군요. 그래서 국민일보에 실린 '강도도 알아본 의인' 이야기를 들려주면서 그 정도로 훌륭한 분이시라고 했습니다. 그러니까 학교에서 장로님을 초빙해 학생들에게 강연을 들려주면 좋겠다고 하더라고요. 그래서 장로님께 연락을 드렸고 이화여대에서 특강을 하셨습니다. 장로님이 너무너무 기뻐하셨지요."

미국 소설가 진 웹스터(Jean Webster, 1876-1916)의 소설 《키다리 아저씨》는 주디라는 고아 소녀가 한 후원자의 도움을 받아 대학에 진학한 후 꿋꿋하게 자신이 원하는 일과 사랑을 찾아가는 모습을 그려낸 작품이다. 후원자인 키다리 아저씨의 바람대로 주디는 어떤 상황에도 좌절하지 않는 밝고 긍정적인 어른으로 성장한다. 먼 발치서 김유환 교수를 지켜보던 정창근 장로의 심정이 주디를 바라보던 키다리 아저씨의 마음과 같지 않았을까.

고등학교 2학년이었던 1976년 크리스마스에 안동교회에서 김 광현 목사에게 세례를 받은 김유환 교수는 현실이 아무리 힘들고 고달파도 결코 신앙의 끈을 놓지 않았다. 이화여자대학교 법학전문대학원에서 학생들을 가르치면서 가까운 곳에 있는 감리교신학대학교를 야간 과정으로 마쳤을 정도로 목회에도 관심이 많았던 그는 우리나라 최초의 대학교회인 이화여자대학교 대학교회에 출석하면서 법대와 대학원에 있는 그리스도인 학생들 모임에서 성경 공부를 지도하고 있다.

필자는 초등학생 때부터 중학생 때까지 뚝섬에 살았다. 지금은 카페와 벤처기업들이 자리해 있고 한강 변과 서울숲 근처에 고가 아파트들이 즐비한 부촌이지만, 당시만 해도 무질서한 유원지와 말똥 냄새나는 경마장 그리고 소음과 공해가 극심한 공업 지대로 대표되는 곳이었다. 뚝섬의 상전벽해는 2005년 6월 성수동 일대에 개장한 테마공원 서울숲과 더불어 진행되었다. 뉴욕의 센트럴파크나 런던의 하이드파크 등을 본떠서 약 35만 평 부지에 도심속 녹지를 만든 것이다. 그 중심에 있는 서울숲교회를 방문했다. 부임 20주년을 맞은 권위영 목사를 만나기 위해서였다. 2호선 전철 뚝섬역에 내려 조금만 걸어가면 찾을 수 있었다.

"이곳이 이렇게 변할 줄 몰랐습니다. 서울숲이 생기면서 확 변화가 왔습니다. 원래 우리 교회는 1961년 상원교회라는 이름으로 시작되었는데, 서울숲이 조성되면서 2006년 서울숲교회로 이름을 바꿨습니다. 제가 올 때만 해도 갈등과 분쟁이 많은 교회였습니다. 담임목사 없이 1년 넘게 다른 교회 목사가 설교 지원을 나오던 교회였습니다. 처음 부임할 때부터 '저는 이 교회를 감당할 수 없습니다'라고 기도했습니다. 그때 교회 달력에는 담임목사 이름이 빠져 있습니다. 교회를 감당할 자신이 없어 제 이름을 넣지 않고 제작한 것입니다.

그 무렵 정창근 장로님께 인사를 드리러 갔는데, 장로님이 제게 소중한 부탁을 하셨습니다. '목사님, 가시는 교회가 분쟁으로 힘든 교회라고 들었습니다. 가시거든 장로님들을 삼촌처럼, 형님처럼 잘 섬기면서 진심으로 기도하세요.' 그 귀한 부탁을 잊을 수가 없습니다. 그래서 저는 형님처럼, 삼촌처럼, 아버님처럼 장로님들을 잘 모셨습니다. 그랬더니 장로님들은 저를 더 사랑해 주시고 아껴 주시고 존중해 주셨습니다. 그래서 우리 교회는 지금까지 아무 갈등과 분쟁 없이 평안한 교회로 이어져 오고 있습니다. 이 모두가 정창근 장로님의 말씀에 순종한 열매입니다."

서울숲 때문에 뚝섬이 몰라보게 변했듯 권위영 목사의 부임 이후 상원교회는 환골탈태했다. 이름과 겉모양만 바뀐 것이 아니다.

소프트웨어가 바뀌었다. 갈등과 분쟁으로 소문났던 바람 잘 날 없던 교회가 섬김과 사랑으로 소문난 행복하고 평화로운 교회로 거듭난 것이다.

권위영 목사와 정창근 장로는 어떤 인연이 있었던 것일까?

"저는 초등학교만 세 곳을 다녔습니다. 아버지를 따라 이사를 자주 다녔기 때문입니다. 그런 와중에도 초등학생 때는 전교어린이회장을 했고, 중학생 때는 전교학생회장을 했습니다. 안동고등학교에 다니면서는 자취를 하며 교회 일에 매달렸습니다. 제가 고3 때 아버지가 전도사로 시무하시던 교회에서 갈등이 생겨 갑작스럽게 사임을 하셨습니다. 그 일로 저는 목회의 꿈을 접고 안동대학교 사학과에 들어갔습니다. 대학 졸업 후 곧바로 학사장교로 군에 입대했고, 군 생활이 끝나 갈 무렵 목회의 꿈이 다시 피어올랐습니다. 1987년 장로회신학대학교 신학대학원에 입학했지요.

하지만 가난한 목회자의 아들에게 학비가 있을 리 없었습니다. 그런데 찾아보니 장로회신학대학교 신학대학원에 '정창근 장학금'이 있었고, 그 장학금을 받게 되었습니다. 제가 신학대학원 공부를 마치고 목사가 될 수 있었던 것은 정창근 장로님 덕분입니다. 장로님은 3년 동안 등록금뿐 아니라 기숙사비에, 교재비까지 지원해 주셨습니다. 장로님은 저처럼 돈이 없어 학업이 어려운 신학생들을 여럿 도와주셨습니다. 갚기 힘든 큰 빚을 졌지요."

정창근 장로는 중고등학교와 일반 대학에 다니는 학생들에게도 장학금을 지급했지만, 신학대학에 다니는 학생들에게도 꾸준히 장학금을 지급했다. 중고등학교와 일반 대학에 다니는 학생들은 학업 성적은 뛰어나지만 집안 형편이 어려운 학생들이 대상이었고, 신학대학에 다니는 학생들은 성적을 따지지 않고 학비를 마련할 수 없는 가난한 학생들을 대상으로 했다. 정창근 장로에게 장학금을 받으며 공부했던 신학생들이 지금은 전국에서 목사로 활약 중이다.

"부임 10년 차인 2012년 가을에 서울숲교회 '숲愛ON센터'를 건축하고 입당 기념으로 부흥사경회를 개최했습니다. 그때 여러 목사님과 함께 정창근 장로님을 강사로 모셨습니다. 장로님처럼 바쁘신 어른이 저의 목회 현장에 시간을 내서 와 주셨습니다. 장로님의 표정이 너무도 환해서 참 감사했습니다.

정창근 장로님의 사역은 참으로 그 범위가 광대했습니다. 알려지지 않은 선한 사역이 차고 넘치기에 '안동의 성자'라는 호칭을 받으실 만합니다. 그 많은 사역 중에 백년대계의 교육 장학 사업을 위해 애쓰신 일들이 묻혀 있어요. 저를 비롯한 수많은 목회자가 '정창근 장학생' 출신으로 흩어져서 목회하고 있고, 이미 은퇴하신 분도 많습니다. 장로님은 저의 영적인 멘토셨습니다. 정창근 장로님께 빚진 마음으로 당회원과 교회 어른들을 섬기며, 당회가 평안해야 교회가 평안하다는 말씀을 늘 기억하고 있습니다. 그분이 주신 사랑에 힘입어 제가 목회를 잘 이어 가야 한다는 거룩한 부담감이 있습니다."

정창근 장로와 절친했던 권위영 목사의 부친인 권덕해 목사는 아들이 진 빚을 조금이나마 갚기 위해 은퇴 후 노구를 이끌며 안동시온재단에 있는 희망교회 원목으로 일하고 있다.

사랑은 이렇게 흘러간다. 위에서 아래로 흐르다 옆으로 펴져 가며 흘러 흘러 가는 것이다. 시원(始原)이 될 것인지 중간 지점이 될 것인지, 한 방향으로만 흐를 것인지 여러 갈래로 흐를 것인지, 더 흐르지 않고 고이거나 말라 사라지는 종착지가 될 것인지의 차이가 있을 뿐이다. 정창근 장로는 평생 땀 흘려 판 우물을 사랑의 시원으로 만들어 끊임없이 흘려보냈다. 그 물로 목을 축이고 기운을 차린 수많은 사람이 있다. 그들은 자기가 받은 사랑을 또 다른 물줄기로 흘려보냈다. 그 물줄기들이 모여 이야기가 되고, 인생이 되고, 역사가 되었다.

내 인생의 키다리 아저씨는 누구일까? 나는 그 누군가에게 키다리 아저씨가 되어 살아가고 있을까?

—

담장 넘어 건네준
얼음덩어리

오랜만이었다. 강릉으로 이사한 뒤 서울 강남에 있는 백화점 커피숍에서 누군가를 만나기로 한 것은. 그리 오래된 일도 아닌데, 촌놈처럼 강남의 마천루들을 올려다보았다. 여러 번 들여다봐도 외워지지 않을 만큼 커피숍 이름이 길었다. 백발의 노인 한 분이 느린 걸음으로 들어서셨다. 약속 시간 한참 전이었다. 스마트폰 문자로 미리 얼굴 사진을 보내 주신 덕에 쉽게 찾을 수 있었다. 친절과 예의가 몸에 밴 어른이셨다. 아메리카노 향기가 감미로웠다.

"정창근 원장님을 알게 된 것은 로타리클럽 때문입니다. 저는 연세대학교에서 학생들을 가르치다가 안동교육대학 교수로 가게 되었습니다. 형님이 갑자기 돌아가셨거든요. 어머니도 계시는데 형수님이 조카 다섯을 키우게 되었으니 제가 식구들을 다 책임져야만 했습니다. 그래서 안동으로 급히 내려가게 된 거예요. 고향인 안동에서 식구들을 건사하면서 학생들을 가르치며 살았습니다.

그때 안동로타리클럽이 있었습니다. 그런데 제 안동사범학교

은사이신 이수창 교수님이 주축이 되어 로타리클럽을 하나 더 만들기로 했습니다. 서안동로타리클럽이 만들어졌지요. 1972년 12월 21일입니다. 그 무렵 저와 정창근 원장님이 회원이 되었는데, 거기서 처음 만났습니다. 로타리클럽 정관을 보면, 그 지역에서 같은 직업을 가진 사람은 두 사람 이상 회원이 될 수 없습니다. 한 분야에서 보편적으로 가장 성공하고 양심적이며 도덕적인 사람만 회원이 될 수 있었지요. 저는 수학과 교수로 들어갔고, 정창근 원장님은 이비인후과 의사로 들어갔습니다. 경북대 의대 동기인 김경수 원장님도 정형외과 의사로 들어오셨습니다.

당시 우리가 모여 결의를 했습니다. 제대로 한번 해 보자고 말이지요. 국제로타리 정관이 굉장히 까다로워 제대로 지키기 어렵습니다. 매주 1회씩 반드시 모여야 하고, 출석률이 일정 수준이 되지 않으면 자동으로 제명이 됩니다. 봉사하면서 절대로 잘했다고 자랑하거나 내세우면 안 됩니다. 제가 학계에 있다 보니 정관을 맡았습니다. 영문으로 된 정관을 새로 번역해서 그대로 하기로 했지요. 원칙대로, 교과서대로 하자고 했습니다."

단국대학교 수학과 명예교수인 이광복 교수는 수학자답게 예전 일을 또렷이 기억했다.

국제로타리(Rotary International)는 세계 각지의 기업인과 전문가들이 공동체에 봉사하고, 도덕적 가치를 고양하며, 친선과 평화, 상호 이해를 증진하는 것을 목표로 결성한 인도주의적 봉사 단체다. 미국의 변호사 폴 해리스(Paul Harris)가 1905년 2월 23일 동료들과 함께 시카고에서 만든 모임에서 비롯되었다. 폴 해리스는 다양한 배경을 가진 전문 직업인들이 한자리에 모여 아이디어를 공유하고 평생토록 지속되는 우정을 나눌 수 있는 공간으로서 세계 최초의 봉사 단체인 시카고로타리클럽을 창설하게 되었다.

세계 여러 도시에는 국제로타리에 소속된 많은 로타리클럽이 있으며, 회원들은 회비와 기부금을 내며 다양한 봉사활동을 펼치고 있다. 소아마비가 거의 박멸된 것도 로타리클럽이 꾸준히 백신을 지원한 덕분이라고 할 수 있다. 자원봉사가 주된 활동이기 때문에 경영인들이나 전문직 종사자들이 주로 가입해서 활동한다.

지역 유지들이 모여 골프를 치는 사교 클럽 정도로 알고 있는 사람들이 있는데, 이는 잘못 아는 것이다. 로타리클럽에는 네 가지 표준이 있다. '우리가 생각하고 말하고 행동하는 데 있어서 첫째, 진실한가? 둘째, 모두에게 공평한가? 셋째, 선의와 우정을 더하게 하는가? 넷째, 모두에게 유익한가?' 하는 것이다. 이 표준을 지키는 것이 진정한 로타리안이다.

"제가 총무이사를 맡고 정창근 원장님이 재무이사를 맡으셨습니다. 정말 원칙대로 활동했지요. 출석률이 나쁜 사람은 진짜로 제명했습니다. 지역 사회에 소문이 나면 불명예이니 유예하자는 말도 있었으나 교과서대로 했습니다. 정창근 원장님은 안동에 와서 자기를 초월한 봉사를 하신 분입니다. 병원도 아주 잘됐지요.

진료실에 가면 항상 대기자가 많았습니다. 지나가다 들르면 '아이고!' 하면서 반갑게 맞아 주셨습니다. 환자들이 기다리고 있는데도 제 손을 붙들고 집으로 데리고 가서 꼭 차 한 잔이라도 대접하고 나와서 다시 진료하셨지요. 로타리클럽에서 같이 활동하면서 정말 친하게 지냈습니다. 여기저기 다니며 봉사활동도 참 많이 했습니다. 항상 붙어 다녔지요.

정창근 원장님은 굉장히 양심적인 분이셨습니다. 거짓말은 못하셨습니다. 안동성좌원에 있는 한센인들에게 가까이 가려는 사람이 아무도 없었습니다. 그래서 그분들은 외진 데 모여 죄인처럼 살았습니다. 환자가 생겨도 진료해 주는 사람이 없었지요. 정창근 원장님이 자진해서 가서 그분들을 치료해 주셨습니다. 잠깐 한 것이 아니라 오랫동안 하셨습니다. 나중에 알았습니다. 스스로 그런 말을 하신 적이 없었으니까요. 저는 무서워 못 가 봤습니다. 큰 감명을 받았습니다."

우리나라의 로타리 운동은 1927년 경성로타리클럽이 창립되면서 국제로타리에 가입한 것이 시초다. 그 뒤 부산, 평양, 대구에 로타리클럽이 차례로 생겨나면서 로타리 운동이 확산했으나 제2차 세계대전의 발발로 중단되었다. 해방 이후 경성로타리클럽은 서울로타리클럽으로 재발족했다. 이어 부산, 대구, 한양, 인천, 남서울, 전주, 대전, 남부산, 광주, 청주, 동대구 등 지역 이름을 딴 로타리클럽이 속속 만들어졌다. 마침내 1961년 12개 클럽으로 구성된 375지구가 탄생함으로써 대한민국은 독립 지구의 길을 걷게 되었다.

그 후 성장을 거듭한 한국 로타리 운동은 현재 19개 지구 1,600여 개 클럽에서 6만 7천여 명이 넘는 회원이 활동 중이다. 국제로타리 내에서 회원 수와 재단 기여도 면에서 한국은 상위권을 유지하고 있다. 또한 2008년에는 한국인 최초로 국제로타리 회장을 배출함으로써 위상이 더 높아졌으며, 1989년과 2016년 두 번이나 한국에서 국제로타리 세계대회가 개최되기도 했다.

"정창근 원장님 집은 양식으로 새로 지은 집이었고, 그 앞에 조그마한 기와집이 한 채 있었습니다. 그 집을 제가 사게 됐습니다. 마주 보고 살게 된 거예요. 가까우니까 더욱 만날 기회가 많았습니다. 원장님 집과 우리 집 사이에 담장이 있었는데 높지 않았습니다. 손으로 짚고 올라가면 넘어갈 수 있었지요. 그때 우리 집에는 냉장고가 없었고, 원장님 집에는 냉장고가 있었습니다. 여름에 얼마나 덥습니까? 얼음물이 먹고 싶지요. 원장님이 이걸 안쓰럽게 여기셔서 틈틈이 담장 넘어 얼음덩어리를 건네주셨습니다. 덕분에 우리 식구 모두 시원하게 얼음물을 마실 수 있었습니다. 거의 매일 만났습니다. 차 한 잔 마시자고 하면 우리 집 대문으로 나가서 그 집 대문으로 가야 하는데, 그러려면 한참을 돌아가야 했습니다. 그래서 그냥 담장을 넘어갔지요. 밤늦게 차를 마시며 이야기를 나누다가 또 담장 넘어 우리 집으로 돌아왔습니다.

그러다가 제가 1977년에 안동을 떠나게 되었습니다. 교육대학 졸업생들을 학교로 보내야 하는데, 교원이 정체되어 발령을 내지 못했습니다. 그러니 교육대학 정원을 자꾸 줄일 수밖에 없었지요. 더 줄일 수 없게 되자 교육대학을 아예 없애기 시작했습니다. 직장이 없어지는 것이지요. 어쩔 수 없이 안동을 떠나 서울로 다시 와서 문교부 편수관으로 일하다가 단국대학교 수학과 교수로 옮겨 가게 되었습니다. 서울로 왔지만, 연락은 계속하고 지냈습니다. 가끔 고향에 가서 정창근 원장님을 찾아가면 그렇게 반가워하실 수가 없었어요. 옛날처럼 밤늦게까지 이야기를 하곤 했지요."

로타리클럽은 정창근 장로와 잘 맞았다. 지역 사회를 대표하는 전문 직업인들이 모여 사회 구석구석 필요한 곳을 찾아다니며 봉사하는 일은 봉사가 몸에 밴 그와 자연스럽게 어울렸다. 엄격한 도덕성과 윤리관을 강조한다는 점도 그가 추구하는 봉사의 방향과 일맥상통했다. 그는 로타리클럽 활동에 열정을 쏟았다. 교회 사역에 헌신하는 것은 장로로서 마땅히 해야 할 일이고, 안동성좌원과 안동시온재단 책임을 맡은 것은 소외된 사회적 약자들을 위해 의사로서 사명감을 가지고 해야 할 일이었다면, 로타리클럽은 안동을 사랑하는 주민으로서 지역 사회를 섬기기 위한 노블레스 오블리주의 실천이었다.

서안동로타리클럽의 초기 구성원도 참 좋았다. 그들 중에는 신앙이 없는 사람도 있었고, 다른 종교를 가진 사람도 있었다. 정창근 장로는 이들과 전혀 거리낌 없이 교제했다. 이광복 교수 역시 그리스도인이 아니었다. 그런데도 정창근 장로를 진심으로 존경했으며, 그야말로 진정한 그리스도인이라고 칭송했다.

"교회 가자고 강요하지 않으셨습니다. 남의 사생활과 의지를 존중해 주셨지요. 절대 부담을 주지 않으셨습니다. 천사같이 살았으면서도 만났을 때 전혀 그런 이야기를 하지 않으시더라고요. 뽐내거나 자랑하지 않으신 것이지요. 자기를 돌보기보다는 남을 돌보는 일에 헌신한 분이십니다. 수입의 절반 이상을 봉사하는 데 쓰셨을 거예요. 병원도 화려하지 않았습니다. 환자 대기실 두세 평, 진료실 두세 평, 그 정도로 소박하셨지요. 워낙 환자가 많이 오니까 나중에 2층, 3층 올렸지요.

이분은 콧속을 들여다보면 누군지 다 아십니다. 환자 콧속을 가만 들여다보다가 '아주머니, ○○에서 왔죠?'라고 말하면 '아니, 어떻게 아셨어요?' 하고 깜짝 놀랍니다. 환자의 상태를 아픈 곳의 모양새로 다 기억하신 것입니다. 정창근 원장님의 보이지 않게 사회에 봉사하는 순수한 봉사 정신이 제 생활관이나 철학에 많은 영향을 주었습니다. 그래서 지금도 그분을 잊을 수가 없습니다. 그때를 기억하며 제 딴에는 착하게 살려고 노력하고 있습니다."

이광복 교수는 요즘도 바쁘다. 인터넷에 자신의 카페를 만들어 수학과 관련한 칼럼을 꾸준히 써서 올리고 있다. 음악과 미술은 물론 운동에도 심취해 있다. 죽는 날까지 열심히 공부해서 얻은 지식을 남에게 나눠야 한다는 것이 그의 지론이다. 어디서든 특강 요청이 오면 자신의 돈을 들여 달려가 강의를 한다. 물론 강의료는 받지 않는다. 일주일에 한 번씩 모임에 나가 집에서 공부한 내용을 프린트해서 나누어 주고 설명한다. 학술지에 발표된 논문을 보고 요약한 것이다. 이것이 바로 로타리 정신이라고 했다. 그는 뼛속까지 로타리안이었다.

정창근 장로의 부음을 들은 이광복 교수는 삶의 한 축이 무너져 내리는 것 같은 슬픔을 느꼈다. 나이는 자신이 세 살 아래였지만 젊은 시절 누구보다 가까운 친구처럼 지내 왔는데, 두 번 다시 볼 수 없게 되었다는 사실이 가슴 아팠다. 그는 자신의 심정을 적은 장문의 편지를 안동시온재단 정은재 대표에게 보냈다. "아! 백의의 천사 정창근 원장님"이라는 제목으로 된 편지는 구구절절 마음을 울리는 문장이다. 그중 한 대목을 소개하면 다음과 같다.

아! 눈을 감아도 숨을 멈추어도 잊을 수 없도다. 그뿐인가. 때때로 신이 나면 나는 담을 넘어 당신의 거실에서 사모님의 차근차근한 이야기와 함박웃음으로 꽃피웠으니. 누구는 세월이 간다고 하고, 누구는 세월이 온다고 하지만, 지금 보니 가고 오는 것은 세월이 아니라 오직 그리운 당신뿐이로소이다. … 사람이 어디에 사느냐가 중요한 것이 아니라 어떻게 사느냐가 더욱 중요하다는 신념으로 오로지 세상이 버리고 외면한 고통의 사람들과 함께 일하고 울면서 이룩한 선행 후언(先行後言)의 수많은 봉사. 그 모두 오직 하나님의 은혜로 돌리셨으니, 아! 그대를 하나님의 유전자라 해야 하리까? 예수님의 십자가 표상이라 해야 하리까? 무겁고 힘든 짐 진 자들의 쉼터라 해야 하리까? 당신은 정녕 하나님이 보내신 사도임이 분명하나이다. … 천사는 천 년마다 한 번씩 이 세상에 온다고 했으니, 이제 울음 멈추고 언젠가 당신께서도 다시 사람 화신이 되어 이곳에 또 올 날 기다리며 붓을 놓고 애타게 기다리겠나이다.

사람들을
이어 주는 다리

'로타리'라는 명칭은 회원 각자의 사무실에서 돌아가며 모임을 가진 것에서 유래했다. 봉사의 깃발 아래 사람들이 점점 모여들면서 꾸준히 발전한 국제로타리는 현재 200개 이상 국가 및 자치령에 확대되어 3만 5천여 개 클럽에 회원 수 140만여 명으로 크게 성장했다.

국제로타리에서는 매년 전 세계 회원 가운데 봉사를 통해 타인에게 모범이 되는 인물 약 100여 명을 선정해 '초아의 봉사상'(超我의 奉仕賞, Service Above Self Award)을 수여한다. 말 그대로 '자기 자신을 넘어선 봉사를 하는 사람에게 주는 상'이다. 자기 자신을 넘어선 봉사란 좀 더 편안하게 살고 싶고, 자신을 위해 이기적으로 살고 싶은 욕망을 뿌리친 채 이웃과 사회를 돌아보며 이타심을 실천하는 것을 의미한다. 그렇기에 이 상은 국제로타리에 소속된 회원들에게 최고의 영예로 꼽힌다. 1996년 1월 9일 정창근 장로는 이 상을 받았다.

로타리의 노벨상이라고 불리는 이 상을 받은 직후 그는 한국로타리가 발행하는 월간지 〈로타리코리아〉와 인터뷰를 했다. 인터뷰를 마친 김희숙 기자는 그에 관해 이렇게 썼다.

"단 한 시간도 자신을 위해 쓸 수 없을 만큼 바쁜 정 원장은 그래서 스스로를 '1급 노동자'라고 표현한다. 봉사의 정열에다 타고난 건강까지 겸비했으니 정말 노동자로서 제격이 아닐 수 없다. 촌각을 아끼며 힘들고 아프고 가난한 이들의 친구가 되어 준 정 원장에게 이번 초아의 봉사상은 하늘이 내려 준 가장 적합한 상이 아닐까. 사랑을 온몸으로 실천한 우리 사회의 '소금' 정 원장에게 있어 이번 초아의 봉사상은 더 큰 행복한 부담이 되어 줄 것이다."

로타리클럽의 조직 체계는 매우 독특하다. 지구별 조직으로 움직인다. 한 지구 안에는 여러 개의 로타리클럽이 있다. 초창기 한국로타리는 클럽이 몇 개 되지 않았기에 단일 지구였다. 그러나 발전을 거듭해 지금은 지구가 19개에 달하고 클럽은 1,600여 개가 넘는다. 클럽의 대표는 회장이며, 지구의 대표는 총재다. 즉 한국로타리 안에는 19명의 총재와 1,600여 명의 회장이 있는 것이다. 1959년 단일 지구일 때 한국로타리연합회가 만들어졌다. 클럽 간의 소통을 위해서였다. 그 후 4개 지구가 되면서 1979년 한국로타리총재단으로 거듭나게 되었으며, 1986년에는 사단법인 한국로타리총재단 창립총회를 개최하기에 이르렀다.

현재 안동에는 8개의 로타리클럽이 있다. 회원을 증가시키고 클럽을 많이 만드는 것이 국제로타리 방침이기 때문에 로타리 클럽은 계속 늘어날 것이다. 경상북도 지역은 '3630지구'로 불린 다. 3630지구 안에 있는 로타리클럽은 130개에 달하고 회원 수는 6,400여 명이 넘는다. 한국로타리 어느 지구보다 규모가 크고, 인 원이 많으며, 활동 또한 활발하게 이루어지고 있다. 정창근 장로 는 1998년 7월부터 1999년 6월까지 3630지구 총재를 맡아 봉사 했다.

"제가 서안동로타리클럽 회장으로 일할 즈음 우리 클럽 회원들 의 도움을 받아서 정창근 원장님을 3630지구 총재로 세워 달라고 건의를 했습니다. 총재단에 우리 클럽의 사정을 알리면서 이런 훌 륭한 분이 있다고 말씀드렸습니다. 총재가 된 뒤에는 지금 권영 호 원장이 운영하는 성심치과의원 자리에 총재실을 만들어서 제 가 출퇴근하며 총재님을 도와 업무를 봤습니다."

서안동로타리클럽 회장을 역임한 김수진 선생의 이야기다.

서안동로타리클럽이 워낙 모범적으로 봉사활동을 펼쳐 온 데 다 지구대회에서 최우수 클럽으로 여러 차례 뽑혔으며, 로타리재 단과 한국로타리장학문화재단 기부 실적이 양호했기 때문에 서안 동로타리클럽의 창립 회원인 정창근 장로가 3630지구 총재로 선 출될 수 있었다.

정창근 장로의 호는 '인교'(仁橋)다. '어질 인' 자에 '다리 교' 자를 쓴다. '어진 성품으로 사람과 사람 사이를 잇는 다리 역할을 잘하는 사람'이라는 뜻으로 해석할 수 있다. 구체적으로 누가 언제 호를 지어 주었는지는 알 수 없지만, 그의 호가 본격적으로 쓰이기 시작한 것은 국제로타리 3630지구 총재가 되면서부터라고 추측된다. 그 이전에는 호를 빈번하게 사용한 적이 없으나 이때부터 사람들이 자연스럽게 그를 '인교 총재'라고 부르기 시작했다.

"제가 태어난 곳이 대구시 인교동 44번지입니다. 인교동을 한자로 '仁橋洞'이라고 쓰거든요. 아버지의 호가 '인교'인 것은 여기서 착안한 것이 아닌가 싶습니다. 사람들을 이어 주는 다리. 아버지는 정말 그 호에 딱 맞게 사신 분입니다. 늘 사람과 소통하시고 인간관계를 소중히 여기신 분이었으니까요. 사람들도 그렇게 생각했기 때문에 '인교' 총재라고 부르게 된 것이 아닐까요?"

큰딸 정은경 권사는 그래서 아버지 호에 대한 애정이 남다르다.

국제로타리 글렌 에스테스(Glenn Estess) 회장이 안동성좌원과 안동시온재단을 방문하기도 했다. 방한 중인 2004년 11월 17일 안동에 도착한 그는 경축 행사에서 정창근 전 총재가 "지역 사회 문제"를 주제로 안동성좌원과 안동시온재단의 운영 경위와 과정에 대해 발표하자 크게 감동했다. 직접 가 보고 싶다는 에스테스 회장의 뜻에 따라 두 곳을 둘러보았다. 다음은 에스테스 회장의 소감이다.

"저는 대통령을 만난 순간보다 오늘 이 현장에 와 본 것이 더 감명 깊습니다. 내년 시카고에서 열리는 국제대회에서 45분간 연설하기로 되어 있는데, 3분짜리 비디오테이프를 제작해서 보내 주시면 제가 비디오를 방영하면서 3분 동안 이에 관해 이야기하도록 하겠습니다."

2009년 9월 7일 서울 63빌딩 컨벤션홀에서는 사회복지의 날 기념식이 열렸다. 이때 정창근 장로는 한센인들과 장애인들을 위해 헌신해 온 그간의 공로를 인정받아 국민포장을 받았다. 시상식 후 〈로타리코리아〉 이윤진 기자와 가진 대담에서 그는 이런 이야기를 했다.

"평소 생각하시는 나눔은 어떤 것이고, 삶에서 가장 중심에 두는 것은 무엇인지요?"

"수의에는 주머니가 없습니다. 죽으면 모든 게 끝나는 것이 아닙니다. 우리는 세상에 잠시 있다 가는 것입니다. 우리를 영원히 이어지게 하는 것이 나눔입니다. 테레사 수녀나 슈바이처 박사 그리고 소아마비 박멸을 위해 힘쓰는 빌 게이츠 회장에게서 볼 수 있듯 어느 선 이상의 소유는 중요한 것이 아닙니다. 어떻게 나누느냐 하는 것이 중요합니다. 손에 너무 오래 쥐고 있으면 변질됩니다. 나눔, 배려, 관용이 없다면 전 인류를 초월한 로타리가 어떻게 존재할 수 있었겠습니까? 영원을 보고 살 때 더 부유하고 충만한 삶을 살 수 있습니다."

안동교회는 지난 2009년 창립 100주년을 기념해 등록문화재와 한국기독교사적으로 지정된 석조 예배당 옆에 현대식 건물인 100주년기념관을 지었다. 그 건물 1층에 '로뎀나무'라는 카페가 있다. 메뉴도 다양하고 값도 무척 저렴하다. 거기서 안동 토박이 인 천세창 선생을 만났다.

"정창근 장로님과는 어떤 인연이 있으신가요?"

"제가 1984년에 서안동로타리클럽에 입회하고 나서 뵙게 되었 습니다. 우리는 봉사도 많이 했지만, 등산도 많이 다녔습니다. 그 러면서 인교 총재님과 가까워졌습니다. 저와 제일 친하셨습니다. 등산을 가더라도 꼭 옆에 붙어서 올라가곤 하셨습니다. 흉허물 없 이 이야기를 나누었습니다. 친형제 같았어요. 총재가 되면 지구 안에 있는 클럽을 전부 다녀야 합니다. 3630지구에는 100개가 넘 는 클럽이 있으니까 그곳들을 다 찾아다니려면 힘이 들지요. 그래 도 가서 격려하고 우리 지구를 어떻게 이끌어 가겠다는 연설도 해 야 합니다. 제가 모시고 많이 다녔습니다."

"선생님은 로타리클럽에서 주로 어떤 일을 하셨나요?"

"저는 성격이 조용한 편입니다. 인교 총재님을 도와 클럽 운영 계획서를 만들고, 각종 모임을 주선하는 일을 했습니다. 새벽에도 전화해 오늘 누구누구와 같이 식사하자고 하셨습니다."

천세창 선생이 책자 한 권을 건네주었다. 〈2022-2023년도 클럽 운영 계획서〉였다. 로타리의 역사와 목적부터 서안동로타리클럽 의 회원 명단과 활동 내용 그리고 정관과 세칙 등이 일목요연하게 정리되어 있었다. 회원들의 생일과 배우자 생일 심지어 결혼기념일까지 적혀 있었다. 30여 년 동안 변함없이 그가 해 온 작업이었다. 정창근 장로에게는 없어서는 안 될 참모라는 생각이 들었다. 생전 정창근 장로는 회원 명부에 늘 1번으로 올라 있었다고 했다.

"정창근 장로님은 어떤 분이셨습니까?"

"제가 볼 때는 법이 없어도 사실 분이었습니다. 박애 정신이 참 투철한 분이셨습니다. 남을 도와주는 일을 정말 수없이 많이 하셨습니다. 손을 내밀면 거절하지를 않으셨습니다. 교회 장로이기도 했지만, 경상북도의 슈바이처라고 할 수 있는 분이십니다. 저는 교인이 아니라 불교 신자입니다. 총재님이 저를 그렇게 좋아하셔도 절에 나갔습니다. 그래도 아주 친하게 잘 지냈지요."

"형님처럼 따르던 정창근 장로님이 갑자기 돌아가셔서 많이 서운하시겠습니다."

"정말 즐겁게 봉사했습니다. 이제는 그런 기회가 없어졌지요. 서운한 거야 말이 아니지요. 돌아가시기 전에 안동시온재단 뒷산으로 등산을 같이 다녔습니다. 하루는 산을 오르다가 총재님이 어느 묘 옆에 서시더니만 이 묘는 누구 묘인데 자신이 죽으면 경북대학교 병원에 시신을 기증해 의학 실험에 쓰도록 한 다음 화장해서 뼛가루를 가져오면 이 자리쯤 뿌려 줬으면 좋겠다고 말씀하시더군요. 무심코 들었는데 돌아가시고 나니 그때 일이 자꾸 생각납니다."

서안동로타리클럽은 일본 미야자키현 노베오카시에서 활동 중인 노베오카히가시 로타리클럽과 자매결연해 국제 교류를 확대하기 위해 애써 왔다. 정창근 장로는 한·일 민간교류사업을 꾸준히 전개하면서 일본 청소년들에게 한국의 전통문화를 알리는 일에 힘을 쏟았다. 이를 위해 여러 차례 일본을 왕래했다. 이때 동행했던 서안동로타리클럽 회원인 안동교회 서종수 집사는 정창근 장로의 별세 이후 안동시온재단 소식지인 〈더불어 사는 마을〉 54호에 "저의 생명의 은인이신 인교 정창근 총재님!"이라는 제목으로 다음과 같은 글을 기고했다.

일본에서 행사를 마치고 돌아오는 비행기에서 인교 총재님이 하신 말씀이 지금도 잊히지 않습니다. 귀국하면 나와 같이 아침 일찍 일어나 교회 새벽기도회를 마치고 안동시온재단 뒷산에서 제비원 앞산까지 약 50분간 등산한 다음 해수탕 사우나에 갔다가 집으로 돌아오자는 말씀이었습니다. 처음 며칠간은 새벽 5시에 일어난다는 것이 무척 힘들었습니다. 어쩌다 못 일어나는 날에는 총재님이 저의 집 앞에 오셔서 "기다리고 있으니 빨리 나오라"고 말씀하셨습니다. 약 10년 가까이 눈이 오나 비가 오나 하루도 빠짐없는 일상생활이 되었습니다. 아침 일찍 일어나 인교 총재님과 함께 새벽기도회를 마치고 등산하기 전에는 고혈압, 고지혈증, 협심증, 지방간, 복부 비만으로 3층 계단도 잘 올라가지 못할 정도였는데, 어느 날 안동병원에 가서 건강 진

253

단을 받으니 의사 선생님이 모든 것이 정상이라고 하셨습니다. 인교 총재님 덕분에 건강을 되찾게 되었습니다. 총재님은 제 생명의 은인이십니다. 지금 생각해도 꿈같은 세월이었고, 이제는 제 평생 그 은혜를 갚을 수가 없게 되었습니다.

오직 한 사람,
그로 인해 바뀌는 세상

안동의 한 여자고등학교에서 영어 수행평가 도중 부정행위를 한 것으로 의심을 받은 학생이 극단적 선택을 한 일이 발생했다. 선생님이 교무실에 남아 반성문을 쓰라고 하자 "커닝을 하지 않았다"라는 취지의 글을 남겨 억울함을 호소한 뒤 학교 인근 아파트에서 투신한 것이다. 아파트 주민들에게 발견돼 곧바로 병원으로 이송됐으나 끝내 목숨을 잃고 말았다.

또한 안동 대학가에 있는 어떤 원룸에서 밤중에 홀로 번개탄을 피워 극단적 선택을 시도한 20대 대학생이 소방당국에 의해 구조되는 일도 벌어졌다. 신고를 받고 긴급 출동한 119구조대에 의해 인근 병원으로 옮겨진 대학생은 치료를 받아 다행히 목숨은 구할 수 있었다.

두 사건 모두 2021년에 일어난 일이다. 이런 뉴스를 접할 때마다 절망의 나락에서 헤어나지 못하는 사람들, 낭떠러지에 매달려 삶의 끈을 놓아 버리기 직전인 사람들에게 의지와 희망을 불어넣

어 줄 그 누군가의 작은 손길 하나, 위로의 말 한마디가 얼마나 소
중하고 중요한가를 절실히 느끼게 된다. 그러면서 자연스럽게 정
창근 장로의 얼굴이 떠오른다. 그가 운영했던 안동 생명의전화 때
문이다.

정창근 장로는 1980년대 후반부터 1990년대 후반까지 안동 생
명의전화 이사장으로 일하면서 행정적, 재정적 지원을 아끼지 않
았다. 어려운 시절 힘들게 공부했던 자신의 청소년기를 잊지 않
았던 그는 청소년들에 대한 지극한 사랑을 실천하기 위해 이 일
을 시작했다.

생명의전화는 훈련받은 자원봉사자들이 24시간 동안 대기하면
서 전화 상담을 통해 자살 위기 등 고통스러운 문제에 직면한 사람
들의 제반 문제를 해결해 주는 사회봉사 운동이다. 1963년 오스트
레일리아 시드니에서 알렌 워커(Alan Walker) 목사가 설립한 국제
기구로, 한국에는 1976년 9월 서울에서 최초의 전화 상담 기관으
로 문을 열었다. '한 사람의 생명이 천하보다 귀하다'는 인간 존중
철학과 '도움은 전화처럼 가까운 곳에 있다'는 긍정적 삶의 신념을
확산시키며 선한 영향력을 확대해 왔다.

정창근 장로는 이사장으로서 단지 뒷받침하고 격려하는 차원
에만 머무르지 않았다. 한 달에 두 번 토요일 오후 시간에 직접 전
화 상담을 했다. 당시 상담 전화를 받는 정창근 장로의 모습이 사
진으로 남아 있다. 좁은 공간의 방에 책상 하나가 놓여 있고 왼쪽

벽에는 "비밀 엄수"라는 글귀가 붙어 있다. 책상 위 한쪽에는 텔레비전과 라디오가 한 대씩 보인다. 당시로서는 최첨단 통신 장비가 다 갖춰진 셈이다. 책상 앞 벽에는 상담원의 전화 응대 요령이나 상담자가 갖춰야 할 예절 등이 빼곡하게 적혀 있다. 의자에 앉은 정창근 장로가 누군가에게서 걸려온 전화를 진지한 표정으로 받고 있다. 예전에 쓰던 커다란 다이얼식 흰색 전화기다. 인터넷도 스마트폰도 없던 시절, 전화는 사람과 사람을 연결하는 유일한 커뮤니케이션 통로였다. 삶과 죽음이 왔다 갔다 하는 절체절명의 순간에 이 전화 한 통이 수많은 사람을 구했고, 자포자기의 암흑 속에서 건져 올렸다.

상담실 정면 벽에는 한지 위에 붓으로 쓴 성경 구절 하나가 붙어 있다. 개역한글판 성경 이사야 53장 5절 "그가 찔림은 우리의 허물을 인함이요 그가 상함은 우리의 죄악을 인함이라 그가 징계를 받음으로 우리가 평화를 누리고 그가 채찍에 맞음으로 우리가 나음을 입었도다"라는 말씀이다. 정창근 장로의 마음을 담아낸 듯한 유려한 필체의 글귀다.

생명의전화 덕분에 정창근 장로와 깊은 인연을 맺게 된 사람이 있다. 경상북도 구미시에 있는 경운대학교 상담복지학과 배외수 교수다. 청소년 상담과 사회복지 분야의 전문가다.

"저는 청소년 상담과 선교에 관심이 많았습니다. 경상북도 도청에서 청소년 상담사를 모집한다고 해서 응시해 합격했습니다.

1994년 9월 1일 경상북도청소년종합상담실이 안동에 개원하게 되면서 대구에서 안동으로 오게 되었습니다. 지금은 경상북도청소년활동진흥센터로 이름이 바뀌었습니다.

그즈음 안동교회에 등록하고 나서 정창근 장로님을 알게 되었습니다. 의사로서 지역 사회를 위해 정말 많은 일을 하고 계셨습니다. 그 바쁘신 분이 생명의전화까지 직접 운영하셨어요. 운영위원회를 조직하고, 상담실을 마련하고, 간사를 둬서 관리하고, 사람들을 모집해 생명의전화를 가동하고 있었습니다.

하지만 상담하는 분들의 전문성이 조금 부족했지요. 심리학이나 상담심리학을 전공한 분들이 아니었으니까요. 장로님의 요청으로 제가 가서 상담 기법에 관해 연수를 진행했습니다. 그러면서 장로님과 친밀한 관계가 되었습니다. 청소년 문제에 관심과 열정이 대단히 많으셨어요. 이후 경상북도청소년종합상담실이 본격적인 상담 창구를 맡게 되면서 민간 차원에서 생명의전화를 유지하는 것이 다소 중복되는 측면이 있어 고민하던 중에 정창근 장로님 후임 이사장 때 생명의전화를 그만두게 되었습니다."

배외수 교수는 정창근 장로와 닮은 점이 많았다. 일 때문에 대구에서 안동으로 온 것, 안동교회에서 신앙생활 한 것, 청소년 사역에 관심이 많은 것, 사람들과 어울리기 좋아하는 것 등이 그렇다. 그래서 그는 정창근 장로와 빨리 가까워질 수 있었고, 남보다 많은 사랑을 받았다.

그의 눈에 비친 정창근 장로의 모습은 어땠을까?

"유머와 위트가 넘치는 분이셨습니다. 장로님이 계신 곳에는 웃음이 있을 뿐 정적이 흐르지 않았습니다. 제 둘째 아이가 교회에서 식사하다가 목에 가시가 걸린 적이 있는데, 장로님이 식사하시다 말고 아이를 덥석 안고는 병원으로 달려가 가시를 뽑아 주셨습니다. 평소 성품이 그런 분이셨어요. 주일 오후 예배를 마칠 때쯤 저와 제 가족을 차에 태워 중국인이 운영하는 만둣집에 가서 만두를 사 주셨습니다. 그러면서 자다가도 불편한 것 있으면 언제든 당신 집에 전화하라고 하셨습니다. 안동에 일가친척이나 지인이 없는 저를 배려하신 거예요.

2003년에 김승학 목사님이 담임목사님으로 오시고 나서 오후 예배를 찬양 예배로 드리자고 해서 찬양대를 만들었습니다. 제가 책임을 맡아 찬양과 악기 연주에 소질 있는 사람 10여 명을 모았습니다. 그러나 교회에 악기가 없었지요. 이때 조선자 장로님이 악기 값을 다 내 주셔서 그 덕분에 찬양단을 만들 수 있었습니다. 너무 감사했지요. 저도 보답할 것이 없나 살피다가 지금까지 안동시 온재단 운영위원으로 재단 일을 도와드리고 있습니다.

정창근 장로님은 뭐랄까… 김수환 추기경님이나 장기려 박사님 같은 분에게 '바보처럼 사신 분'이라 표현하곤 하는데, 그런 차원에서 보자면 '바보처럼 사신 분'이라고 할 수 있습니다. 자기를 생각하지 않으셨으니까요. 자기 건강, 자기 돈, 자기 명예를 계산하지 않으셨습니다. 그래서 그분을 생각하면 미소가 절로 나옵니다."

이 밖에 정창근 장로는 안동 YMCA 이사로 참여하여 청소년의 바른 성장과 밝은 사회 확립을 위한 운동에도 앞장섰다. 대학 시절 YMCA 활동을 통해 신앙의 기초를 닦고 사회봉사에 눈을 뜬 그는 안동의 젊은이들이 YMCA에서 자신의 꿈을 키우고, 역사에 대한 올바른 인식과 무거운 책임감을 형성하며, 이웃과 사회와 나라에 대한 사랑을 다져 가기를 바랐다.

한국국제기드온협회 안동지부 회장으로 지역 사회 곳곳에 성경을 보급하는 일에도 열심을 냈다. 안동 인근 초등학교, 대학교, 교정 시설, 의료 기관, 숙박 시설 등에 보급한 성경책이 20만 권에 달했다. 군대에 있을 때나 외국에 가서 호텔에 묵을 때 봤던 한국국제기드온협회에서 만든 성경책이 생각났다. 우연히 접한 성경책 한 권은 상상 이상의 힘을 발휘한다.

오랫동안 김상옥 선교사 후원회장을 맡아 어려운 아프리카 사람들에게 의약품과 생필품을 지원하기도 했다. 김상옥 선교사는 안동의 농촌 교회 교역자 양성 기관인 경안성서신학원 교수로 근무한 뒤 아프리카 가봉으로 건너가 리브레빌에 모범 농장과 신학교, 초등학교를 건설하고 농촌 부흥 운동에 헌신했다. 이후 미얀마로 옮겨 가 정부와 협력해 가나안농군학교를 설립하여 학생들이 신앙 안에서 학업을 이어 가게 하면서 농촌 지도자 양성에 힘

쓰고 있다.

세상은 한 사람에 의해 변화한다. 많은 사람이 똑같은 생각을 해서 세상을 바꾸는 일은 없다. 한 사람의 남다른 생각, 남다른 헌신, 남다른 발상, 남다른 창조, 남다른 나눔으로 세상은 더 나은 세상으로 바뀌어 간다. 노아 한 사람에 의해 멸망의 위기 속에서도 인류와 지구의 생명체를 보존할 수 있었고, 모세 한 사람에 의해 이스라엘 민족이 노예 상태에서 해방되었으며, 안드레 한 사람에 의해 예수 그리스도의 오병이어 기적이 완성될 수 있었다. 정창근이라는 한 사람의 영향력은 간단하지 않았다. 그로 인해 안동은 조금씩 바뀌어 갔다.

안동에서 의사와 작가로 활동하며 '시골 의사'라는 필명으로 잘 알려진 박경철 씨는 2007년 7월에 발간된 월간지 〈좋은 생각〉에 정창근 원장과의 인연을 소개한 일이 있다.

의사로서 내가 감히 올려다보지도 못할 대선배 정 원장님은 연세가 칠순을 훌쩍 넘었지만, 여전히 환자를 진료하신다. 이분의 삶을 따라가 보면 보통 사람은 흉내 내기도 어려운 곱디고운 이야기가 고구마 줄기처럼 엮어져 나온다. … 이른 칼바람이 불던 지난해 늦가을에 내가 방문한 시설에서는 그곳 식구들의 작은 잔치가 벌어지고 있었다. 김장을 담그는 날이었던 것이다. 그곳에 계시는 분들의 표정은 확실히 밝아져 있었다. 그분들은 정 원장님의 가족이었고 동료였으며 아들과 딸이었다.

노구를 이끌고 김장을 마친 정 원장님은 이번에는 작은 승용차를 손수 운전하시고 안동성좌원으로 바쁘게 달려가셨다. 그리고 어느 젊은 분을 소개하셨다. "이 사람이 이제 나 다음으로 여기 원장을 할 사람이야. 바로 이곳에 계신 분의 아들이지." 정 원장님은 그분의 손을 붙들고 이렇게 말씀하셨다. "자네는 공부도 많이 한 사람이니까 여기 남아 아버지, 어머니들이 세상 떠나시는 날까지 이 두 손으로 모두 배웅해 드리게. 그렇게 마지막 한 분까지 보내 드리고, 이 넓은 안동성좌원이 텅 비는 날이 오면 그때 자네 임무가 모두 끝나는 거야." 그리고는 얼마 전 잡지에 소개된 아름다운 부부의 집을 방문하러 총총걸음으로 떠나셨다. 이제 자신의 행복을 누려도 될 연세에 아직도 무엇인가 나누어 주기 위해 원장님은 또 그렇게 새로운 날을 다시 시작하시는 것이다. "정 원장님, 오래도록 건강하셔서 그 넉넉한 사랑을 조금이라도 더 많은 사람에게 나누어 주세요."

정창근 장로의 영향으로 삶의 궤적이 바뀐 사람이 있다. 배외수 교수도 그중 한 명이다.

"안동에 와서 정창근 장로님을 만나 변화된 것 중 하나가 소외된 사람들, 특히 장애인들을 위한 일에 깊숙이 관여하게 된 것입니다. 청소년 상담과 선교에는 뜻이 있었지만, 장애인들을 위한 일에는 별다른 생각이 없었거든요. 그런데 정창근 장로님과 교제하면서 점점 그분의 영향을 받게 된 것입니다. 지쳐서 좀 쉬다가 2002년에 경운대학교 상담복지학과 교수로 가게 되었습니다. 그즈음 경상북도장애인재활협회에서 이사로 오라고 하더라고요. 주저 없이 들어갔습니다. 2021년에 회장님이 돌아가시면서 제가 회장을 맡게 되었습니다. 경상북도장애인복지관 운영위원을 20년 동안 하고 있고, 경상북도수화통역센터 운영위원장을 18년째 하고 있습니다.

장로님을 보면서 비록 돈은 없지만 마음으로 할 수 있는 일이라면 뭐든 할 수 있다고 생각했습니다. 처음 안동에 왔을 때 이런 일을 하려고 온 것은 아니었거든요. 장로님을 만나며 그분을 존경하면서 따라가다 보니 어느새 제가 그분 뒤를 따라가고 있는 것입니다."

—

모르면 알 때까지,
안 되면 될 때까지, 지면 이길 때까지

한 사람이 어쩌면 이렇게 많은 일을 할 수 있었을까? 의사로, 장로로, 원장으로, 회장으로, 총재로, 이사장으로 하루 24시간이 모자랄 만큼 분주하게 살았다면 남편이나 아버지로서는 어땠을까? 병들고 가난하고 소외된 사람들을 돌보는 일에 바빠 가정에 소홀하진 않았을까?

"아버지는 가정에 소홀하지 않으셨습니다. 방학 때 안동에 가면 늘 잘 먹이시고, 가끔 영화관에 저희 남매들을 데려가곤 하셨습니다. 병원 일 때문에 피곤해서 영화 상영 도중 조시면서도 말이지요."

정은혁 목사는 아버지가 가족에게 전혀 소홀한 분이 아니셨다고 말했다.

"보통 남들에게 봉사 많이 하고 바깥일로 바쁘신 분들은 가족에게 소홀할 수도 있는데, 저희 형제는 자라면서 그런 것을 거의 느끼지 못했습니다. 하나님은 넘치도록 아버지를 사랑해 주셨고,

아버지는 저희를 넘치도록 사랑해 주셨거든요. 어렸을 때 '공부해라', '공부 잘해라' 이런 말씀을 하신 적이 없었습니다. '네가 네 앞길을 개척하기 위해 공부를 잘해야겠다고 생각하면 그렇게 하면 된다'고 하셨지요. 어떤 직업이든 귀천이 없으니 잘할 수 있는 일에 최선을 다하라고 말씀하셨습니다. '청소하시는 분이 한 달 일을 안 하고 쉬면 거리가 쓰레기로 넘쳐 난다. 그러니 어떤 일을 하는 분이든 존중하면서 대해야 한다.' 이런 말씀도 해 주셨습니다."

정은재 대표의 기억 역시 정은혁 목사와 다르지 않다.

정창근 장로는 남들에게 사랑을 베푸는 것 이상으로 가족을 잘 챙기고 알뜰히 사랑을 나눈 사람이었다. 직계 가족뿐 아니라 친척 모두를 자신이 품어야 한다는 책임감이 있었다. 그의 두 형은 알코올중독자였다. 평생 술만 마시며 살다 보니 정상적인 생활을 할 수 없었다. 정창근 장로가 안동성소병원 과장으로 일할 때 식칼을 들고 안방으로 쳐들어와 돈을 내놓으라며 행패를 부리기도 했다. 조선자 장로는 너무 놀라 기절하기까지 했다. 병원을 개업했을 때도 찾아와 돈을 달라며 소란을 피웠다. 동생 이름으로 외상을 달아 놓고 술을 마시는 바람에 정창근 원장이 출근하면 병원으로 술값을 받으러 온 사람들이 기다리고 있었다. 그런데도 정창근 장로는 묵묵히 두 형의 가족을 돌봐 주었다.

하지만 가장이 중심을 잡지 못하니 작은형의 아들 하나만이 정창근 장로의 돌봄과 지원 속에 대구에서 이비인후과 개업의로 기대에 부응했을 뿐, 두 가정은 평온하질 못했다. 큰형은 어느 노상에서 객사했고, 작은형은 안동에 슈퍼마켓을 하나 차려 준 뒤 생활하게 했으나 오래 하지 못하고 세상을 떠나고 말았다. 큰형의 큰딸은 중증장애인이었다. 그래서 정창근 장로가 집에 데리고 있었다. 소아마비로 다리를 절었고, 한쪽 눈의 시력을 상실했으며, 말도 하지 못 하고 듣지도 못 했다. 환갑이 될 때까지 함께 살았으나 뇌종양으로 세상을 등지고 말았다. 큰형의 막내아들 또한 장애인이어서 안동재활원에서 생활했다. 자신의 처지를 견디기 힘들었던지 어느 날 스스로 목숨을 끊었다. 안타까운 가족사였다. 장애가 있는 조카들을 돌보면서 정창근 장로는 장애인에 관한 애틋함이 깊어졌고, 장애인이 있는 가족의 어려움과 고통을 충분히 이해할 수 있게 되었다.

정성을 다해 두 형의 가족을 보살폈음에도 어느 순간부터 살아 있는 조카들과 연락이 끊어져 버렸다. 어디서 뭘 하고 사는지 소식이 궁금했지만, 정창근 장로가 하늘나라에 갈 때까지 연락이 닿지 않았다. 그래도 그는 서운하다거나 섭섭하다는 말을 한 적이 없었다. 주님의 은총을 기원하며 조카들을 위해 기도할 뿐이었다.

새해가 되면 정창근 장로는 가족을 다 데리고 담임목사 집으로 세배를 하러 갔다.

"세상의 어른도 중요하지만, 우리의 영적 지도자도 중요하단다.

설날에는 교회의 어른인 목사님께 세배를 드리고 한 해를 살아갈
힘이 되는 말씀을 들어야 해."

정창근 장로는 자녀들에게 이렇게 이르며 안동교회 김광현 목
사 댁으로 가서 세배를 드렸다. 목사에 대한 공경, 어른에 대한 예
의를 행동으로 보여 준 것이다. 그는 말로만 교육하는 사람이 아
니었다. 직접 나서서 실천함으로써 자녀들이 부모를 보면서 스스
로 깨우치도록 가르쳤다.

"저는 중학생 때 서울로 올라갔습니다. 가기 전에 아버지가 성
경책 한 권을 주셨습니다. 그러면서 첫 장을 펴 받아쓰라고 하셨
지요. '모르면 알 때까지, 안 되면 될 때까지, 지면 이길 때까지.' 그
러고는 이렇게 말씀하셨어요. '이제 우리가 떨어져 살아야 한다.
앞으로 너 자신과의 싸움이다. 힘들 때마다 이것을 보며 이겨 내
도록 노력하고 신앙생활 잘하며 살아라.' 그게 잊히지 않습니다.

6학년 2학기 때는 아버지가 공부를 가르쳐 주셨습니다. 영어와
인수분해를 가르쳐 주셨지요. 서울로 올라간 뒤 방학 때 내려오면
한자도 알아야 한다면서 출근 전에 여기서 여기까지 외우라고 숙
제를 내 주셨습니다. 퇴근하고 오시면 다 외웠는지 테스트를 하셨
습니다. 못 외웠다고 혼을 내지는 않으셨고, 내일 더 외우라고 말
씀하셨습니다. 이튿날 아침에 나가면서 또 숙제를 내 주셨지요.
정말 열정이 대단한 분이셨습니다."

정은경 권사는 중학교에 들어갈 때쯤 남동생들과 함께 서울행

유학길에 올랐다.

'모르면 알 때까지, 안 되면 될 때까지, 지면 이길 때까지.'

이 문구는 정창근 장로가 자녀들에게 성경책 혹은 가장 좋아하는 책 맨 앞쪽에 받아쓰라고 불러 준 글귀다. 강압적으로 공부에 매달리라고 독려하기 위한 것이 아니라, 매사에 의지와 끈기를 가지라는 뜻이었다.

"중학생 때 정부에서 과외 공부를 금지했습니다. 아버지는 일정이 비는 밤마다 제 공부를 봐 주셨습니다. 제가 과학을 싫어하고 잘 못한다고 말씀드렸더니 참고서를 달라고 하시더라고요. 아침에 참고서를 거실에 두고 학교에 갔습니다. 오후에 여느 때처럼 병원 뒷문으로 들어와 앉았는데, 환자가 출입하는 사이에 아버지가 자투리 시간을 이용해 제 과학 참고서를 보고 계시더라고요. 그날 밤 제게 가르쳐 주려고 그러신 것이었습니다. 그 모습을 잊을 수 없습니다. 그만큼 저에게 기대가 크셨습니다. 제겐 부담이었고요. 기대에 부응하지 못할까 봐 방황의 길로 접어들었습니다. 저는 음악을 전공하고 싶었고, 아버지는 의대에 진학하기를 원하셨거든요. 너무 부담스러워 제가 마음의 병을 얻었습니다. 학교에 갈 수도 없어 의욕을 잃고 집에서 지내게 되었습니다.

어느 날 아버지가 저와 함께 기도원에 가자고 하셨습니다. 주말 저녁이었는데, 아버지가 그렇게 처절하게 주님께 매달리는 모습은 처음 보았습니다. 제가 힘들어하는 것이 모두 아버지 탓인

양 회개하며 눈물로 기도하시는 모습 속에서 엄격한 아버지가 아니라 저를 한없이 사랑하시는 아버지의 모습을 볼 수 있었습니다. 그 후 제가 가고 싶은 길로 갈 수 있도록 저를 내려놓으셨습니다."

막내딸 정은영 씨의 고백이다.

정창근 장로도 자식 앞에서는 평범한 부모였다. 네 자녀 가운데 한 명이라도 의사가 되어 자신의 뒤를 잇기를 바랐다. 그러나 첫째, 둘째, 셋째가 모두 다른 길을 가게 되자 마지막 남은 막내에게만은 미련을 버리지 못한 것이다. 하지만 그마저도 온전히 내려놓기에 이르렀다.

공부에 대한 열정이 대단했던 정창근 장로는 큰딸과 두 아들이 서울에서 공부할 수 있도록 올려 보냈다. 좋은 학교에 가서 출세하라는 의미가 아니었다. 무엇을 하며 살든 제때 하고 싶은 공부를 마음껏 하며 실력을 길러 둬야 나중에 다른 사람의 도움을 받는 삶이 아니라, 다른 사람을 돕는 삶을 살 수 있다고 믿었기 때문이다. 조선자 장로의 생각도 마찬가지였다. 조선자 장로도 형제가 넷이었는데, 언니가 서울에 살고 있었다. 결혼한 지 얼마 되지 않아 혼자된 언니는 신학을 공부하고 전도사가 되어 영천에서 교회를 개척하다가 서울에 머물고 있었다. 정창근 장로가 처형의 보살핌 속에 아이들이 서울에서 공부할 수 있는 환경을 만들어 준 것이다. 그는 처형과 처남들을 알뜰히 보살펴 주었다.

언니와 오빠들이 다 같이 서울로 공부하러 떠난 뒤 어린 시절 홀로 안동에 남아 부모님과 함께 살았던 정은영 씨는 아버지와 어머니에 관한 자신만의 애틋한 사연을 간직하고 있었다.

"어렸을 때 아버지는 그 바쁜 와중에도 가끔 점심시간에 얼른 식사를 마치고 시간을 내서 저와 함께 동네 다방에 가셨습니다. 아버지가 뒷짐을 지고 검지 한 개를 펴시면 저는 그 손가락을 꼭 잡고 종종걸음으로 아버지를 따라갔습니다. 다방에 가면 제가 가장 좋아했던 바나나우유와 아버지가 즐겨 드시던 쌍화탕을 시켰습니다. 둘이 앉아 그걸 마시고 돌아오는 게 얼마나 즐거운 일이었는지 몰라요. 아직도 단지 우유라 불렸던 그 우유의 맛이 혀끝에 맴돕니다."

막내딸만큼은 오래 곁에 두고 싶었던 아버지의 따뜻한 마음과 언니와 오빠들이 없어서 생긴 허전함을 아버지와 함께 달래던 어린 딸의 아늑한 마음이 한 편의 동화처럼 아련하다.

미국 뉴욕주 버팔로에 있는 호스피스 병원에서 임종을 앞둔 환자들을 상담하고 보살피는 채플린(병원에 소속된 목회자)으로 사역 중인 정은혁 목사와 이메일로 인터뷰를 진행했다.

"너무 베풀기만 하는 아버지가 원망스럽지는 않으셨나요?"

"하나님이 주신 복이 너무나 커서 늘 베푸시면서도 가정사에 부족함이 없으셨습니다. 저희도 부족하다고 느낀 점은 없었습니다. 항상 베푸시는 모습이 오히려 우리에게 귀감이 되었고, '나도 어른이 되면 아버지처럼 살리라'는 각오를 하게 되었습니다."

"아버지와의 추억 중에서 잊히지 않는 것이 있으면 소개해 주시지요."

"바쁜 병원 일로 따로 휴가를 내지 못한 어느 여름, 아버지는 부산에서 열린 학회에 참석하시면서 저희 쌍둥이를 데려가셨습니다. 그때 부산을 오가면서 먹었던 울면 맛이 어찌나 좋았던지 아직도 기억이 납니다. 그리고 제가 목회자가 된 이후에는 제 이름만 부르신 적이 없습니다. '은혁 전도사', '은혁 목사'라고 부르시면서 꼭 목회자 대우를 해 주셨습니다. 사도 바울과 같은 좋은 목회자가 되라며 축복하고 기도해 주셨습니다."

"남편으로서, 아버지로서 정창근 장로님은 어떠셨나요?"

"좋은 남편이었다고 생각합니다. 어떤 일에 항상 의견이 같을 수는 없겠지만, 나중에는 꼭 어머니 의견을 존중하고 따르는 모습을 보여 주셨습니다. 어머니가 참 지혜롭고 아름다운 반려자라고 자녀들 앞에서 어머니를 자주 칭찬하셨습니다. 본인은 부족한 점이 많지만, 어머니 내조의 공이 크다고 말씀하셨지요. 참 좋은 아버지셨습니다. 언제나 긍정적으로 칭찬하고 격려하는 분이셨습니다. 보수적인 경상도분이시라 크게 다정한 부분은 없었지만, 그렇다고 무뚝뚝하지도 않으셨어요. 제가 목회자라고 좋은 글들을 보면 목회에 참고하라면서 자주 이메일로 보내 주셨습니다."

자녀에게 이 정도 평을 들을 수 있는 아버지라면 좋은 아버지가 아닐까? 한 분야에서 성공한 사람, 사회적으로 명망이 높은 사람, 열정과 의욕이 충만한 사람 중에 가정을 등한시해 좋은 남편, 좋은 아버지와는 거리가 있는 사람들이 꽤 많다. 정창근 장로는 그 많은 일을 수행하면서도 자녀들에게 존경과 사랑을 받았으니 복 받은 인생이라고 하지 않을 수 없다.

2006년 여름 〈머니투데이〉 신문과의 인터뷰에서 정창근 장로는 이런 이야기를 했다.

"제가 느낀 행복 중 하나는 자녀들의 지지입니다. 어느 날 그러더군요. 아버지가 하는 일이 자랑스럽고 진심으로 존경한다고요. 자식을 키우는 부모로서 자녀에게 들을 수 있는 가장 가슴 벅찬 말이 아니겠습니까? 아버지가 하는 일을 믿고, 돕고 싶어 하는 마음이 그저 예쁠 따름이지요. 물질은 유한하지만, 정신은 무한합니다. 제가 아무리 큰 부를 이뤄 자식에게 물려준들 그게 언제까지 대물림될 수 있을까요? 돈, 명예를 떠나서 자녀들에게 남겨 주고 싶은 것은 본이 되는 모습입니다. 자녀 교육이라는 게 따로 있나요? 내가 걷는 길을 내 자녀가 그대로 걸어도 후회가 없도록, 자녀에게 기대하는 삶을 스스로 실천해 보이면 됩니다."

자녀를 키워 본 많은 부모는 알 것이다. 그의 말처럼 산다는 것이 얼마나 어려운 일인지를.

바비 인형과
비닐봉지에 꽁꽁 싸 놓은 신발

정은혁 목사 부부는 장로회신학대학교 신학대학원 신입생 때 만나 교제하다가 결혼에 이른 캠퍼스 커플이다. 결혼을 앞두고 양가 부모님을 모시고 상견례를 할 때였다. 음식이 나오기 전에 신부 아버지 박인석 장로가 인사를 겸해 신랑 아버지의 봉사활동에 관해 언급했다.

"사돈께서 여러 가지로 참 훌륭한 일을 하신다고 들었습니다. 정말 대단하십니다."

그러자 정창근 장로는 과찬이라고 손사래를 치며 말했다.

"제가 신은 구두가 10년도 더 전에 산 것입니다. 이 코트도 마찬가지고요. 다른 사람을 도우려면 내가 할 것 다 하고는 못 합니다. 내가 절약하고 검소하게 살아야 가능하지요. 집사람이 그런 면에서 고생이 많습니다. 그래도 불평 한 번 한 적이 없습니다. 누구를 돕다 보면 다른 사람을 도울 수 있다는 것이 오히려 나를 더 행복하게 합니다. 저는 참 행복한 사람입니다. 우리 아이들도 저처럼 다른 사람들을 돕는 행복한 사람으로 살았으면 좋겠습니다."

목사 아내가 된 박현희 씨는 그때 들은 시아버지의 말씀을 지금까지 잊지 못한다고 했다. 결혼을 앞둔 아들과 며느리에게 돈 많이 벌어서 잘 먹고 잘살라는 덕담 대신 절약하고 검소하게 살면서, 즉 고생을 자처하면서 다른 사람을 돕는 삶을 살라는 덕담을 건넨 것이다.

정창근 장로의 첫 번째 생활 철학은 근검절약이었다.

"식사하러 가면 어떤 음식을 드셔도 맛있다고 하셨습니다. 가리는 음식이 없으셨지요. 식사량도 많았습니다. 다 드신 다음에는 꼭 밥그릇에 물을 부어 드셨습니다. 밥 한 톨도 안 남기신 것이지요. 농부들의 피땀을 생각하여 곡식 한 알이라도 버리면 안 된다는 신조였습니다. 남 돕는 것은 전혀 아끼지 않으시면서 내 생활은 철저하게 근검절약하셨습니다. 제가 개업한 뒤 얼마 지나지 않아 '권 서방도 함께 봉사하자'고 하셨습니다. 그래서 일주일에 두 번씩 안동성좌원에 진료하러 갔습니다. 아, 환자들이 정말 많았습니다. 너무 힘들었지요. 종일 제 병원에서 환자 보고, 저녁이면 안동성좌원에 가서 또 환자 보고. 집에 오면 자정이 다 됐고, 어떤 날은 새벽이었습니다. 젊은 저도 힘든데, 장인어른이 그 일을 그토록 오래 하셨으니 참 대단하시지요."

치과 의사인 권영호 원장은 안동서부교회 장로다. 장인, 장모를 모시고 살면서 친부모 이상으로 효성을 기울였지만, 장로로서 교회를 섬기는 일이나 의사로서 환자를 진료하는 일에 있어 장인을 기준으로 삼고 살아가는 것은 너무도 버거운 일이라는 것을 절감하고 있다.

"아버지는 사치나 낭비를 정말 싫어하셨습니다. 물질적인 부분도 그렇지만, 시간도 늘 아껴 쓰라고 말씀하셨지요. 어린 시절 제가 원하는 것을 가져 본 일이 많지 않았습니다. 친구들이 바비 인형을 가지고 놀 때 저는 종이 인형을 오려서 놀았습니다. 지금 돌이켜 보면 그래도 안동에서는 부유했던 편이었는데요. 그것이 속상했던지 다 커서 중학생이 되었을 때 용돈을 모아 바비 인형을 샀던 기억이 납니다. 그 시기에는 아무도 인형을 가지고 놀지 않았는데 말이에요. 친구들이 방학이라면서 캠핑이나 여행을 간다는 이야기를 들었을 때는 정말 부러웠습니다. 방학이면 가족들이 어딜 놀러 간다는 것도 중학생이 되어서야 알았으니까요."

대다수 소녀가 가지고 놀던 바비 인형. 1959년 미국 마텔에서 만든 세상에서 제일 유명한 인형이다. 긴 금발에 날씬한 외모를 가진 이 인형을 여자아이들은 동생처럼 안고 다니거나 포대기에 싸서 등에 업고 다니기도 했다. 안동에서 가장 환자가 많은 병원 원장의 막내딸이 바비 인형이 없어 종이 인형을 오려서 놀았을 정도로 불필요한 물건은 아예 사지를 않았다.

이런 일도 있었다. 정은재 대표가 미국에 갔다 오면서 편한 신발 한 켤레를 사 왔다. 두고 아껴 신을 생각이었다. 그런데 가만 보니 아버지 신발이 너무 낡아 마음이 쓰였다. 그는 자신이 사 온 신발을 아버지에게 드렸다. 부자지간 체형이 비슷해 옷과 신발 치수가 같았다.

"아버지, 이 신발 미국에서 사 온 거니까 꼭 신고 다니세요. 헌 신발 신지 마시고요."

"아이고, 뭐 하려고 이런 비싼 걸 사 왔나. 아무튼 고맙게 잘 신을게."

얼마 뒤에 정은재 대표가 신발을 찾다가 신발장을 들여다보니 검은색 비닐봉지에 싸 놓은 낯선 물건 하나가 보였다. 뭔가 하고 풀어 봤더니 자신이 아버지에게 드린 새 신발이었다.

"아버지, 제가 드린 새 신발을 왜 신지 않고 꽁꽁 싸 두셨어요?"

"아까워서 그랬지. 좋은 데 갈 때만 신으려고 그런다."

정창근 장로는 아들이 미국까지 가서 사 온 새 신발이 아까워 함부로 신을 수가 없었다. 그는 교회에 갈 때나 중요한 행사가 있어 외출할 때만 새 신발을 신었다. 평소에는 새 신발을 비닐봉지에 싸서 신발장에 넣어 두고, 예전에 신던 뒤꿈치가 다 해진 신발을 신고 다녔다.

"아버지가 돌아가시고 난 후, 그 신발은 결국 제 신발이 되었습니다. 그 신발을 신을 때마다 아버지 생각이 납니다. 아버지 옷도 물려받았습니다. 생전에도 아버지가 제 옷을 입으시고, 저도 아버지 옷을 입었으니까요. 아버지나 어머니 모두 자신들을 위해 어디 가서 옷이나 신발을 사시는 모습을 본 적이 없습니다. 뭐든 다 떨어질 때까지 입고 신으셨지요. 선풍기도 얼마나 오래된 것을 쓰셨는지 모릅니다. 가전제품도 마찬가지였고요."

정은재 대표는 자신이 신고 있는 신발을 들어 보여 주었다.

2006년 1월 서울 명성교회에서 '신년 은혜의 말씀 잔치'가 열렸다. 주일 저녁 예배 때 와서 간증을 좀 해 달라는 요청을 받은 정창근 장로는 강단에서 이런 이야기를 들려주었다.

"저도 의사지만 디스크에 걸린 적이 있습니다. 화장실에도 갈 수 없는 급박한 일이 벌어졌습니다. 제가 생각할 때는 대구에 모교가 있고, 또 서울에 친한 친구들도 있고, 미국에 아들도 있으니까 서울 또는 미국에 가서 수술을 받을 수도 있겠지만, 안동성소병원의 신경외과에서 자신 있다고 한 말 한마디를 듣고 그 병원에 입원했습니다. 그 지역의 원로 의사로서 디스크 수술을 받으니 소문이 나서 모두 괜찮냐고 저에게 물어왔습니다. 저는 세계 어느 병원에서 수술을 받은 것보다 안동성소병원에서 수술 받은 결과가 가장 좋다고 대답했습니다."

사실이었다. 정창근 장로는 디스크 수술과 백내장 수술, 두 번의 수술을 모두 안동성소병원에서 받았다. 평생 안동에서 의사로 일하며 수많은 환자를 치료해 왔는데, 정작 자신이 아플 때는 안동의 의료진을 믿지 못해 서울이나 미국에 가서 수술 받는다면 자신이 치료한 환자들이나 후배 의료진들이 자신을 어떤 시선으로 바라볼 것인가를 생각했다. 안동뿐 아니라 인근 지방에서 명의로 소문났던 자신이 스스로 안동의 의료진을 불신하는 행동을 할 수는 없었다. 무엇보다 그는 자신이 그랬듯 안동성소병원에서 근무하는 후배 의료진을 믿었다.

정창근 장로의 두 번째 생활 철학은 솔선수범이었다.

"안동에 여러 병원이 있지만, 중요한 수술을 할 때는 솔직히 여기보다 서울이 더 낫다고 볼 수 있지 않습니까? 그래서 안동은 물론 대구에 사는 분들도 어려운 수술을 할 경우는 서울로 많이 갑니다. 그런데 정창근 장로님은 여기서 수술을 받으셨습니다. 디스크 수술은 정창근 장로님의 사위인 권영호 원장님의 동생 권영대 원장님이 하셨습니다. 그분이 안동성소병원에 계시는데, 디스크 수술을 굉장히 잘하십니다. 믿고 맡기신 것이지요. 백내장 수술도 여기서 받으셨습니다. 이것은 대단히 상징적입니다. 장로님이 돈이 없는 분도 아니고, 서울이나 미국에 쟁쟁한 의료 인맥이 있을 텐데도 안동에서 수술을 받으신 것이지요. 여기 있는 시민들이나 의료진에게 얼마나 힘이 되겠어요. 이것은 쉬운 결정이 아닙니다. 정창근 장로님이 안동을 진짜 사랑하시는구나 느꼈습니다."

김승학 목사는 이렇게 솔선수범했기에 그가 많은 이에게 존경받을 수 있었다고 말했다.

정창근 장로의 세 번째 생활 철학은 간담상조(肝膽相照)였다. '서로

간과 쓸개를 꺼내 보여 준다'는 말로 상호 간에 속마음을 털어놓고 친하게 사귄다는 뜻이다. 그는 빈부격차, 지위고하, 남녀노소를 가리지 않고 모든 사람을 똑같이 대했고, 모든 사람과 친구가 되었다.

병원 근처에 한의원과 김치찌갯집이 있었다. 정창근 장로가 새벽기도를 가려고 집을 나서면 김치찌갯집 사장의 아버지가 가게 문을 열었다. 먼저 다가가 수고하신다고 인사를 건넸다. 며칠 있다가 식당에 가서 김치찌개를 먹으며 세상 사는 이야기를 나누었다. 김치찌갯집 사장 아버지와 친구가 된 것이다. 한의원 원장의 아버지는 아침마다 아들 병원과 앞마당을 깨끗이 청소했다. 이분 역시 아침 일찍 만나면 인사를 건네면서 친구가 되었다. 연배가 비슷한 세 사람은 한 달에 한 번씩 만나 김치찌개를 먹으며 이런저런 대화를 나누었다. 그렇게 동네 친구들과 오랜 우정을 쌓아 갔다.

정창근 장로가 다발성 뇌경색으로 안동성소병원 중환자실에 입원하기 얼마 전에도 세 사람은 김치찌갯집에서 만났다. 몸이 몹시 불편한 정창근 장로는 평소 좋아하던 김치찌개를 몇 숟가락 먹지 못했다. 그런데도 친구들을 만나기 위해 어려운 발걸음을 마다하지 않았다.

정창근 장로가 세상을 떠난 뒤 병원 앞 미용실 원장이 집으로 꽃바구니를 보냈다. 정은경 권사가 찾아가서 고맙다는 인사를 건넸다. 그러자 미용실 원장이 정은경 권사를 붙잡고 눈물을 흘렸다.

"이렇게 빨리 가시다니⋯. 원장님은 제 삶의 모델이셨습니다.

진료하시는 모습이 늘 즐거워 보이셨어요. 병원에 가면 한결같이 따뜻하게 맞아 주시고 긍정적인 말씀을 해 주셨지요. 아버지 같은 분이셨습니다. 저도 원장님처럼 살고 싶어요."

정창근 장로에게는 모두가 친구였고, 모두가 가족이었다. 환자로 만났든, 이웃으로 만났든, 교인으로 만났든 알게 된 모든 사람에게 친절했고 진심이었다. 원장, 이사장, 총재, 회장, 장로 등 외형만 보고 어려워하던 사람도 그의 꾸밈없고 소탈한 모습에 마음을 열고 친구가 되었다.

"아버님은 정말 검소하고 단순한 분이셨습니다. 진료비가 없다고 하면 그냥 안 받으셨지요. 돈을 낼 수 없는 환자라도 차별 없이 똑같이 정성을 다해 진료하셨습니다. 그래서 설날이나 추석이 되면 그때 진료비를 못 내서 죄송하다면서 감자, 고구마 같은 농작물이나 보자기에 싼 닭을 가져오시는 분이 있었다고 해요. 아버님은 누구와도 잘 어울리는 분이셨기 때문에 귀족의 밥상에서도, 농부의 밥상에서도, 한센인과의 밥상에서도, 장애인과의 밥상에서도 거리낌 없이 한데 어울려 즐겁게 이야기를 나누며 식사할 수 있는 분이셨습니다."

안동대학교에서 학생들을 가르치는 박영아 교수는 시아버지 정창근 장로는 친화력이 대단했고 궁금증이 많아 자손들은 물론 누구와도 새로운 분야에 관해 대화하는 것을 즐겨했다고 회상했다.

1993년 여름, 정은혁 목사 가족이 부모님을 모시고 경주에 간 적이 있다. 점심 먹으러 들른 식당 앞에서 나이가 지긋한 한 남성이 정창근 장로를 보고 무척 반가워하면서 인사했다.

　　"제가 십몇 년 전쯤에 강원도에서 안동까지 원장님께 진료받기 위해 갔습니다. 그때 원장님께 치료받은 뒤로 자주 발병하던 중이염이 완전히 다 나았습니다. 기억이 나십니까?"

　　"아이고, 그러셨군요. 잘됐습니다."

　　두 사람은 식당 앞에 서서 웃음을 터뜨리며 한참 동안 이야기를 나누었다. 정창근 장로는 그와 헤어진 후 가족끼리 밥을 먹으면서 큰며느리에게 말했다.

　　"내가 잘해서 그랬겠니? 아니야. 환자를 보기 전에 하나님이 내 손을 통해 치료해 주시라고 기도하고 진료했기 때문이야. 환자들도 의사가 진심으로 진료하는지, 그냥 건성으로 치료하는지 다 느끼지. 진심으로 대하면 환자들도 의사를 존중하고 치료에 협조하기 마련이야. 그렇게 해야 치료 효과가 있는 것이고. 나는 어떤 사람에게 아흔아홉 가지 단점이 있고 장점은 딱 하나밖에 없다고 해도 단점을 보지 않고 장점을 먼저 보고 진심으로 대한단다."

　　상대가 누구든 좋은 면을 보고 먼저 다가가 진심을 보여 주는 것. 그가 많은 사람과 친구가 될 수 있었던 것은 이 때문이었다. 어쩌면 예수의 마음이 바로 이런 것이 아니었을까?

—

너는 나의 손이 되고
나는 너의 발이 되어

정창근 장로의 삶을 한 문장으로 요약한다면 뭐라고 할 수 있을까?

'하나님 사랑과 이웃 사랑이라는 복음의 핵심을 오롯이 믿고, 믿음대로 살다 간 사람.'

하나님을 사랑했기에 주어진 시간과 재능을 그분을 위해 충분히 사용했고, 이웃을 사랑했기에 자신이 가진 모든 것을 아낌없이 나누었다. 하나님을 믿는 만큼 자신이 만나고 알게 된 모든 사람을 의심하지 않고 온전히 믿었다.

그의 사랑과 믿음을 이용해 자신의 욕망을 채운 사람도 있지만, 그것은 그 사람의 잘못이지 사랑을 베풀고 믿음을 준 사람의 잘못이 아니다. 설령 그런 일탈이 있다 하더라도 세상으로 사랑과 믿음을 흘려보내는 일을 주저하거나 멈춰서는 안 된다는 것이 정창근 장로의 신념이었다. 그렇기에 그는 죽는 날까지 사랑과 믿음의 씨앗을 뿌리는 일을 중단하지 않았다.

"더 나은 사람이 되려면 반드시 옳은 행동으로 믿음을 뒷받침해야 합니다. 믿음을 넘어 행동으로 나아가야 합니다. '언젠가'가 아니라 '지금'이라고 말하는 것이 진짜 믿음입니다. 하나님 일을 하기에 너무 늦은 나이는 없습니다. 나이에 상관없이 하나님은 중요한 일을 맡겨 주시는데, 밥만 먹으며 천국 갈 날만 기다려서야 되겠습니까? 기쁨과 열정을 되살립시다."

2008년 겨울호 〈더불어 사는 마을〉에서 정창근 장로는 이렇게 말했다.

"사람을 다 좋게 보고 믿으시는 것이 장점이지만, 끊어 내야 할 사람을 끊어 내지 못함으로써 당하지 않아도 될 일을 당하기도 하셨습니다. 장인어른이 보시기에 이 세상에는 나쁜 사람이 한 사람도 없었습니다. 저 같으면 저를 해코지한 사람과 원수처럼 지낼 것 같은데, 장인어른은 말 그대로 원수를 사랑하며 사셨습니다. 나쁜 것은 빨리 잊어버리셨습니다. 기억을 안 하세요. 사랑으로 모든 것을 덮으셨지요. 보통 사람으로서는 할 수 없는 일입니다. 타고 나신 거예요. 뒤집어 생각해 보면 그것이 그분의 행복이었던 것 같습니다. 장인어른만이 가진 달란트였습니다."

권영호 원장은 정창근 장로가 가진 특별한 달란트를 이렇게 풀이했다.

1983년 제7회 MBC 대학가요제에서 "그대 떠난 빈 들에 서서"라는 노래로 대상을 탄 그룹이 있다. 세 명의 서강대학교 학생들로 구성된 에밀레다. 구성원 중 한 명인 심재경 씨는 상을 받은 뒤

가수의 길로 가지 않고 평범한 직장인으로 살면서 틈틈이 봉사활동으로 노래를 만들거나 부르며 살았다. 그는 안동교회 심대섭 장로의 아들이다. 정은재 대표와는 안동교대부속초등학교 동기다. 심재경 씨가 친구 아버지를 위해 "시온 동산의 노래"를 작곡해 안동시온재단에 헌정했다. 노랫말은 정창근 장로가 지었다. 아주 발랄하고 경쾌한 노래다.

"작은 사랑의 마음들이 실바람을 타고 날아와서 / 아름다운 여기 시온 동산에 뭉게뭉게 피어나네 / 너는 나의 손이 되고 나는 너의 발이 되어 / 함께 웃고 함께 울고 함께 나누고 함께 섬기는 / 우리는 시온 더불어 행복한 사람들 / 여기는 시온 아름다운 동산이라네."

노랫말 속에 정창근 장로의 마음이 고스란히 담겨 있다. 그는 사람들의 손과 발이 되어 살았다. 그러나 혼자 힘으로 언제까지 그들의 손과 발이 되어 줄 수는 없었다. 가장 좋은 것은 너는 나의 손이 되고, 나는 너의 발이 되어 주는 것이다. 서로 손과 발이 되어 더불어 살아간다면 자신이 없더라도 언제까지나 더불어 행복한 공동체가 될 수 있으리라 믿은 것이다.

이스라엘 왕국의 전성기를 이끈 왕이자 시인이었던 다윗은 시편에서 이렇게 노래했다. "나는 젊어서나 늙어서나, 의인이 버림받는 것과 그의 자손이 구걸하는 것을 보지 못하였다. 그런 사람은 언제나 은혜를 베풀고, 꾸어 주면서 살아가니, 그의 자손은 큰

복을 받는다"(37편 25-26절, 새번역 성경).

예술적 감성을 가지고 있던 다윗이 평생 관찰한 바를 고백했던 것처럼, 정창근 장로는 비록 동기간은 불우했지만, 자손들은 번성했으며 자신이 추구한 신앙과 가치를 잘 이어받았다.

큰딸 정은경 권사와 권영호 원장의 장남 오민 군은 캐나다 토론토 대학교 경영학과를 나와 토론토에서 회사에 다니고 있고, 차남 오현 군은 캐나다 라이어슨 대학교 우주항공과 박사과정 수행 중 진로를 바꿔 토론토 대학교에서 생리학을 전공한 다음 미국 필라델피아로 건너가 템플 대학교에서 치의학 준비 과정을 밟고 있다.

큰아들 정은혁 목사와 박현희 씨 부부의 장남 영민 군은 미국 뉴저지 주립 럿거스 대학교 영문학과를 졸업한 후 워싱턴 DC의 미국 기업체에서 근무하고 있고, 차남 영국 군은 미국 뉴욕 대학교에서 생화학을 전공한 뒤 뉴욕주립의과대학 MD-PhD 과정을 밟고 있다. MD-PhD는 의학 박사학위 과정과 철학 박사학위 과정을 결합한 의사-과학자 양성을 위한 이중 박사학위를 가리킨다.

작은아들 정은재 대표와 박영아 교수의 외동딸 영지 양은 미국 텍사스 대학교 사우스웨스턴 메디컬 센터에서 가정의학과 레지던트로 근무 중이다. 할아버지처럼 사람을 좋아하고 남을 돕는 것이 몸에 밴 덕분에 간호사들에게 최고라는 칭찬을 들으며 일하고 있다.

"항상 상대방의 입장을 먼저 생각하고, 가난하고 불쌍한 사람들을 도와주며, 의사가 필요한 곳을 직접 찾아가 병자들을 치료해 주는 삶을 살아오신 할아버지를 진심으로 존경합니다. 저도 열심히 실력을 닦아서 사람들에게 도움을 주는 의사가 되고 싶어요."

영지 양은 할아버지를 만날 때마다 자기 마음을 표현했다.

작은딸 정은영 씨와 송재현 목사 그리고 자녀들은 음악으로 똘똘 뭉친 가족이다. 정은영 씨는 플루트를 전공했고, 송재현 목사는 클라리넷을 전공했다. 두 사람은 독일에서 만나 결혼했는데, 남편이 음악가의 길에서 목회자의 길로 방향을 바꾸면서 아내 역시 목회자의 동반자가 됐다. 큰딸 에스더 양은 메네스 음악대학 대학원에서 바이올린을 공부하고 있고, 작은딸 다은 양은 줄리아드 음악대학 졸업 후 동대학원에서 첼로를 전공하고 있으며, 아들 호수 군은 고등학교 12학년으로 토요일마다 줄리아드 예비학교에서 바이올린을 배우고 있다. 세 자녀가 모두 미국 뉴욕에 있는 세계 최고의 음악학교에 다니며 실력을 쌓는 중이다. 다섯 식구가 한자리에 모이면 그대로 실내악단이 된다. 장차 세 자녀의 활약이 어떨지 궁금해진다.

송재현 목사 부부가 결혼에 이르게 된 이야기는 영화처럼 감동적이다. 애지중지 기른 막내딸이 음악 공부를 더 하고 싶다고 해서 독일 유학을 보냈더니 거기서 한국 유학생을 만나 결혼하겠다며 인사를 하러 귀국했다. 막내가 사랑하는 남자는 음악을 하는 사람이었다. 게다가 곧 목사가 될 것이라고 했다. 두 사람 모두 정창근 장로가 단호하게 반대할 줄 알았다.

'음악을 공부한 데다 장차 목사가 될 남자와의 결혼을 아버지가 과연 허락하실까?'

먼저 집에 와 있던 정은영 씨는 남편이 오기 전날 밤 아버지와 산책하며 대화를 나누었다.

"왜 그 사람이 좋으니?"

아버지가 먼저 물었다.

"제가 신앙적으로 본받을 수 있는 훌륭한 가장이 될 것 같아서요."

딸이 대답했다.

이튿날 송재현 씨가 안동에 도착해 정창근 장로와 조선자 장로에게 인사를 드렸다.

'혹시 싫어하시면 어떻게 하지? 허락받을 때까지 무릎이라도 꿇고 사정을 해야 하나?'

하지만 이들의 걱정과 달리 정창근 장로는 멀리서 온 사윗감을 극진히 환대해 주었다.

"그때는 장인어른이 저의 사람됨이 괜찮아 선뜻 결혼을 허락해 주신 줄 알았습니다. 그러나 세월이 흘러 저도 자녀를 키우다 보니 비로소 깨달았습니다. 당시 장인어른은 저를 만나기 전에 이미 결혼을 허락하기로 마음을 정하셨던 것 같습니다. 왜냐하면 막내딸이 좋다고, 결혼하고 싶다고 했으니까요. 장인어른은 무엇보다 딸의 결정을 존중하셨던 것입니다."

어디에 사느냐가 중요한 것이 아니라, 어떻게 사느냐가 중요하다고 강조해 온 정창근 장로는 자손들이 어디서 무엇을 하며 살든지 간에 하나님에 대한 믿음을 잃지 않고, 주변 사람들에게 도움을 주고 힘껏 베풀면서 선한 영향력을 끼치며 살아가기를 바랐다. 신실하신 주님은 자신을 존중하는 그의 삶을 주목하셨고, 그의 기도는 하늘에 닿았다. 그의 자손들은 여러 나라에 흩어져 다양한 일을 하면서 자신들에게 주어진 소명을 다하고자 열심히 살아가는 중이다. 그는 "나를 존중히 여기는 자를 내가 존중히 여기고 나를 멸시하는 자를 내가 경멸하리라"라는 사무엘상 2장 30절 말씀을 순전히 신뢰했다. 증거는 믿는 자에게 나타나는 법이다.

인터뷰를 마무리하면서 조선자 장로에게 마지막으로 물었다.

"장로님과 가장 행복했던 때는 언제였나요?"

"장로님은 자기를 나타내려는 일이 없고, 믿는 그대로 밀고 나가는 신앙이 있었습니다. 참 좋게 생각해요. 갑자기 가 버리니까 너무 허전합니다. 조금 편찮다가 괜찮다가 그랬는데…. 교회에 같이 나가고 예배에 함께 참석할 때가 제일 행복했습니다."

"정창근 장로님이 가장 즐겨 부르시던 찬송가는 무엇인가요?"

"'주님 찾아오셨네 모시어 들이세'라는 찬송가를 좋아하셨습니다."

새찬송가 534장 "주님 찾아오셨네"의 1절 가사는 다음과 같다.

"주님 찾아오셨네 모시어 들이세 / 가시관을 쓰셨네 모시어 들이세 / 우리 죄를 속하러 십자가를 지셨네 / 받은 고난 크셔라 모시어 들이세."

"당신은 사랑받기 위해 태어난 사람"이라는 찬양은 이민섭 목사가 1997년에 작곡했다. 그리스도인뿐 아니라 많은 사람이 이 노래를 부르며 위로를 받는다. 힘들고 어렵고 낙심될 때 나를 사랑해 주는 누군가가 있다는 사실만으로도 용기를 낼 수가 있다. 사랑은 살아갈 힘을 주기에 많은 사람이 사랑받기를 원한다.

그런데 사랑하기 위해 태어난 사람도 있다. 모든 것을 주고 또 주고서도 더 줄 게 없나 살피는 사람. 정창근 장로가 그런 사람이었다. 사람에게만이 아니었다. 자신이 받은 고난은 별것 아닌 듯 치부하면서도 주님이 받으신 고난은 두고두고 애달파했다. 남을 도울수록 기쁨이 충만했던 사람. 이광복 교수의 표현대로 그는 전 생애를 무겁고 힘든 짐 진 자들의 쉼터로 살다 갔다. 이 세상에 다시는 있기가 힘든 사람이기에, 그 텅 빈 쉼터가 그립고 또 그립다.

함께해서 행복했고 고마웠습니다

몇 년 전 중앙대학교 이사장을 지낸 김희수 선생의 평전을 쓴 일이 있다. 그때 일본에 있는 그분의 묘소를 방문했다. 하네다 공항에서 자동차를 타고 도쿄 시내를 가로질러 외곽으로 1시간 30분쯤 달리면 닿는 하치오지 영원(八王子靈園)이었다. 지도가 없으면 묘소를 찾아가기 힘들 정도로 규모가 큰 공동묘지였다. 묘지로 들어가는 입구에는 향을 피울 수 있는 단과 수도꼭지가 달린 우물가 그리고 자그마한 양동이와 국자 같은 도구들이 있었다. 묘소마다 번호가 붙어 있었다. 그분의 묘소 번호는 '18-18'이었다. 돌 판에 새겨진 번호가 지워져 양쪽에 있는 묘소 번호를 확인하고서야 그곳이 '18-18' 묘소임을 짐작할 수 있었다.

"金家"(김가).

사각형 작은 비석에 새겨진 글자는 이렇게 단 두 자뿐이었다. 이름조차 적혀 있지 않아 번호를 확인하지 않으면 이곳이 그분의 묘소라는 것을 알아낼 도리가 없었다. 그나마 비석도 워낙 작아 허리를 숙여야만 글자를 알아볼 정도였다. 화병에 물을 부은 후 꽃

을 꽂았다. 일본의 풍습을 따라 양동이에 잔뜩 받아 온 물을 국자
로 떠서 비석에 골고루 뿌려 주었다.

"1989年 7月 吉日 金熙秀 建之"(1989년 7월 길일 김희수 건지).

묘비 오른쪽 옆에 이런 글이 새겨져 있었다. 그는 이미 오래전
이 묘소를 마련해 놓은 것이다.

필자는 일본을 대표하는 재일교포 사업가였던 큰 부자의 묘소
가 이렇게 작고 초라하다는 데 깜짝 놀랐고, 이런 묘소를 돌아가
시기 수십 년 전에 예비해 두었다는 사실에 또 한 번 놀랐다. 근검
절약으로 청빈하게 살아온 삶의 흔적을 본인 묘소에 고스란히 남
긴 것이다.

묘비만 봐서는 그가 어떤 사람이었는지 알 길이 없었다. 어린
시절 맨몸으로 일본에 건너가 온갖 시련을 극복한 끝에 굴지의
금정그룹을 창업했던 기업가 김희수, 도쿄의 노른자 땅인 긴자에
23개의 빌딩을 소유했던 재벌 김희수, 인재를 키우겠다는 일념으
로 파산 직전의 중앙대학교 재단을 인수해 22년 동안 이사장을 지
낸 교육자 김희수, 수림재단과 수림문화재단 이사장으로 장학과
문화사업에 매진했던 김희수 선생의 묘가 바로 이곳임을 알려 주
는 그 어떤 흔적도 찾을 길이 없었다. 그의 묘비가 말없이 설명해
주고 있는 것은 하나였다.

"空手來空手去"(공수래공수거).

'돈을 남기는 인생은 최하요, 사람을 남기는 인생은 최상'이라는

그의 인생철학이었다.

정창근 장로의 묘소를 참배하고 나서 그때의 기억이 떠올랐다. 그의 묘소는 안동교회 교인 묘지 오른쪽 맨 아래 자락에 있었다. 아직 떼가 뿌리를 내리지 않아 흙무덤처럼 보였다.

"내가 죽으면 시신을 경북대학교병원에 기증해서 의학용으로 사용하고, 남은 것이 있으면 화장해서 반은 안동시온재단 뒷산에, 반은 안동성좌원 뒤 내가 다니던 산길에 뿌려 다오."

정창근 장로는 생전에 자녀들에게 이런 유언을 남겼다. 영혼과 육체의 부활을 믿는 그리스도인으로서 굳이 매장을 고집할 필요가 없었을뿐더러, 비록 노구일망정 의사로서 마지막으로 의학계에 작은 보탬이라도 되고 싶었다. 자신의 몸까지 나눔의 대상으로 여긴 것이다.

그러나 자식들로서는 차마 아버지의 뜻을 곧이곧대로 받들 수가 없었다. 여러 차례 논의하고 고민한 끝에 안동교회 교인 묘지에 온전한 시신 그대로 모시기로 결정했다. 평생 자신을 돌보지 않고 남을 위해 사신 분이었기에 돌아가신 뒤에라도 오롯이 본인만을 위한 공간을 마련해 드림으로써 누구라도 마음 놓고 기도하고 추억할 수 있도록 하기 위해서였다.

안동시 와룡면 라소리 산 172번지 야트막한 산등성이에 안동교회 교인 묘지가 조성되어 있다. 기울기가 좀 가파르지만, 오르내리기 좋게 초입까지 포장이 되어 있다. 맨 위쪽에 김광현 목사 부부와 김기수 목사 묘소가 있다. 오른쪽 봉분이 김광현 목사와 최의숙 권사의 합장묘고, 왼쪽 봉분이 김기수 목사의 묘다. 안동교회의 초석을 놓고 기틀을 잡은 두 거인이 한자리에 나란히 누워 있는 것이다. 두 분의 재임 기간을 합치면 무려 61년에 달한다.

좁지만 운치 있는 산길을 따라 맨 오른편 정자 아래쪽으로 내려가면 회색 갓이 씌워진 비석 하나가 눈에 띈다. 김광현 목사 전임으로 제5대 담임이었던 임학수 목사 내외의 합장묘다. 1884년에 태어나 1969년에 하나님의 부르심을 받은 임학수 목사와 1879년에 출생해 1966년에 소천한 부인 박계남 성도가 나란히 누워 잠든 곳이다. 그 아래쪽 비탈진 곳에 정창근 장로의 묘가 새로 만들어져 있다. 오석에 흰 글씨로 "장로 정창근"이라고 쓰여 있다. 그리고 고린도전서 말씀이 적혀 있다.

"그러나 내가 나 된 것은 하나님의 은혜로 된 것이니 내게 주신 그의 은혜가 헛되지 아니하여 내가 모든 사도보다 더 많이 수고하였으나 내가 한 것이 아니요 오직 나와 함께하신 하나님의 은혜로라"(15장 10절).

정창근 장로가 가장 좋아하며 마음에 간직한 말씀이다. 우리가 알고 있는 그의 수고는 빙산의 일각인지도 모른다. 드러나지 않은 게 많을 것이다. 그가 말하지 않은 까닭은 모든 것이 자신의 수고가 아니라, 하나님의 은혜라 생각했기 때문이다.

반사경을 쓴 채 환하게 웃는 얼굴이 비석에 각인되어 있고, 옆에 이런 글귀가 새겨져 있다. 그가 자신을 아는 사람들에게 남긴 마지막 인사다.

"함께해서 행복했고 고마웠습니다. My life was filled with blessings and happiness because you were with me, Thank you!"

받은 사랑이 너무 많아 함께해서 행복하고 고마웠던 것은 남아 있는 사람들인데, 그는 함께해서 자신이 행복하고 고마웠다고 했다.

눈을 들어 멀리 바라보면 지평선처럼 굽이굽이 펼쳐진 산골짜기들이 눈에 들어온다. 노을이 질 때면 하늘이 붉게 물들다가 지평선 너머로 태양이 뚝 떨어지며 자취를 감춘다. 계단식으로 깔끔하게 단장된 묘역에는 수많은 사연이 간직되어 있다. 초창기 교인들부터 최근에 하나님의 부르심을 받은 교인들까지 많은 사람이 묻혀 있는 곳이기에 그는 외롭지 않을 것이다.

묘지를 내려오는데, 어디선가 찬양이 들리는 듯했다. 김석균 목사가 지은 "겸손"이었다.

"슬픔 속에서도 울지 않는 것 / 억울해서 울지 않는 것 / 걱정할 수밖에 없는 상황 속에도 걱정하지 않는 것 / 사랑할 수 없는 사람조차도 사랑하며 품어 주는 것 / 용서할 수 없는 사람일지라도 용서하여 주는 것 / 어떠한 자기주장도 버리고 오직 모든 것을 주님 뜻에 맡기며 / 내가 강한 것이 아니라 주가 강함을 보여 줌이 / 진정한 겸손."

가사를 곱씹어 보니 정창근 장로는 참 겸손한 사람이라는 생각
이 들었다. 필자야말로 그를 알게 되어 행복했고 고마웠다. 또 이
런 사람을 만날 수 있으려나. 그게 가능하기는 한 것일까.

[연보] 소외된 사람들과 함께했던 인교(仁橋) 정창근의 삶

1935년 1월 1일 | 경상북도 경산군 하양면에서 아버지 정만춘 선생과 어머니 박순이 여사의 3남 2녀 중 막내로 태어남. 사업가인 아버지 덕분에 유복한 가정에서 어린 시절을 보냄.

1950년 2월 | 대구 계성중학교 졸업. 2학년 때 집에 하숙생으로 들어온 동기생을 따라 대구중앙교회에 출석함. 낯설지 않은 분위기에 꾸준히 교회를 다니며 그리스도인의 길로 들어섬.

1953년 2월 | 대구 계성고등학교 졸업. 출석한 지 얼마 되지 않은 대구중앙교회에서 학생회장을 지냄. 가정, 학교, 교회에서 모범을 보여 부모님이 교회 잘 다니라고 격려까지 해 주심.

1953년 4월 | 전쟁 중인 2월 17일 100원을 1환으로 변경하는 화폐개혁이 단행됨. 이로 인해 대학 입시가 연기되어 3월 10일에 입학 시험을 치른 후 4월에 경북대학교 의과대학에 입학.

1954년 | YMCA에 나가 적극적으로 활동하면서 신앙적으로 더욱 성숙한 단계에 진입. 여름방학 때 부흥사경회를 앞두고 일주일 동안 교회에서 금식기도를 하며 은혜의 성령 체험을 함.

1959년 3월 25일 | 경북대학교 의과대학 졸업. 입학할 때는 120명이었으나

중간에 포기하거나 탈락한 사람이 많아 졸업은 108명이 했고, 그중 입학 동기인 27기는 75명 정도였음.

1959년-1963년 | 대구 동산기독병원에서 인턴과 레지던트 과정을 거침. 보지 못 하는 사람을 보게 해 주고, 듣지 못 하는 사람을 듣게 해 주기 위해 전공을 안과와 이비인후과로 정함.

1961년 4월 4일 | 동산기독병원 전문 마취 담당 간호사였던 조선자 씨와 혼인. 신부 고향인 경상북도 영천군 화남면 삼창리에 있는 삼창교회에서 많은 축복 속에 결혼 예식을 치름.

1962년 5월 21일 | 대구시 인교동 44번지에서 큰딸 은경 출생. 훗날 '인교'(仁橋)는 정창근의 호가 됨. '어진 성품으로 사람과 사람 사이를 잇는 다리 역할을 잘하는 사람'이라는 뜻.

1963년-1966년 | 레지던트 과정을 마친 후 아내와 딸과 함께 강원도 원주로 가서 제121후송병원에서 군의관으로 복무. 입대 당시 계급은 대위였고 안·이비인후과 과장으로 일함.

1964년 2월 13일 | 강원도 원주기독병원에서 큰아들 은혁, 작은아들 은재 쌍둥이가 태어남. 그날부터 정창근은 두 형제가 서로 양보하고 배려하면서 의좋은 형제가 되도록 기도함.

1966년 | 전역하면서 이비인후과 전문의 자격을 취득했고 선배 추천으로 선교사들이 세운 경북 북부 지역을 대표하는 의료 기관인 안동성소병원 안·이

비인후과 과장으로 근무 시작.

1969년 7월 20일 | 안동교회에 출석한 지 3년 만에 공동의회에서 장로로 선출되어 장로에 장립됨. 모든 예배와 모임에 빠지지 않는 한 치의 흐트러짐도 없는 신앙생활이 모범이 됨.

1969년 | 이즈음부터 학업 성적은 좋지만 가난한 학생들과 장로회신학대학교 신학대학원 학생들 그리고 형편이 어려운 목회자 자녀들에게 각종 장학금을 지원하기 시작.

1970년 6월 13일 | 박사학위 논문을 쓰면서 병원 개원을 준비하느라 여념이 없는 와중에 막내딸 은영이 안동성소병원에서 태어남. 안동에서 태어난 아이라서 더 각별하게 느껴짐.

1970년 8월 15일 | 경상북도 안동시 북문동 43-5에 정창근안·이비인후과의원 개원. 안동은 물론 영주, 의성, 청송, 심지어 강원도 영월, 태백 등지에서 환자들이 몰려와 문전성시를 이룸.

1970년 12월 12일 | 청송군에 사는, 날 때부터 앞을 보지 못 한 열여섯 살 박송자 양에게 무료 개안 수술을 통해 빛을 볼 수 있게 함. 이후 200여 차례에 걸쳐 무료 개안 수술을 실시함.

1971년 | 경북대학교 대학원 핵의학과에서 의학 박사학위 취득. 논문 제목은 "Parathion 中毒의 血液學的 硏究"로, 맹독성 농약인 파라티온 중독을 의학적으로 실험 분석한 연구였음.

1972년 12월 21일 | 서안동로타리클럽 창립 회원으로 활동 시작. 안동로타리클럽(특별대표 이수창)에서 스폰서를 해 주었으며, 창립 회원 18명이 매주 화요일 오후 6시 30분에 모임.

1975년 | 진료실을 찾아온 한센병 환자를 보고 안동성좌원을 알게 되어 찾아가는 의료 봉사를 시작함. 매주 금요일 오후 의료진을 데리고 안동성좌원에 들러 한센병 환자들을 진료함.

1975년-2006년 | 새벽 3시 30분쯤 일어나 한센인들과 함께 기도하며 그들의 눈물에 동참하기 위해 성좌교회 새벽기도회에 참석한 후 안동교회로 가서 또 한 번 새벽기도회에 참석함.

1977년-1978년 | 대학 시절 YMCA 활동을 했던 그는 안동 와이즈맨클럽 회장과 안동 YMCA 이사장으로 젊은이들을 위해 불우이웃돕기와 사회봉사 활동에 적극적으로 참여함.

1980년 12월 | 1970년부터 계속해 온 안동교도소 재소자들을 위한 무료 진료 봉사와 도서 2,000여 권 기증으로 교도소 내 도서실을 설치한 공로를 인정받아 대한민국 국무총리 표창.

1984년 1월 1일 | 여러 차례 고사했으나 자신들을 사랑과 정성으로 치료하고 돌봐 온 그를 한센인들이 앞장서 만장일치로 추대함으로써 안동성좌원 제2대 원장으로 취임.

1984년 9월 21일 | 안동성좌원, 안동재활원, 농아학교, 교도소 등을 방문해

환자들을 무료 진료해 준 공적으로 대한예수교장로회(통합) 제69회 총회에서 제1회 사회봉사상을 수상.

1986년-1988년 | 한국국제기드온협회 안동 캠프 회장. 1977년부터 평생 회원으로 40년 동안 연 15회 총 600여 곳의 지역 교회를 순회하며 예배를 드리고 봉사하면서 성경을 보급함.

1986년-1996년 | 안동 생명의전화 이사장으로 행정적, 재정적 지원을 아끼지 않으면서 청소년들의 올바른 성장과 밝은 사회 확립을 위해 각종 전화 상담을 통해 참된 길을 열어 줌.

1988년 1월 14일 | 안동성좌원을 재단법인에서 사회복지법인으로 변경함. 이후 지방 정부와 관련 단체를 찾아다니며 안동성좌원의 복지 향상을 위한 다양한 노력을 기울이게 됨.

1989년 5월 | 자비로 안동성좌원 의무관 2층 증축. 안동성좌원 특성상 많은 의료 시설과 장비가 필요한데도 부족한 것이 워낙 많아 정창근 원장이 수시로 자비를 들여 이를 마련함.

1992년-2002년 | 소년소녀가장을 돕기 위해 마련된 기숙사 시설인 '함께 사는 집' 운영위원으로 참여함. 안동교회 권인찬 장로가 운영하던 이 생활공간은 안동시 운안동에 있었음.

1993년 10월 | 안동시 승격 30주년을 기념하여 제정한 제1회 안동시 시민 봉사상 수상. 안동을 누구보다 사랑하는 사람으로서 안동시에서 주는 상을 받

은 것을 무엇보다 기뻐함.

1996년 1월 9일 | 국제로타리에서 매년 전 세계 회원 중에 봉사를 통해 타인에게 모범이 되는 인물에게 수여하는 초아의 봉사상(超我의 奉仕賞, Service Above Self Award) 수상.

1996년 10월 | 경상북도 개도 100주년을 기념하여 제정한 경북 도민의 상 수상. 고향을 떠나지 않고 안동에서 의료, 사회봉사, 장애인 재활, 노인 복지 등에 이바지한 공로를 인정함.

1996년 11월 | 문화방송(MBC)에서 각 분야를 망라해 묵묵히 맡은 일에 최선을 다해 온 우리 사회의 숨은 공로자를 발굴하기 위해 제정한 좋은 한국인 대상 사회 부문 장려상 수상.

1998년 7월-1999년 6월 | 국제로타리 3630지구 총재 역임. 경상북도 지역인 3630지구는 130개의 로타리클럽에 회원 6,400여 명이 넘는 규모가 큰 조직으로 활동 또한 활발했음.

1999년 2월 | 초대 이사장 재임 및 12년 동안의 봉사를 기려 안동 생명의전화 임직원 일동이 주는 감사패 수상. 한 달에 두 번 토요일 오후 시간에 직접 전화 상담을 했음.

1999년 5월 10일 | 안동을 방문한 김모임 보건복지부 장관을 모셔다가 안동 성좌원의 실상을 정확히 알림으로써 정부에서 주거 시설 개선을 위한 현대화 사업을 지원해 주기로 약속함.

1999년 6월 1일 | 조선자 권사가 안동교회는 물론 안동 지역 최초로 여자 장로로 선출되어 장립이 됨. 최초의 부부 장로가 된 이들은 나란히 당회에 참석하며 교회 봉사에 더욱 힘씀.

2000년 1월 1일 | 성인 지체장애인 생활시설인 안동재활원이 파산 직전에 처하자 이를 인수해 이사장으로 정식 취임. 그해 11월 재단 이름을 사회복지법인 안동시온재단으로 변경함.

2000년 5월-2001년 2월 | 안동성좌원 제5대 이사장을 지냄. 공백기에 잠깐 이사장을 맡았으나 한센인들과 생활하며 그들을 진료하는 일이 우선이던 그는 다시 원장직에 충실함.

2000년 9월 | 안동시온재단 내에 직업재활시설인 인교보호작업장 설치. 중증장애인들에게 직업을 제공함으로써 고용 기회를 부여하고 직업 훈련으로 자립의 계기를 마련해 주기 위함.

2001년 4월 | 지체장애인, 중증장애인, 요양이 필요한 노인들이 마음껏 자유롭고 행복하게 살기를 바란 그의 꿈을 담아 안동시온재단 소식지 〈더불어 사는 마을〉 창간.

2001년 | 가을부터 국화 축제 시작. 추수감사절 예배를 드리고, 함께 밥을 먹고 차를 마시며 국화 옆에서 이야기꽃을 피우는 국화 축제는 지역 주민들과 화합하고 소통하는 상징이 됨.

2002년 4월 4일-2006년 2월 21일 | 안동성좌원 현대화 사업 추진. 1차 32세

대, 2차 36세대, 3차 36세대, 4차 36세대, 5차 36세대, 6차 12세대 아파트 및 복지관 준공 입주 완료.

2003년 9월 4일 | 경기도 수원시에 있는 학교법인 유신학원 설립자인 유집(裕集) 박창원 선생 추모사업회에서 주관하는 제9회 유집상 시상식에서 자원봉사 부문 특별 대상을 수상.

2004년 11월 17일 | 국제로타리 글렌 에스테스 회장이 안동 경축 행사에서 정창근 전 총재의 발표를 듣고 크게 감동하여 안동성좌원과 안동시온재단을 방문해 거주인과 직원들을 격려함.

2005년 12월 | 35년 동안 모범적인 개인 병원 운영을 통해 지역 사회 의료 발전에 이바지한 공로로 대구·경북 지방 중소기업청에서 주관하는 모범 중소기업상 경영 혁신 부문 수상.

2006년 1월 | 서울 명성교회에서 간증하며 세계 어느 병원보다 안동성소병원에서 수술 받은 결과가 가장 좋다고 말함. 디스크 수술과 백내장 수술을 모두 안동성소병원에서 받았음.

2006년 12월 31일 | 모두의 숙원이었던 안동성좌원 현대화 사업이 마무리된 해에 취임한 지 23년 만에 안동성좌원 원장직에서 물러남. 퇴임하면서 봉안당 100기를 마련해 기증함.

2007년 | 봄에 열린 퇴임식에서 다미안 신부, 손양원 목사, 마리안느와 마가렛 수녀를 언급하며 그들에게 미안하고 부끄럽다고 함. 안동성좌원에서 지

급한 퇴직금을 반납.

2007년 2월 21일 | 안동시온재단 앞마당에 야간 경기도 가능한 조명 시설 등을 추가하고 경기장을 대폭 넓혀 어떤 대회도 가능하도록 시설을 보강한 국제 규격의 론볼 경기장 개장.

2007년 3월 | 제23회 보령의료봉사상 수상. 1985년 대한의사협회와 보령제약이 공동으로 제정한 보령의료봉사상은 의료계 봉사상 가운데 가장 오랜 역사와 권위를 인정받고 있음.

2007년 9월 10일-14일 | 제27회 전국장애인체육대회 중 론볼 경기가 안동시온재단 론볼 경기장에서 개최되어 텔레비전을 통해 전국에 중계됨. 이후 각종 경기가 이곳에서 치러짐.

2009년 2월 | 경북대학교 의과대학 동창회에서 국가와 사회와 의료계 발전에 뚜렷한 업적을 남긴 동문에게 수여하는 제7회 안행대상 시상식에서 의료 봉사 및 사회 공헌 부문 대상 수상.

2009년 9월 7일 | 사회복지의 날 기념으로 열린 전국사회복지전진대회에서 한센인들과 장애인들을 위해 헌신해 온 정창근 이사장의 공로가 인정되어 사회복지 부문 국민포장을 수상.

2011년 3월 31일 | 세계성령중앙협의회가 성령 사역을 활발히 펼치는 사람들에게 수여하는 홀리 스피리츠 맨 메달리온(The Holy Spirit's Man Medallion) 사회봉사 부문 수상.

2013년 5월 23일-26일 | 전국생활체육대축전 론볼 경기 3개 부문이 안동시 온재단 론볼 경기장에서 치러짐. 14개 시도에서 참여한 선수들과 관계자들이 깊은 인상을 받고 돌아감.

2014년 | 1997년 노인복지시설로 출발한 안동단비원의 명칭을 '사람과 자연에 이로움을 주는 단비처럼 아름다운 삶을 이어 가는 노인들이 사는 마을'이라는 뜻의 '안동단비마을'로 변경함.

2018년 2월 18일 | 18년 동안 안동시온재단을 지역을 대표하는 사회복지시설로 성장시킨 정창근 이사장이 명예 이사장으로 추대되고, 정은재 상임이사가 새로운 대표이사로 취임함.

2019년 10월 17일 | 국제사랑재단이 창립 15주년을 맞아 제6회 영곡(靈谷)봉사대상 시상식을 개최. 안동시온재단 정창근 명예 이사장이 그간의 공로로 사회봉사 부문 대상을 수상함.

2022년 1월 28일 | 87세를 일기로 하나님의 부르심을 받음. 안동교회 교인 묘지에 세워진 묘비에 "함께해서 행복했고 고마웠습니다"라는 글귀와 더불어 환하게 웃는 얼굴이 새겨짐.

참고 자료

| 참고 도서

가반 도우즈, 강현주 옮김, 《문둥이 성자 다미안》(바다출판사, 2001)

김은식, 《장기려 리더십》(나무야, 2020)

박종만, 《그저 그런 사람》(공동체, 2017)

소록도연합교회 | 한국고등신학연구원 엮음, 《소록도》(한국고등신학연구원, 2011)

손동희, 《나의 아버지 손양원 목사》(아가페, 1999)

쉘 실버스타인, 《아낌없이 주는 나무》(선영사, 1986)

안동교회, 《안동교회 80년사》(1989)

안동교회, 《안동교회 90년사》(1999)

유승준, 《안동교회 이야기》(홍성사, 2018)

지강유철, 《장기려, 그 사람》(홍성사, 2007)

진 웹스터, 이주령 옮김, 《키다리 아저씨》(시공주니어, 2019)

| 참고 매체

경북대학교 의과대학 동기회, 〈졸업 50주년 기념〉(2009)

경북대학교 의과대학 동창회, 〈동창회보〉(2009년 신년호)

국민일보, "강도도 알아본 의인"(2011년 1월 24일)

국민일보, "홀리 스피리츠 맨 메달리온 6개 부문 수상자 확정"(2011년 3월 14일)

대한기독교서회, 〈기독교 사상〉(2007년 6월호)

두란노서원, 〈빛과 소금〉(1991년 9월호)

로타리코리아 편집위원회, 〈로타리코리아〉(1996년 5월호)

로타리코리아 편집위원회, 〈로타리코리아〉(1998년 7월호)

로타리코리아 편집위원회, 〈로타리코리아〉(2000년 5월호)

로타리코리아 편집위원회, 〈로타리코리아〉(2005년 1월호)

로타리코리아 편집위원회, 〈로타리코리아〉(2009년 10월호)

머니투데이, "정창근 안동성좌원장 실천 교육"(2006년 7월 31일)

명성교회, 〈오직 주님〉(53호, 2006)

서안동로타리클럽, 〈2022-2023년도 클럽 운영 계획서〉(2022)

안동성좌원, 〈안동성좌원 60년사〉(도서출판 형제, 2014)

안동시온재단, 〈더불어 사는 마을〉(창간호, 2001)

안동시온재단, 〈더불어 사는 마을〉(8호, 2003)

안동시온재단, 〈더불어 사는 마을〉(12호, 2004)

안동시온재단, 〈더불어 사는 마을〉(16호, 18호, 2005)

안동시온재단, 〈더불어 사는 마을〉(20호, 2006)

안동시온재단, 〈더불어 사는 마을〉(24호, 2007)
안동시온재단, 〈더불어 사는 마을〉(26호, 2008)
안동시온재단, 〈더불어 사는 마을〉(28호, 29호, 2009)
안동시온재단, 〈더불어 사는 마을〉(30호, 2010)
안동시온재단, 〈더불어 사는 마을〉(32호, 2011)
안동시온재단, 〈더불어 사는 마을〉(36호, 37호, 2013)
안동시온재단, 〈더불어 사는 마을〉(38호, 2014)
안동시온재단, 〈더불어 사는 마을〉(40호, 2015)
안동시온재단, 〈더불어 사는 마을〉(43호, 2016)
안동시온재단, 〈더불어 사는 마을〉(45호, 2017)
안동시온재단, 〈더불어 사는 마을〉(47호, 2018)
안동시온재단, 〈더불어 사는 마을〉(48호, 2019)
안동시온재단, 〈더불어 사는 마을〉(50호, 51호, 2020)
안동시온재단, 〈더불어 사는 마을〉(53호, 2021)
안동시온재단, 〈더불어 사는 마을〉(54호, 2022)
이동백, "평생을 인술로써 봉사활동을 펼쳐 온 인교 정창근 원장", 〈안동〉(186호, 2020)
조선일보, "눈먼 소녀에 무료 개안 수술"(1970년 12월 23일)
좋은생각사람들, 〈좋은 생각〉(2007년 7월호)
㈜총신원, 〈크리스챤리포트〉(1990년 7, 8월호)
크리스챤라이프사, 〈크리스챤 라이프〉(1984년 10월호)
한국기독공보, "사랑과 돌봄의 작은 거인"(2003년 11월 22일)
한국장로신문, "화제-안동시온재단 정창근 장로"(2003년 11월 1일)
한국화이자제약주식회사, 〈Pfizer Line〉(16호, 2006)

| 도움 주신 분들
낙타연합정형외과의원 김경수 원장 | 이화여자대학교 법학전문대학원 김유환 교수 | 서울숲교회 권위영 목사 | 경운대학교 상담복지학과 배외수 교수 | 단국대학교 수학과 이광복 명예교수 | 경인여자대학교 영상방송학과 윤세민 교수 | 서안동로타리클럽 김수진 선생, 천세창 선생 | 안동교회 김승학 목사, 임만조 장로, 황혜원 장로 | 안동단비마을 황현주 원장 | 안동성좌원 김명자 님, 안윤도 님, 장경희 님, 장창근 님, 허성목 님, 김광수 원장 | 안동시온재단 황대희 국장 | 안동시온재단 희망교회 권덕해 목사 | 안동요양원 천세기 님, 박종환 원장 | 안동재활원 박청한 님, 임휘철 님, 신정연 님, 홍정숙 팀장

| 사진 제공
이남수 전 〈빛과 소금〉 사진 기자 | 정은재 안동시온재단 대표이사 | 김혜경

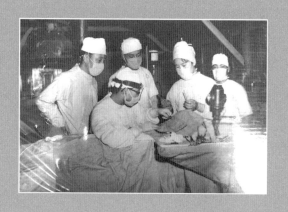

"더 나은 사람이 되려면 반드시
옳은 행동으로 믿음을 뒷받침해야 합니다.
믿음을 넘어 행동으로 나아가야 합니다.
'언젠가'가 아니라 '지금'이라고 말하는 것이 진짜 믿음입니다."